Dorothee Köhler

Düsseldorf

Wandern für die Seele

20 Wohlfühlwege

Droste Verlag

ALLE WANDERUNGEN AUF EINEN BLICK

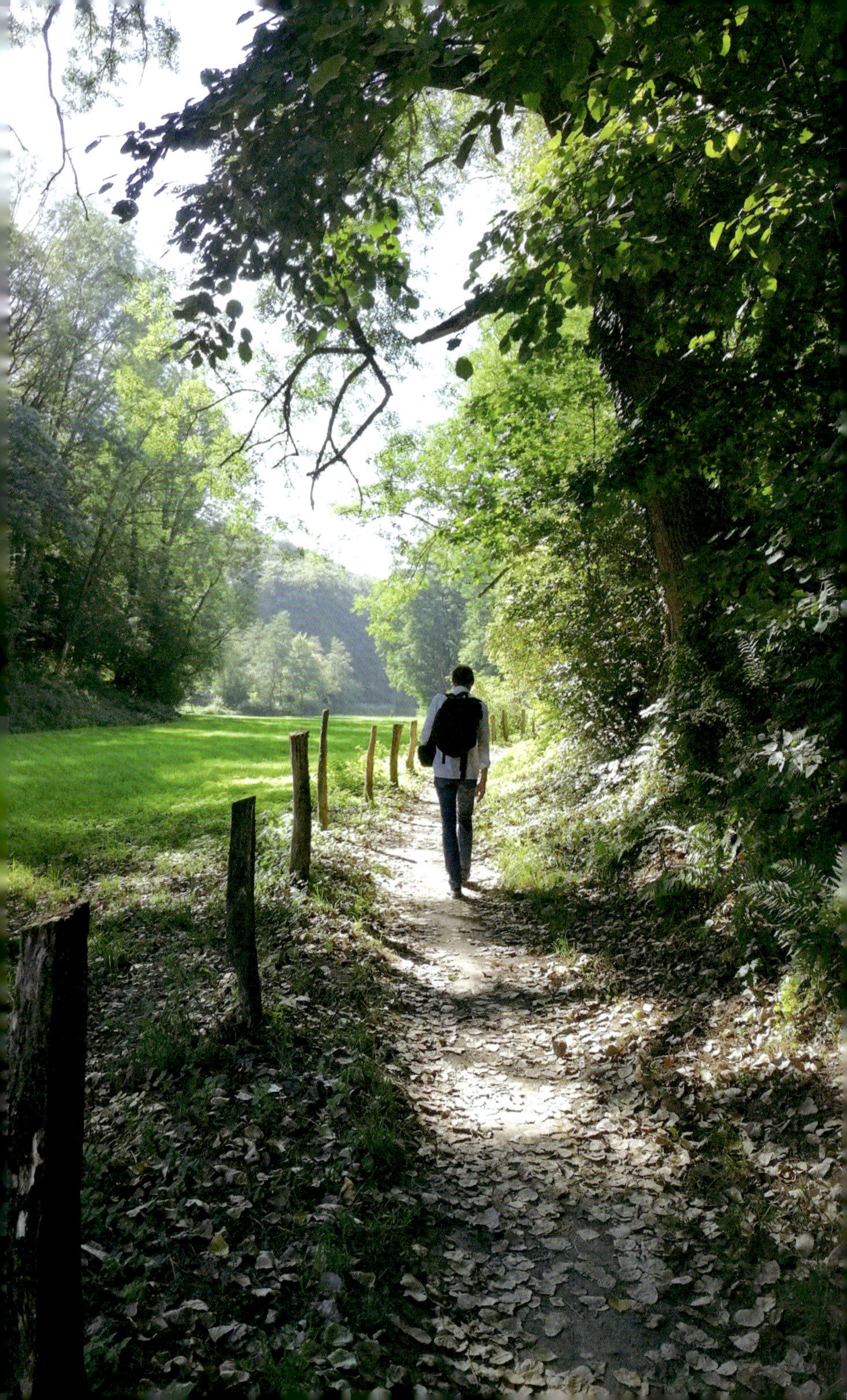

Liebe Wanderfreundinnen und -freunde,

als ich das erste Mal in meinem Leben nach Düsseldorf kam und am Bahnhofsvorplatz auf Freunde wartete, dachte ich: Das ist aber hässlich hier! Drei Jahre später zog ich her und tröstete mich: Na ja, zum Wandern kann ich immer noch woandershin fahren. Und nun, zehn Jahre später, habe ich mich während der Arbeit an diesem Wanderführer noch einmal ganz neu in die Stadt und ihr Umland verliebt.

Düsseldorf ist so viel mehr als nur eine Stadt der Mode, des Shoppings und der japanischen Restaurants. Wer die Rheinmetropole und ihre nähere Umgebung zu Fuß erkundet, findet direkt neben den großstädtischen Szenerien auch die typisch niederrheinischen Landschaften, stille Laubwälder, malerische Hügelketten, idyllische Bachtäler und Aussichten bis ins Siebengebirge. Naturnahe Entspannung und Entschleunigung beginnen hier direkt vor der Haustür. Alle Tourenausgangspunkte erreichen Sie schnell und gut mit öffentlichen Verkehrsmitteln – lassen Sie das Auto einfach stehen. Und natürlich sparen Sie durch die kurzen Anfahrten auch viel Zeit: So sind etliche Touren auch gut nach Feierabend machbar, zumindest im Sommer.

Ich wünsche Ihnen viel Freude und Entspannung auf Ihren Wanderungen in und um Düsseldorf!

Ihre Dorothee Köhler

PS: Danke an die Menschen, die mich bei etlichen Touren begleitet haben: Achim, Alex, Andrea, Barbara, Daniel, Eugen, Isa, Martin, Ricarda, Ulrike und Uta – und besonders an Jan Olaf Veltmar. Einige der schönsten Fotos in diesem Wanderführer hat er gemacht.

NATUR-INFO

KULTUR-INFO

TOUREN-/EVENT-INFO

GENUSS-INFO

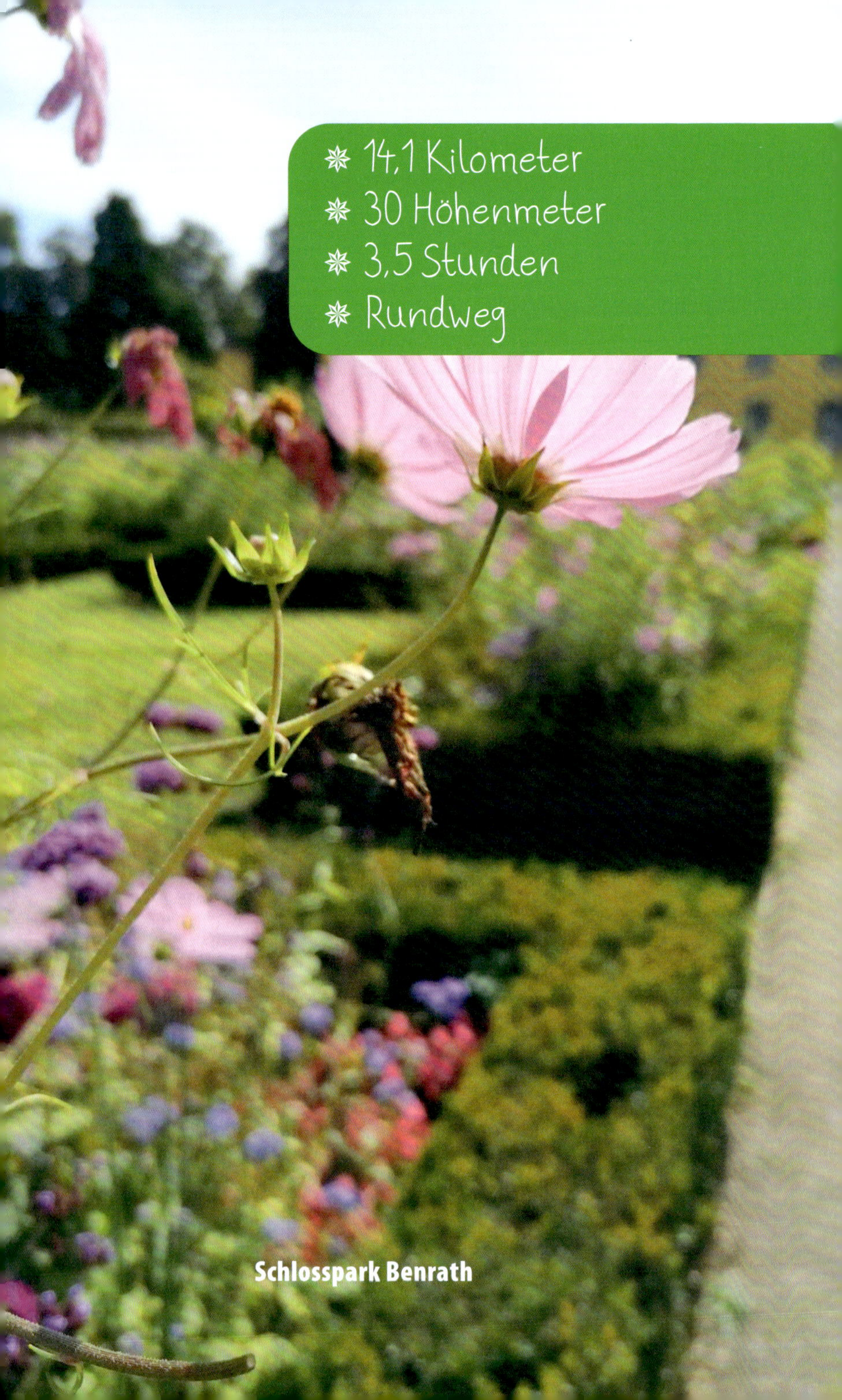

Schlosspark Benrath

Kulturlandschaften

Von Schloss Benrath in die Kämpe

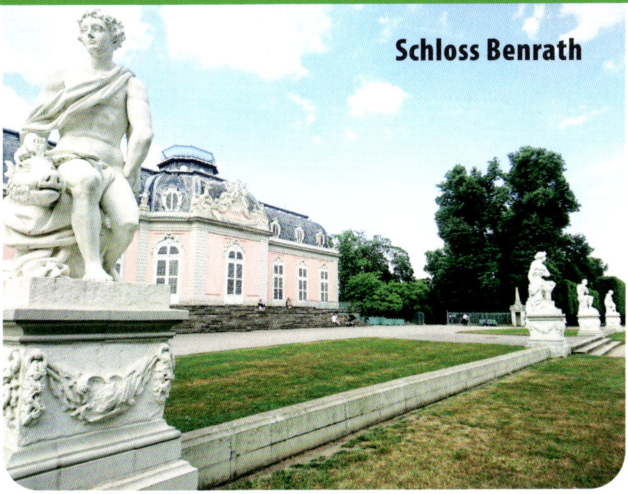

Von der **U-Bahn-Haltestelle Schloss Benrath** aus Richtung Innenstadt kommend gehen wir in Fahrtrichtung einfach weiter und stehen kurz danach schon vor dem Schlossweiher des **Schlosses Benrath ①** – es ist das schönste und bedeutendste der Düsseldorfer Schlösser.

Wir halten uns nach rechts, gehen entlang des Schlossweihers, bis wir mittig vor dem Schloss stehen, den Schlossweiher im Rücken. Noch bevor wir das Schloss umrundet oder den dazugehörigen Park erkundet haben, können wir es hier schon spüren: Allein der Anblick beflügelt uns und schenkt uns neue Energie. Wir setzen die Tour an der Seite des Schlosses in Richtung Schlosspark fort. Auf der Parkseite des Schlosses angekommen, gewinnen wir einen ersten Überblick über die unterschiedlichen Bereiche des **Schlossparks Benrath ②**: Links von uns der Französische

Schloss Benrath gehört zu den wichtigsten Sehenswürdigkeiten der Stadt Düsseldorf – es ist ein Gesamtkunstwerk des Rokokos. Kurfürst Karl Theodor von der Pfalz ließ es 1755–1773 als Jagd- und Sommerresidenz bauen. Es wird heute für Ausstellungen und Konzerte genutzt und beherbergt das Europäische Museum für Gartenkunde und das Museum für Naturkunde.

Der Schlosspark Benrath ist ein künstlerischer, kultur- und naturgeschichtlicher Glanzpunkt der Gartenkunst unterschiedlicher Epochen. Er besteht aus verschiedenen Bereichen und Gewässern, die von einem aus der Itter gespeisten Kanalsystem versorgt werden. Mehr als 80 Vogelarten leben hier. 2002 war er Teil der Europäischen Gartenschau EUROGA 2002plus.

Garten, rechts der Englische Garten und schräg rechts vor uns das unter Naturschutz stehende Bosquet – der sogenannte Lustwald innerhalb der barocken Parkanlage. Vor uns erstreckt sich der lange rechteckige Spiegelweiher.

Hier biegen wir im 45-Grad-Winkel nach halb rechts ab und gehen im Bosquet die schnurgerade sogenannte Jagdachse entlang, über mehrere Kreuzungen und auch über das Rondell, den „Jagdstern", in der Mitte des Bosquets hinweg. Nach rund 900 Metern kommen wir auf diesem Weg aus dem Schlosspark heraus, überqueren die Straße, die hier **Benrather Schlossufer** heißt, und wenden uns nach links, immer auf dem Radweg, der hier parallel zur Straße verläuft. Der Blick schweift den Rhein hinauf. Nach etwa 600 Metern, kurz nach dem Restaurant **Altes Fischerhaus** ③, zweigt an einer Infosäule über die Urdenbacher Kämpe ein Fußweg nach rechts ab, er führt die Böschung hinunter zunächst geradeaus in Richtung Rhein, in Ufernähe schwenkt er jedoch nach links und folgt immer der Uferlinie, mäandernd über Gras- und Sandabschnitte. Links stehen immer wieder schöne hohe

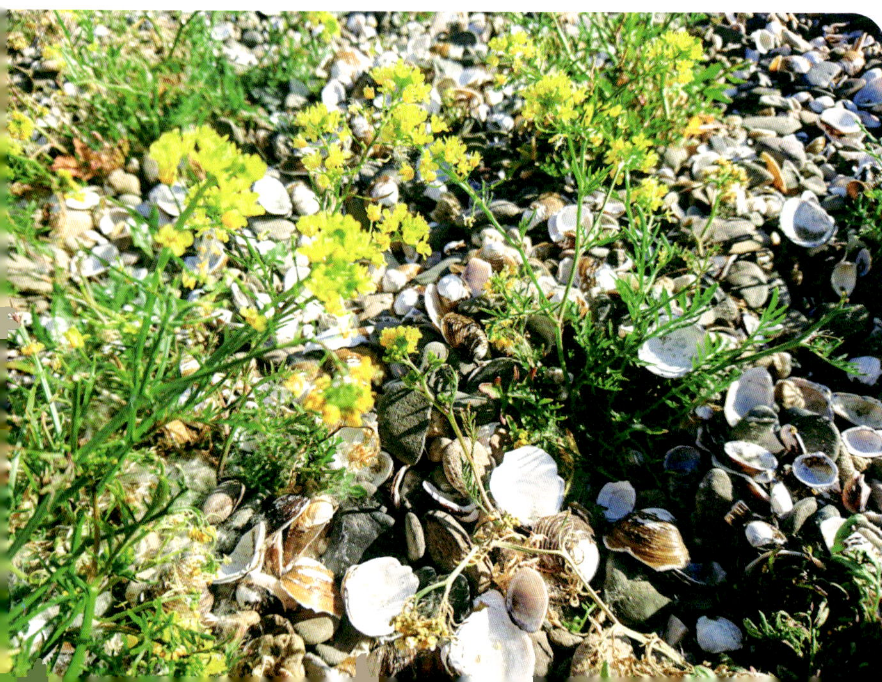

Für die Seele

Da, wo unser Blick weit reicht, öffnen sich auch unser Geist und unser Herz. Großzügig können wir auf das schauen, was unser Leben bestimmt.

Pappeln inmitten der weiten Wiesen, rechts von uns fließt der Rhein. Wir befinden uns hier nun in der **Urdenbacher Kämpe** ❹ mit ihren Auwäldern, Baumreihen, Hecken und offenen Flächen. Unser Blick reicht weit.

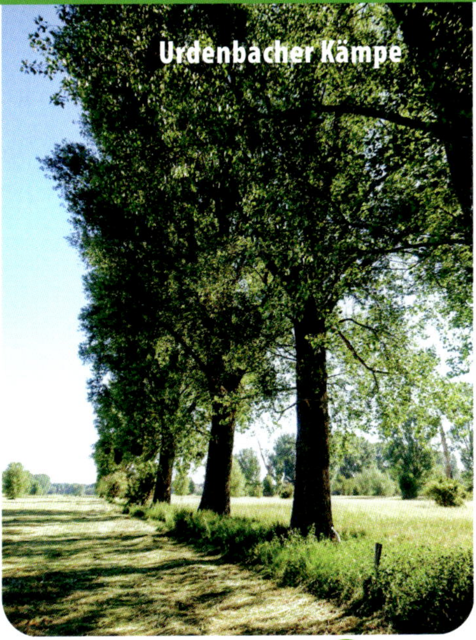

Nach ungefähr 2 Kilometern entlang des Rheins gelangen wir an den Fähranleger Urdenbach. Hier setzt eine kleine Auto- und Personenfähre über den Rhein nach Zons über – ein mittelalterliches Städtchen mit einer sehr gut erhaltenen Befestigungsanlage aus dem 14. Jahrhundert, das ziemlich genau in der Mitte zwischen Düsseldorf und Köln liegt. Unweit des Fähranlegers bietet das **Haus Ausleger** ❺ eine Möglichkeit zur Rast. Wir setzen unseren Weg am Rhein entlang fort, bis wir auf den Zaun des **Campingplatzes** stoßen. Dort biegen wir nach links ab und halten uns an der folgenden Gabelung nach rechts. An der nächsten Gabelung stoßen wir auf den Neanderlandsteig (Markierung N) und gehen auf ihm nach links, im Wald dann zweimal rechts und am Waldrand wieder nach links. Erneut in einem Waldsaum folgen wir der Markierung nach rechts und gelangen zum **Haus Bürgel** ❻ mit seinem römischen Museum – es liegt schon auf Monheimer Stadtgebiet.

316 Hektar Fläche umfasst die Urdenbacher Kämpe, das größte Naturschutzgebiet der Stadt Düsseldorf. Die typisch niederrheinische Kulturlandschaft ist geprägt von Feuchtwiesen, Altrheinarmen, Auwäldern, Kopfweiden und landwirtschaftlich genutzten Flächen wie beispielsweise Obstbaumwiesen.

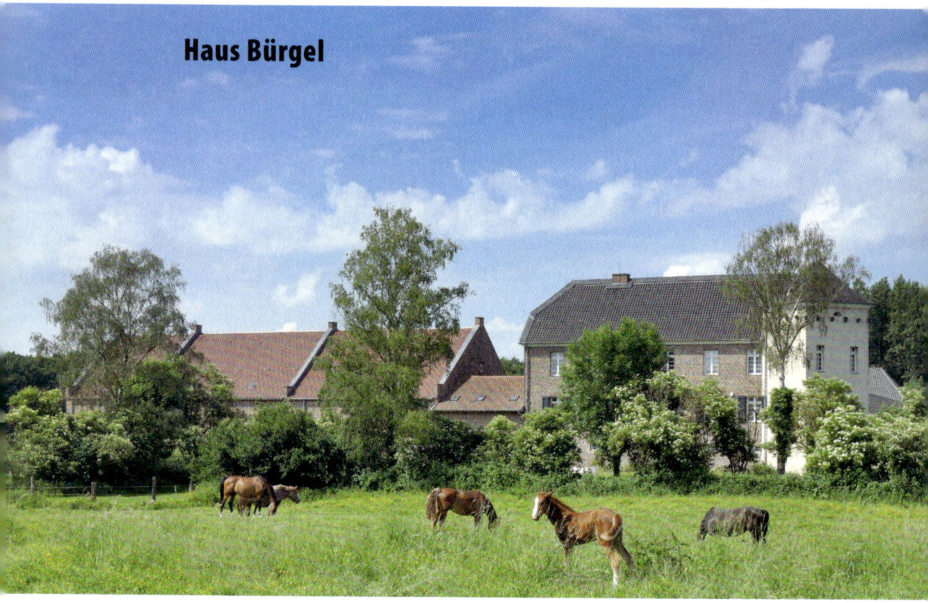

Haus Bürgel

Seit Juli 2021 gehört das ehemalige römische Kastell (und später mittelalterliche Lehensgut) Haus Bürgel zum UNESCO-Weltkulturerbe Niedergermanischer Limes. Es beherbergt heute eine biologische Station, eine Kaltblutzucht – und ein römisches Museum mit Außenpfad und Nutzgarten.

Nach dem Haus Bürgel kreuzt unser Weg die **L 293 (Baumberger Weg),** die wir hier überqueren und auf der anderen Seite dem Verlauf des asphaltierten Wirtschaftswegs kurz in seine Rechtskurve folgen, dann aber nach links abbiegen, die rot-weiße Schranke hinter uns lassen und an der nächsten Gabelung nach links in den Feldweg einbiegen (N). Er schwenkt kurz danach leicht nach links und führt uns dann geradeaus zu einer ersten Gehölzreihe, dann zu einer zweiten. An der nächsten großen Wegkreuzung stoßen wir auf den Garather Mühlenbach und den Urdenbacher Altrheinarm. Links der Kreuzung liegt eine kleine Aussichtsterrasse, von der aus wir einen Eindruck davon gewinnen, wie es am Rhein vor Hunderten und Tausenden Jahren ausgesehen haben mag. Wir folgen dem **Stümpeweg** nach links (Markierung D) und gehen zwischen den Wasserflächen des Urdenbacher Altrheins und des Garather Mühlenbachs hindurch. Links und rechts von uns sehen wir viele große und kleine Wasserflächen, Feuchtgebiete und Niedermoore – wichtiger Lebensraum für zahlreiche Vogel- und Pflanzenarten. Im Frühjahr sind die Vögel nicht nur zu sehen, sondern auch deutlich zu hören. Führt der Rhein Hochwasser, steigt auch hier der Wasserstand. Nach etwa 2,7 Kilometern auf dem Stümpeweg, kurz nach einer Brücke und einem Rastplatz mit Tisch, Bänken und der Infosäule „Auenblicke", zweigt ein Weg mit einer Brücke nach rechts ab. Hier verlassen wir die Markierung D, gehen nach rechts über die Brücke und folgen dem Weg leicht bergauf. Er mündet in die **Rittersbergstraße** ein. An der nächsten Gabelung halten wir uns links (und gehen nicht geradeaus auf dem mit dem Kreuz markierten Weg!). Ein Stück weiter oben, an der nächsten Gabelung, biegen wir nach links ab; hier steht ein Holzschild „Am Rittersberg". Wir folgen dem Pfad, lassen einen Spielplatz und zwei Sportplätze rechts liegen. Zuletzt gelangen wir zwischen Gebäuden hindurch zur **Kammerrathsfeldstraße,** überqueren diese, wenden uns kurz nach links, dann gleich wieder nach rechts, entlang der **Kohlhagen-**

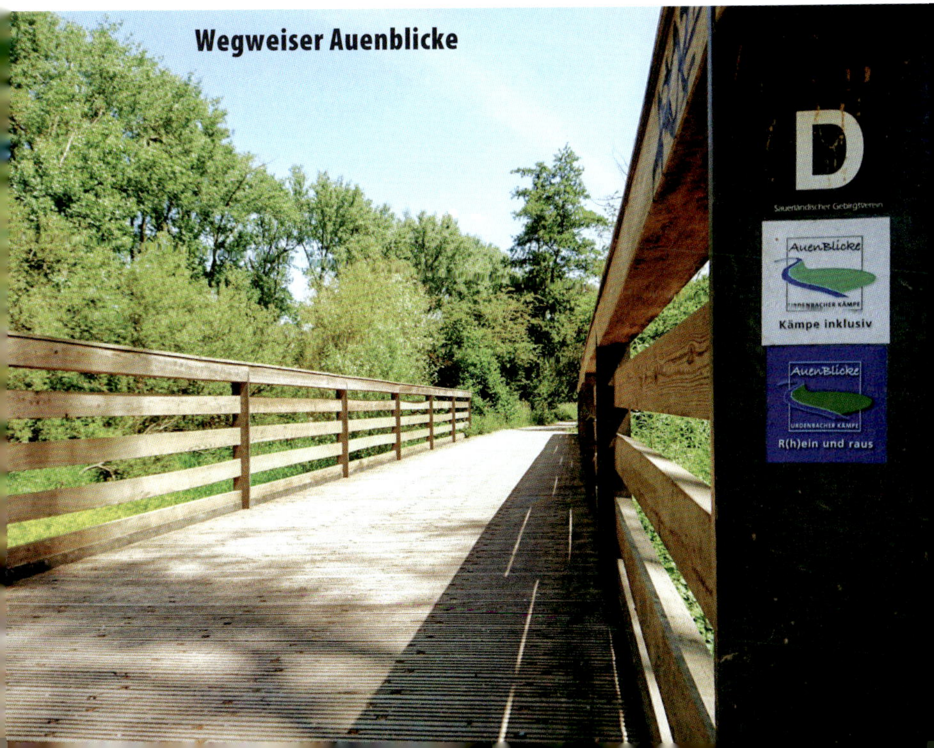

Wegweiser Auenblicke

straße, die den kleinen **Josef-Kürten-Platz** flankiert. Die **Südallee** querend setzen wir den Weg durch die Kohlhagenstraße fort, passieren rechts das DRK-Seniorenzentrum Benrath. Wir stoßen auf die Urdenbacher Allee und überqueren sie. In der kleinen Grünanlage wenden wir uns nach rechts und stoßen gleich darauf wieder auf den mit einem D markierten Düsseldorfer Weg, dem wir durch die Grünanlage folgen. Er führt uns in den Schlosspark Benrath zurück, vorbei an der Orangerie, dem Rosengarten und dem Küchengarten. Hier bietet sich auch noch eine kleine Einkehr in das **Schlosscafé** 7 an. Das Schloss lassen wir links von uns liegen und stehen wieder vor dem Schlossweiher, wo wir uns nach links wenden und zur U-Bahn-Haltestelle zurückgehen – dem Ziel unserer Wanderung.

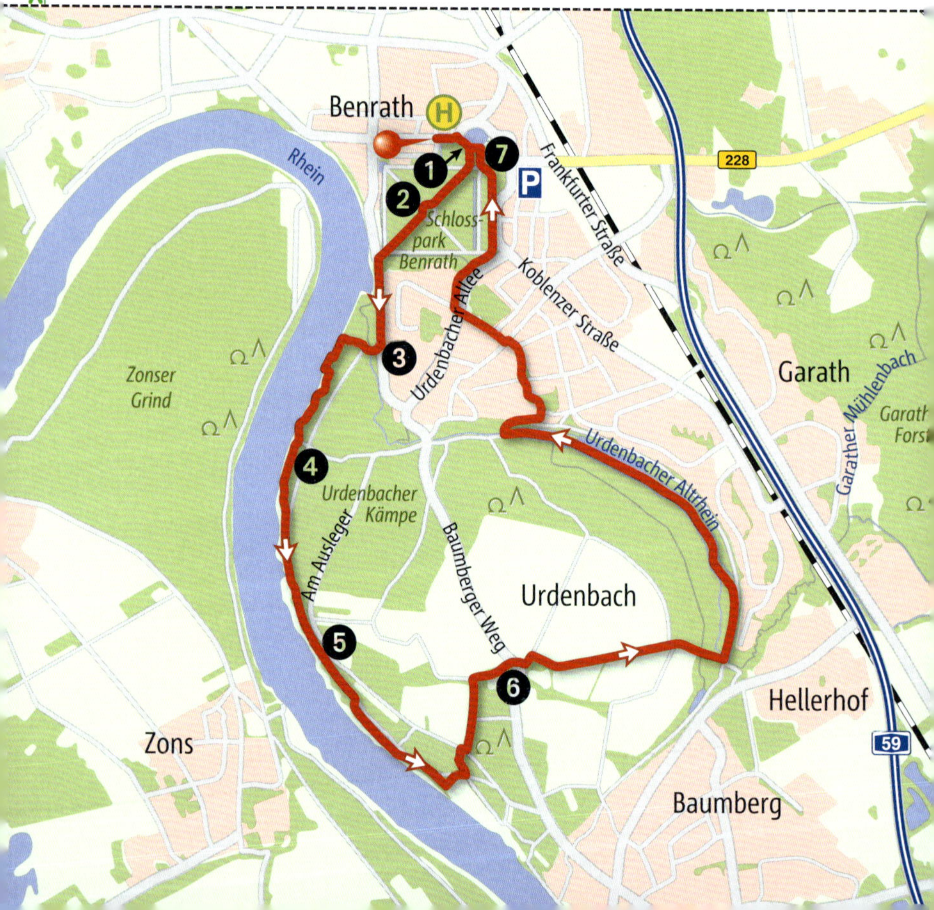

Alles auf einen Blick

Entspannung ✱✱✱✱✱

Genuss ✱✱✱✱✱

Romantik ✱✱✱✱✱

WIE & WANN:

Der größte Teil der Tour verläuft auf Pfaden und Naturwegen; ganzjährig möglich, bei Hochwasser können Teile davon jedoch unbegehbar sein, schönste Zeit März bis Oktober

HIN & WEG:

Auto: Parkplatz Regerstraße, Regerstraße, 40593 Düsseldorf (GPS 51.16073303837637, 6.874930192317687)

ÖPNV: U71, U83 bis Schloss Benrath

ESSEN & ENTSPANNEN:

Altes Fischerhaus ❸ Am Alten Rhein 83, 40593 Düsseldorf, Tel. (02 11) 71 45 97, www.altes-fischerhaus.de

Haus Ausleger ❺ Am Ausleger 4, 40593 Düsseldorf, Tel. (02 11) 7 18 34 24, www.hausausleger.de

Schlosscafé Schloss Benrath ❼ Benrather Schloßallee 108, 40597 Düsseldorf, Tel. (02 11) 26 17 92 48

ENTDECKEN & ERLEBEN:

Schloss Benrath ❶

Schlosspark Benrath ❷

Urdenbacher Kämpe ❹

Haus Bürgel ❻ Urdenbacher Weg, 40789 Monheim am Rhein, Tel. (0 21 73) 9 51 89 30, www.hausbuergel.de

- 10,1 Kilometer
- 9 Höhenmeter
- 2,5 Stunden
- Strecke

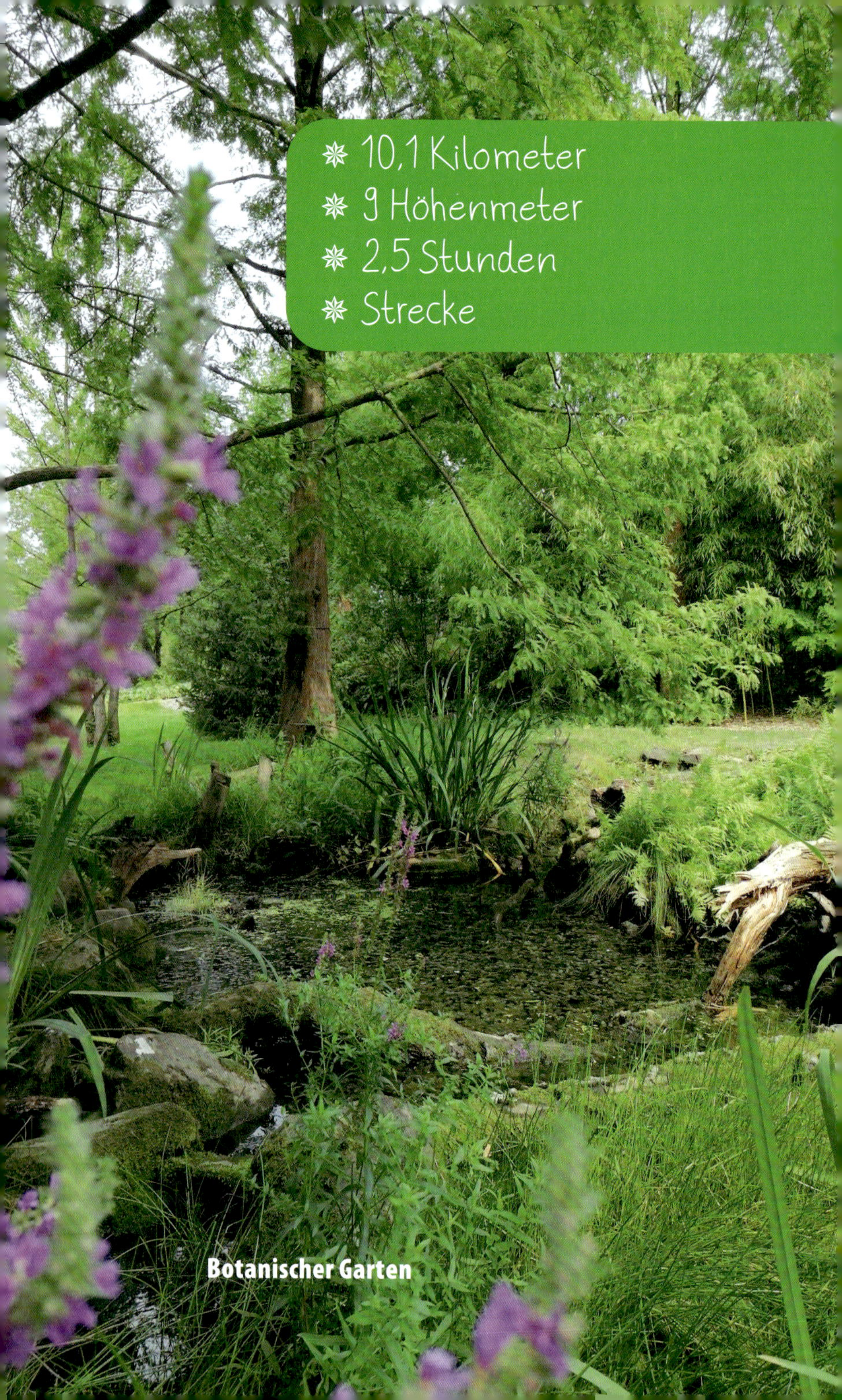

Botanischer Garten

Wilde Weite

Am Rhein entlang nach Himmelgeist

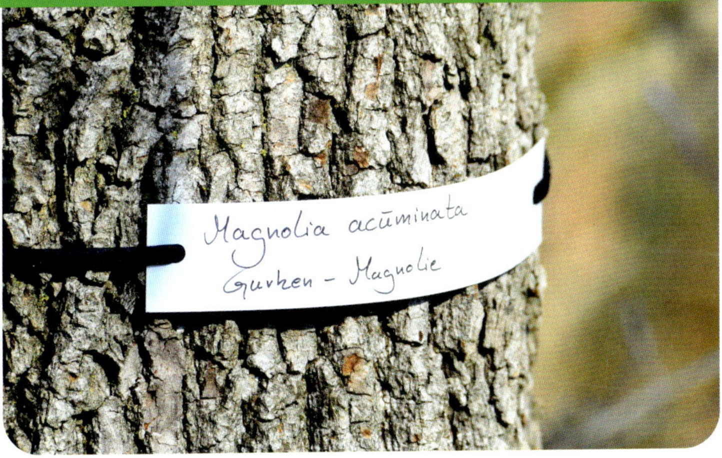

Nachdem wir aus Richtung Innenstadt kommend an der **U-Bahn-Haltestelle Uni Ost/Botanischer Garten** die U- oder Straßenbahn verlassen haben, wenden wir uns direkt nach links und laufen den gepflasterten Weg zwischen den rot-weißen Pfählen hindurch. Gleich danach grüßt uns das Willkommensschild der Universität, wir gehen dann nach links. Anschließend wendet sich der Weg nach rechts, führt zwischen grauen Pollern hindurch an den mehrstöckigen Gebäuden des Instituts für Mikrobiologie der Heinrich-Heine-Universität vorbei. Wenn wir uns hier nach links halten, kommen wir zum Nebeneingang des **Botanischen Gartens 1**. (Wer möchte, geht hier schon hinein, verlässt den Botanischen Garten am Haupteingang und setzt dort die Wanderung fort.) Dort, wo die Fahrstraße nach rechts biegt, laufen wir nach links zum Haupteingang des Botanischen Gartens. Nach der sehr empfehlenswerten Besichtigung halten wir uns, den Eingang im Rücken, nach links und gehen auf dem Weg weiter, der sich außen am Botanischen Garten entlangzieht. An den nächsten beiden Gabelungen halten wir uns links, und da, wo wir auf den geteerten Dammweg oberhalb des **Brückerbachs** stoßen, laufen wir nach rechts. Wenn wir kurz danach genau nach unten schauen, erkennen wir die Fischtreppen Brückerbach. Wo die Fußgängerbrücke mit dem gelben Brückengeländer über den Brückerbach führt, gehen wir weiter geradeaus. Aus dem Grünweg wird nach der Straßenunterführung ein kleiner Fußpfad. Mit ein bisschen Glück können wir hier Fischreiher bei der Jagd beobachten. Es geht nun unter der nächsten Straßenbrücke hindurch. Direkt nach der Unterführung biegen wir nach links ab und überqueren den Brückerbach auf der Brücke mit dem gelben Geländer. Am Ende der kleinen Asphaltstraße kommen wir zum **Wasserwerk Flehe,** laufen nach links, dann gleich wieder nach rechts und ungefähr 170 Meter an der Straße entlang. Unmittelbar vor der Bushaltestelle Brückerbach biegt nach rechts ein kleiner Fußpfad ab,

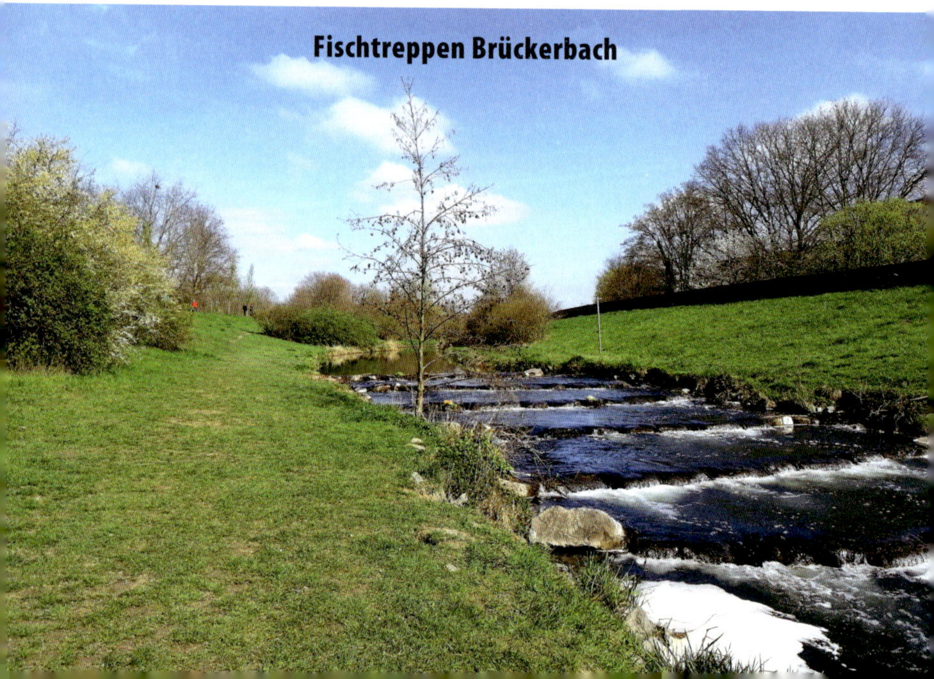

Fischtreppen Brückerbach

Für die Seele

Verschlungene Wege, undurchsichtiges Dickicht, scheinbar endlos – und auf einmal können wir wieder in die Weite schauen, bekommen Übersicht. Alles fühlt sich leichter an.

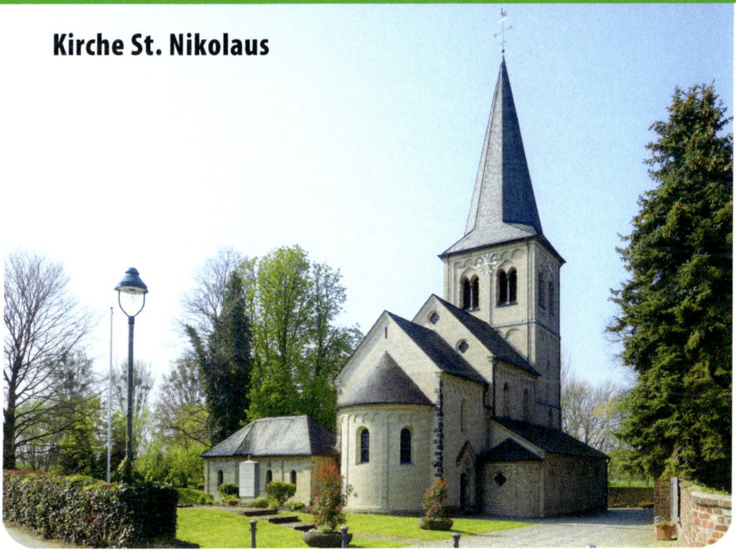

Kirche St. Nikolaus

auf dem wir immer geradeaus laufen. Nach rund 150 Metern erreichen wir das Rheinufer und folgen der Linkskurve des kleinen Fußwegs. Wenn wir uns kurz danach umdrehen, haben wir einen schönen Blick auf die Fleher Brücke und können auch weit über den Fluss hinweg schauen. Wir halten uns jetzt so lange immer an dem parallel zum Rheinufer verlaufenden Weg, bis er in Himmelgeist in die **Nikolausstraße** übergeht. Sie führt in den alten Ortskern von Himmelgeist. An der Kreuzung von **Nikolausstraße** und der **Straße Alt-Himmelgeist** unterbrechen wir die Route für einen kurzen Abstecher zur **Kirche St. Nikolaus** ②, einer der ältesten Kirchen Düsseldorfs, und gehen dafür noch ein kleines Stück geradeaus zur dann rechts liegenden Kirche.

St. Nikolaus ist eine römisch-katholische Pfarrkirche im Stadtteil Himmelgeist. Die dreischiffige romanische Basilika wurde im 11. Jahrhundert erbaut und gehört damit zu den drei ältesten Kirchen Düsseldorfs. Der gegenüberliegende Fronhof stammt aus der Karolingerzeit.

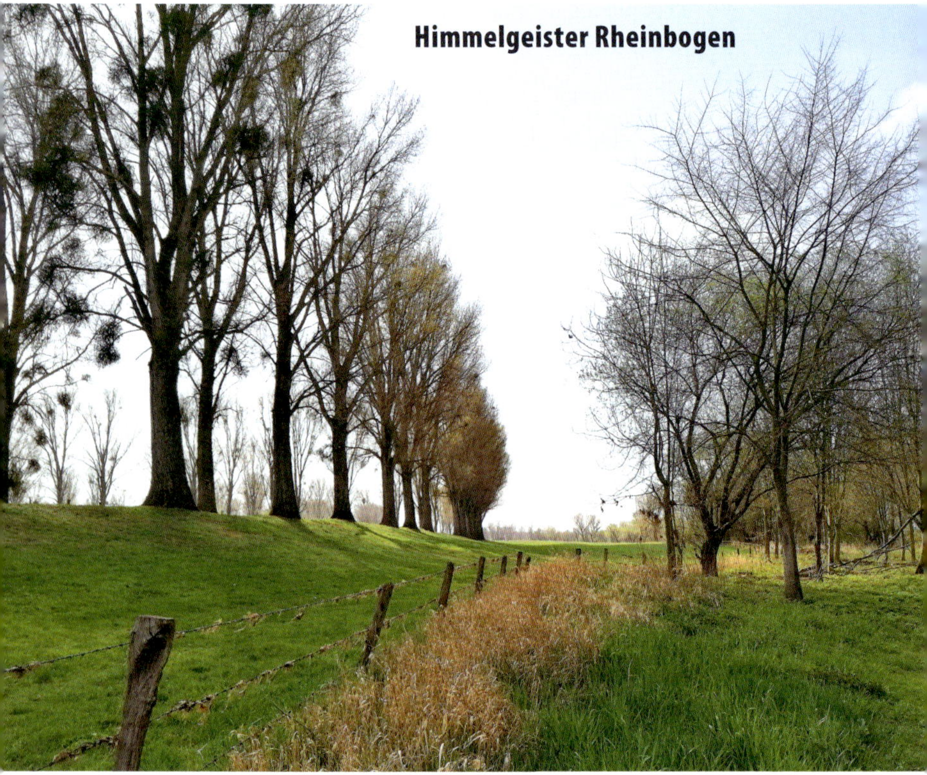

Himmelgeister Rheinbogen

Im Naturschutzgebiet Himmelgeister Rheinbogen lebt eine bunte Vielfalt von seltenen und gefährdeten Pflanzen- und Tierarten, unter anderem Osterluzei und Frühblühende Wiesenraute, Zauneidechse, Baumfalke, Nachtigall, Pirol und Steinkauz. Vögel nutzen es intensiv, um sich hier zurückzuziehen und zu überwintern.

Zurück an „unserer" Kreuzung wenden wir uns nach links, gehen durch eine Schranke hindurch Richtung Rhein. (Wer den Abstecher nicht gemacht hat, läuft an der Kreuzung gleich nach rechts.) Am Rhein gehen wir hinunter bis ans sandige Ufer und dann nach links am oberen Rand dieser und der nächsten Sandbucht entlang. Wir folgen ab hier dem **Himmelgeister Rheinbogen 3.**

In der zweiten Sandbucht beginnt dann zwischen den Bäumen ein Fußpfad, dem wir eine ganze Weile folgen. Wir sind hier wieder im Auenwald, der Weg ist stellenweise sehr schmal und fast schon überwuchert – Dschungelfeeling ganz dicht an der Großstadt! Wir hören das beruhigende Plätschern der Wellen und können zwischendurch auch immer wieder Abstecher zu den direkt am Ufer liegenden Sandbuchten machen und uns den frischen Wind um die Nase wehen lassen. Nach ungefähr 1,2 Kilometern macht unser Weg einen deutlichen Schwenk nach links, diesem folgen wir und halten auf die Pappeln zu. Zwischen ihnen entdecken wir einen der **Myriametersteine –** historische Vermessungssteine entlang des Rheins. Zwischen der dritten und vierten Pappel gehen wir unterhalb eines Stacheldrahtzauns und der quer kreuzenden Pappelreihe nach rechts über einen Wiesenpfad. Wir folgen ein Stück zurückgesetzt vom Wasser weiter dem Rheinufer bzw. dem Himmelgeister Rheinbogen. Nach ungefähr 700 Metern quert ein weiterer Wiesenpfad, hier gehen wir nach links. Aus dem Wiesenpfad wird ein asphaltierter Wirtschaftsweg. Wir folgen ihm, laufen an der Holzschranke vorbei und anschließend nach rechts. Nach ein paar Minuten halten wir auf den kleinen Damm vor uns zu. Oben angekommen, lädt uns eine Bank zur Rast – von hier sehen wir den Rheinturm, die Fleher Brücke und ein einsames Trafohäuschen nicht weit entfernt vor uns. An der Bank wenden wir uns nach rechts und wählen den Wiesenpfad oben auf der Dammkrone. Wir passieren das einsame Trafohäuschen und sehen rechts die Baumruine der **Himmelgeister Kastanie** ❹.

Am Trafohäuschen quert eine Asphaltstraße, wir bleiben aber auf

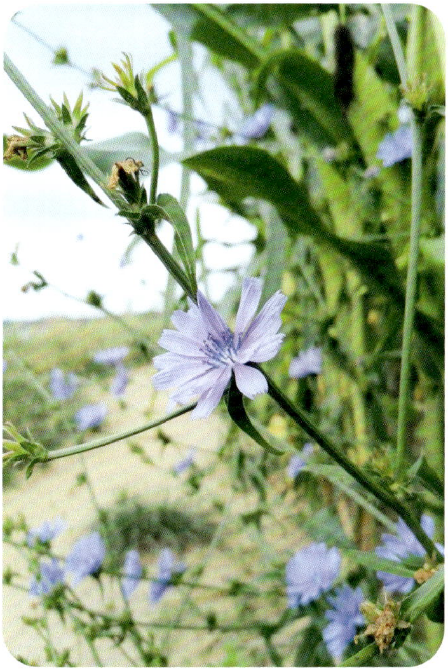

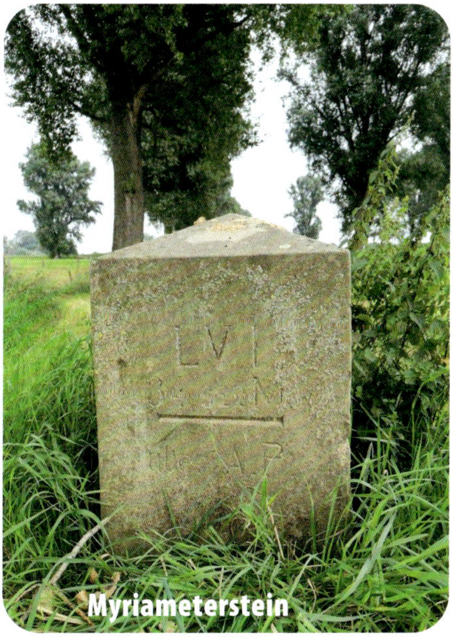

Myriameterstein

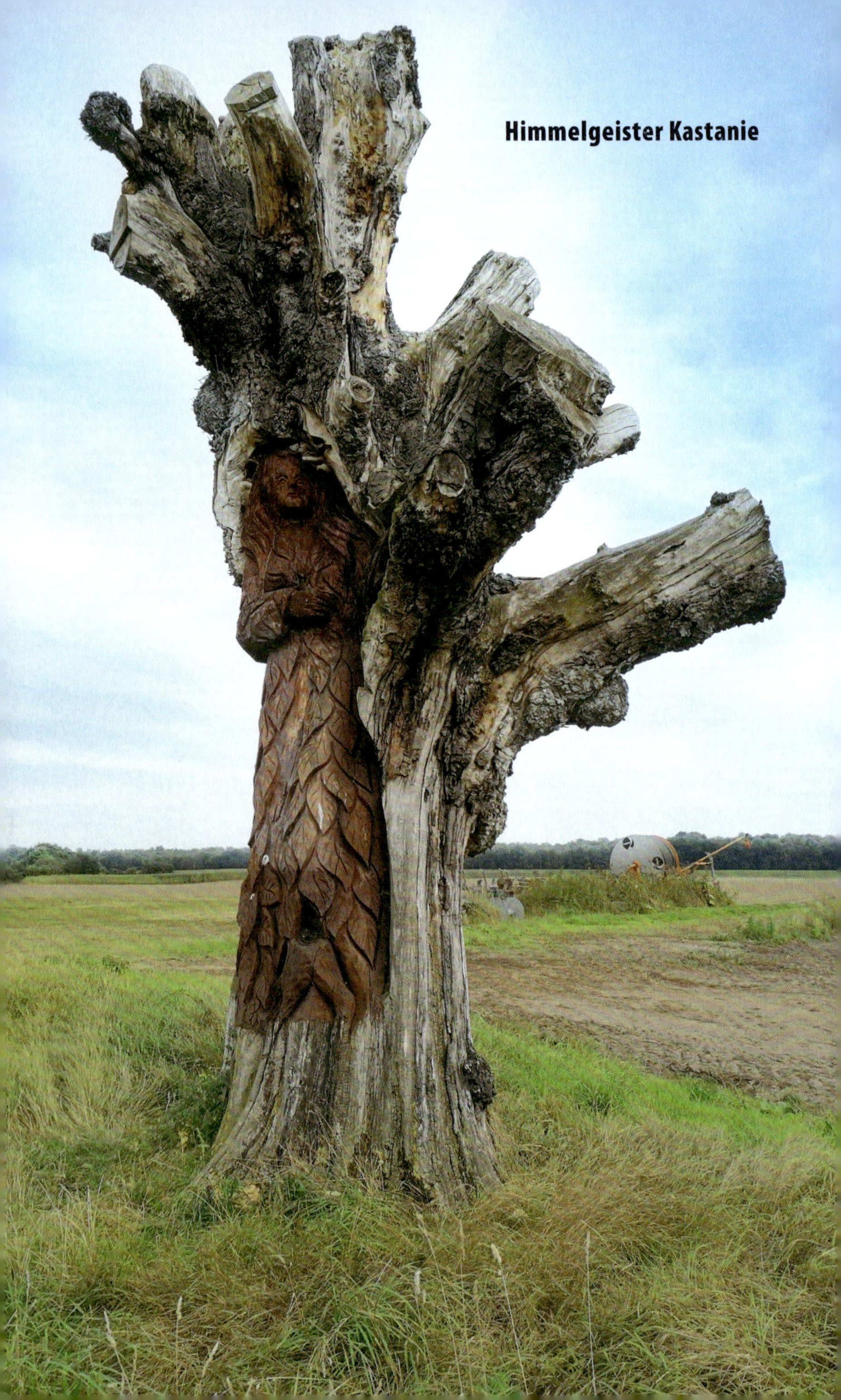

Himmelgeister Kastanie

dem Damm. Rechts sehen wir Itter liegen. Der Damm führt auf ein kleines Wäldchen zu, und dort, wo wir eine Schranke erkennen, verlassen wir den Damm und gehen nach schräg rechts unten. Unten an der Asphaltstraße angekommen, biegen wir nach links. Wir folgen der Straße durch die Kurve nach rechts, dann nach links und ignorieren den einbiegenden Feldweg, bleiben weiter auf der Teerstraße. Hier müssen wir genau aufpassen: Nach der Kurve liegt zunächst ein Feld, dann stoßen wir auf einen Waldsaum, der den Lauf eines Gewässers markiert. Wir überqueren den Broichgraben, und direkt danach zweigt ein Fußpfad nach rechts ab. Nach der Episode auf freiem Feld fühlen wir uns nun wieder wie in einem Dschungel. Der Pfad schlängelt sich vor uns durch den Wald, wir folgen seinen Kurven. An drei Gabelungen halten wir uns jeweils nach links. An der Stelle, wo wir auf einen Querweg treffen, laufen wir nach links, dann gleich wieder nach rechts, erneut am Waldrand entlang. An der nächsten Gabelung halten wir uns links, an der übernächsten nach rechts, und anschließend

Die Himmelgeister Kastanie war eine ungefähr 200 Jahre alte Rosskastanie, die etwas außerhalb von Himmelgeist auf freiem Feld stand. Sie wurde jedoch von einem Pilz befallen und starb ab. Im verbliebenen 5 Meter hohen Stück des Stammes gestaltete der Kettensägenschnitzer Jörg Bäßler eine Skulptur, die einen Baumgeist darstellt.

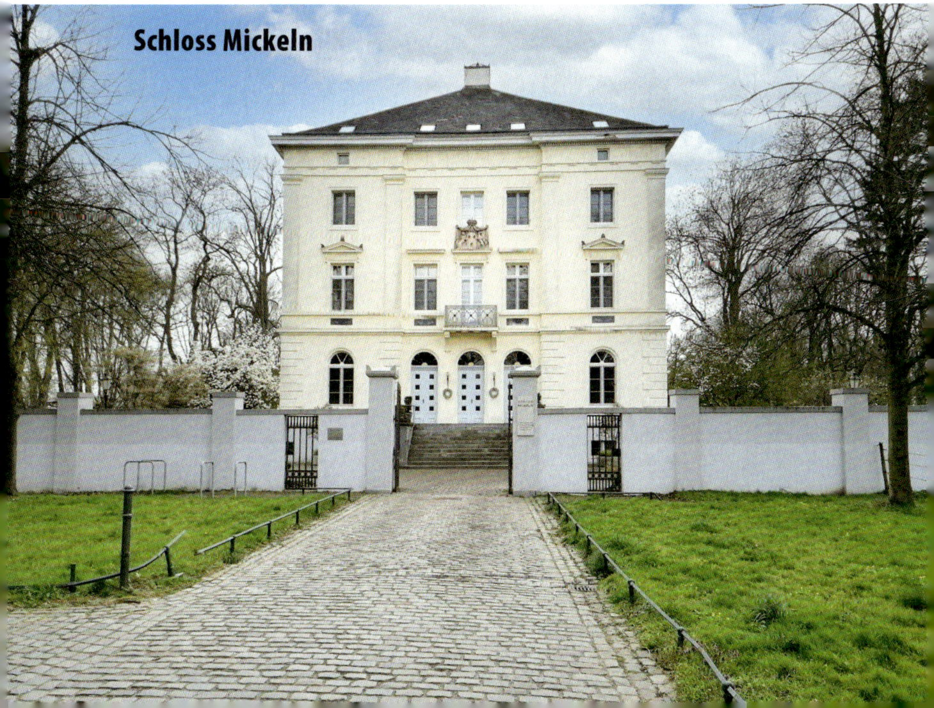

Schloss Mickeln

passieren wir die Rückseite von **Schloss Mickeln** ⑤, das heute der Heinrich-Universität Düsseldorf als Tagungs- und Gästehaus dient. Unmittelbar nach dem Schloss gehen wir nach rechts um das Schloss herum. Am Ende des Wegs bei der Infotafel biegen wir nach rechts durch das Tor in den Schlosshof, verlassen ihn nach links wieder und laufen durch die kopfsteingepflasterte schöne Lindenallee. Am Schlosstor angekommen, wenden wir uns nach rechts, gehen an der Kreuzung nach links – und sehen auf der rechten Straßenseite schon das **Landgasthaus Krevet** ⑥ und davor die Bushaltestelle Alt-Himmelgeist, den Endpunkt unserer Wanderung. Mit dem Bus 835 fahren wir nach Düsseldorf-Bilk und von dort mit der U-Bahn U73 oder U79 wieder zurück zum Ausgangspunkt.

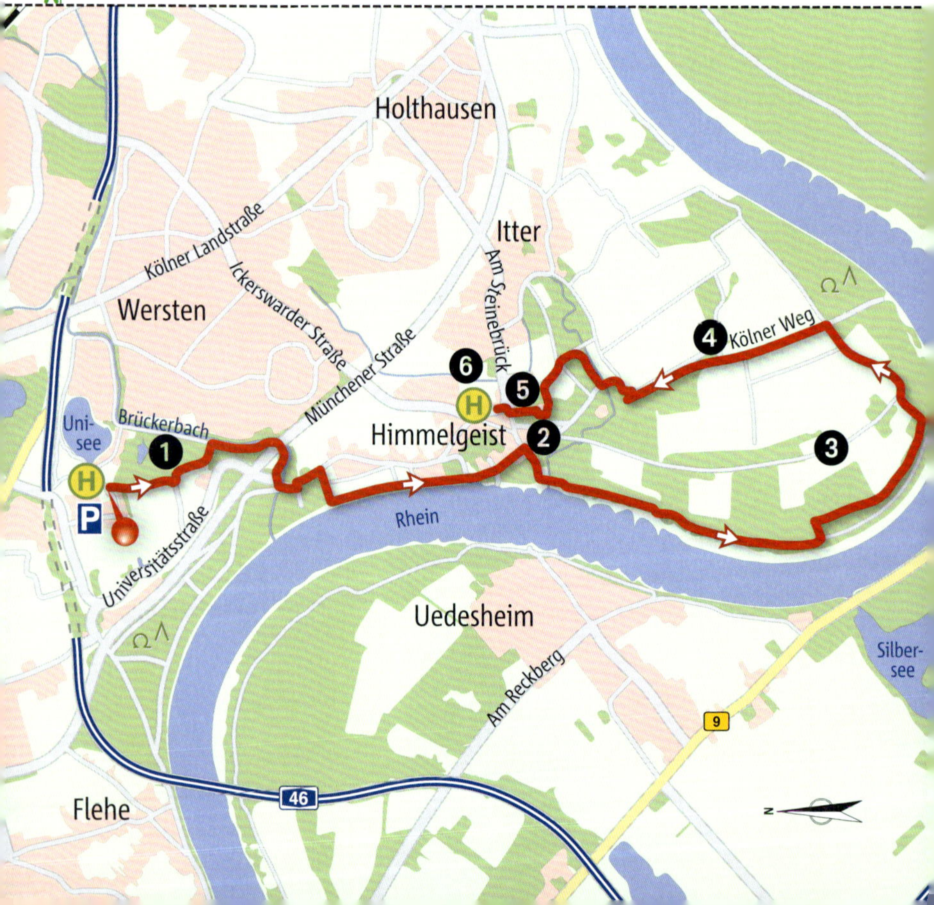

Alles auf einen Blick

Entspannung ★★★★★
Genuss ★★★☆☆
Romantik ★★★☆☆

WIE & WANN:
Zwei Drittel des Weges verlaufen auf Pfaden und sehr naturnahen Wegen, der Rest sind Straßen oder asphaltierte Wirtschaftswege; ganzjährig möglich, außer bei Hochwasser, schönste Zeit März bis Oktober

HIN & WEG:
Auto: Universität Düsseldorf, Parkplatz P10, Christophstraße 90, 40225 Düsseldorf (GPS 51.190053735369496, 6.799105547825789)
ÖPNV: U73, U79, Straßenbahn 704 bis Uni-Ost/Botanischer Garten
Rückkehr zum Ausgangspunkt: Ab Alt-Himmelgeist mit Bus 835 nach Düsseldorf-Bilk, von dort mit der U73, U79 bis Uni-Ost/Botanischer Garten

ESSEN & ENTSPANNEN:
Landgasthaus Krevet ❻ Steinkaul 3, 40589 Düsseldorf, Tel. (02 11) 58 31 71 67, www.landgasthaus-krevet-duesseldorf.eatbu.com

ENTDECKEN & ERLEBEN:
Botanischer Garten ❶ Universitätsstraße 1, 40225 Düsseldorf, www.botanischergarten.hhu.de
Kirche St. Nikolaus ❷ Nikolausstraße 20, 40589 Düsseldorf
Himmelgeister Rheinbogen ❸
Himmelgeister Kastanie ❹
Schloss Mickeln ❺ Alt-Himmelgeist 25, 40589 Düsseldorf

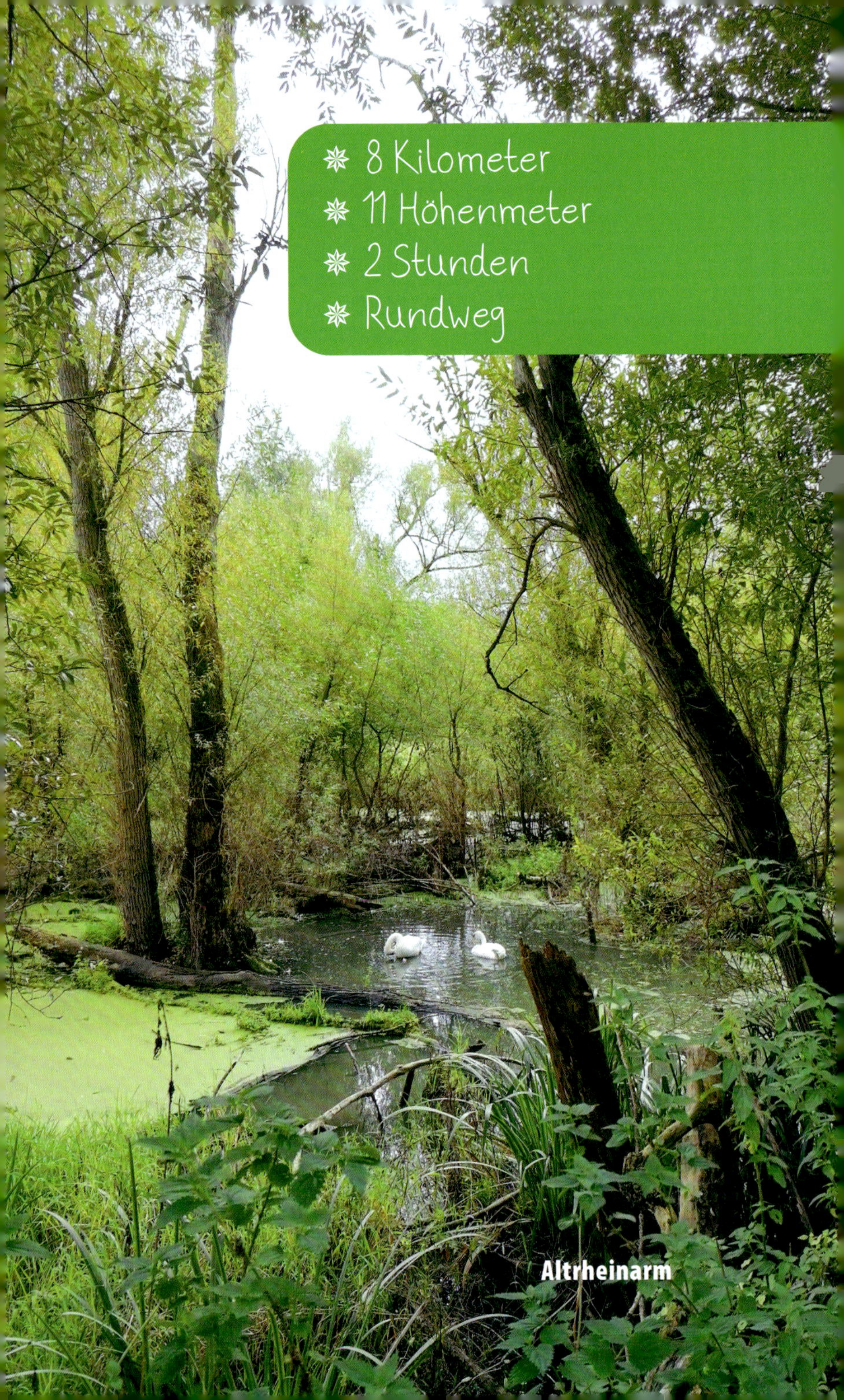

- 8 Kilometer
- 11 Höhenmeter
- 2 Stunden
- Rundweg

Altrheinarm

Ursprung
Garath und die Urdenbacher Kämpe

Wir verlassen den Bahnsteig der **S-Bahn-Station Garath,** laufen die Treppe hinunter und unten links. Wir sind hier mitten in einer **Fußgängerzone** mit Läden und Imbissen. Wir gehen einige Stufen nach oben, an einem Supermarkt und der Sparkasse vorbei, bis wir auf dem **Heinrich-von-Brentano-Platz** stehen. Wir überqueren ihn, uns leicht links haltend, laufen am DHL-Shop vorbei und passieren ein Ärztehaus – alles nach wie vor in der Fußgängerzone. Am James-Moltke-Platz, direkt vor der Montessori-Grundschule, gehen wir nach rechts und folgen dem Plattenweg nach links. An einem kleinen baumbestandenen Platz gabelt sich der Weg, hier wählen wir den linken. Zu unserer großen Überraschung stehen wir nur wenige Augenblicke später schon im Naturschutzgebiet der **Urdenbacher Kämpe** ❶ (s. Tour 1)!

Grüne Stille umfängt uns, und falls noch eine gewisse Anspannung, hervorgerufen vom Lärm der Autobahn, in uns gewesen sein sollte, so fällt sie hier direkt von uns ab. An den nächsten beiden Gabelungen halten wir uns rechts und wandern nun auf einem etwas breiteren Waldweg durch den Auenwald. Der Weg ist mit einem X markiert, dem wir für knapp 1,5 Kilometer folgen, sämtliche Abzweige nach rechts ignorierend. Wir passieren eine erste kleine Lichtung, danach eine zweite, wir gehen immer geradeaus. Später mündet ein Weg von schräg hinten rechts ein, auch hier gehen wir geradeaus. An der nächsten Gabelung sehen wir das Schild „Naturschutzgebiet“, hier führt der mit X markierte Weg

Nördlich des im Naturschutzgebiet der Urdenbacher Kämpe verlaufenden Altrheinarms führt ein Wanderweg entlang – direkt an der Grenze zu Garath. Der Stadtteil konnte sich bis hierher ausbreiten, weil er durch die sogenannte Niederterrassenkante vor Hochwasser geschützt ist. Diese Kante im Gelände lässt sich vom Wanderweg aus gut erkennen.

Von der Aussichtsterrasse „Blick in den alten Rhein" lässt sich gut erkennen, wie der Rhein früher ausgesehen haben mag: Der Bogen des Altrheins hier entspricht ziemlich genau dem Verlauf des Rheins, den er bis Mitte des 14. Jahrhunderts nahm. Die nicht eingedeichten Bereiche der Urdenbacher Kämpe werden heute noch regelmäßig vom Rhein überflutet.

geradeaus weiter, wohingegen wir nach links unten abbiegen. Wir kommen über eine Holzbrücke und laufen danach nach links. Hier kommt ein kleiner **Rastplatz** mit Tischen und Bänken, und es geht wieder über eine Brücke. Mit der Wegmarkierung D wandern wir nun etwa 2,7 Kilometer den **Stümpeweg** entlang des Altrheinarms. Links und rechts erstrecken sich dschungelartiger Auenwald, große und kleine Wasserflächen, Feuchtgebiete. Wir genießen die Nähe zur Natur, beobachten, dass hier alles einfach so wachsen und sein darf, wie die Natur es hervorbringt und auch wieder vergehen lässt. Es gibt viele Wasservögel, die sich hier aufhalten und jagen. Kurz vor Ende des Stümpewegs zweigt die Garather Brücke nach links ab, diese ignorieren wir jedoch. Unser Wegabschnitt endet erst, wo wir auf eine weitere Brücke kommen (Hellerhofer Brücke) und das Zeichen D nach links weist. Diesem folgen wir – aber nicht ohne vorher noch mal einen Blick von der **Aussichtsterrasse** ❷ rechts in den alten Rhein geworfen zu haben.

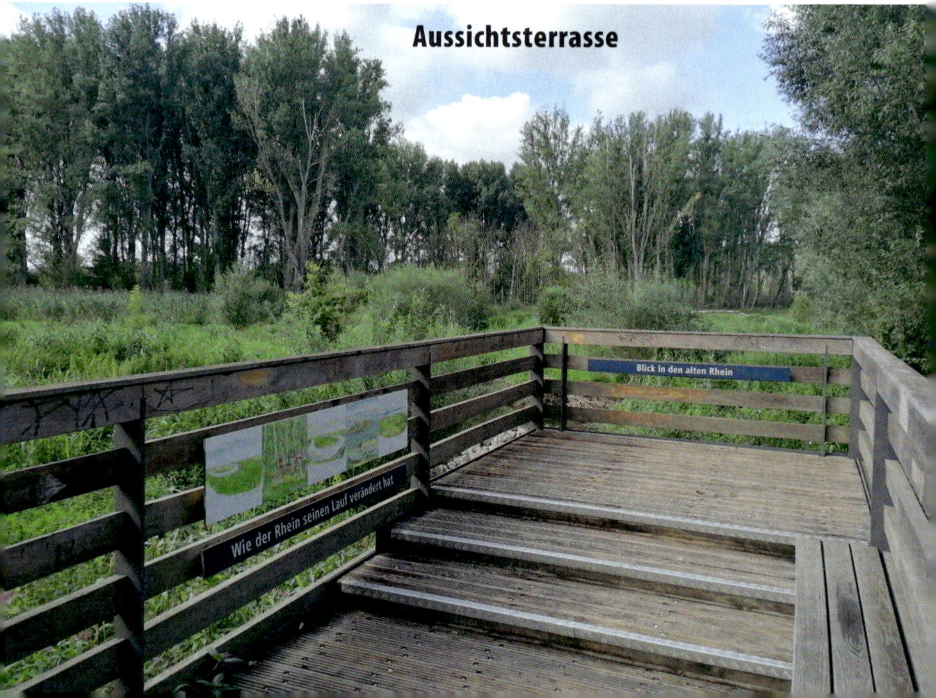

Für die Seele

Wir lieben naturbelassene Orte, weil hier alles so sein darf, wie es ist – auch wir selbst. Natur bewertet uns nicht. Sie ist unser Zuhause.

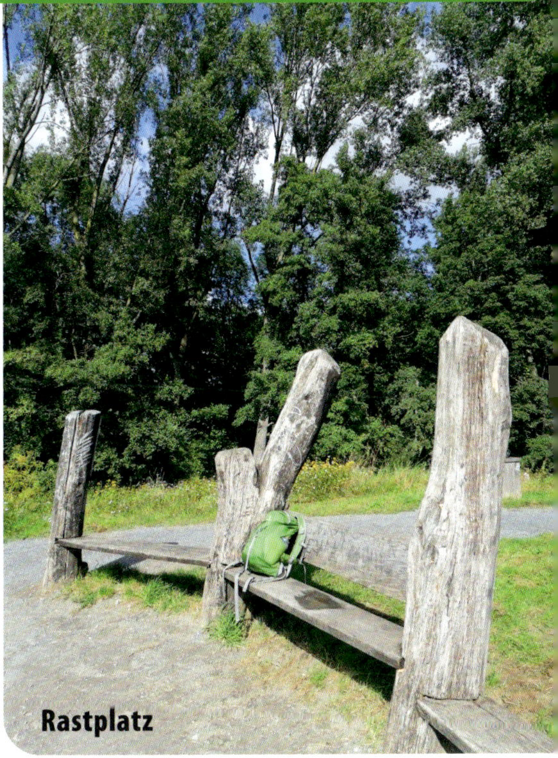

Rastplatz

An der nächsten Gabelung halten wir uns links und folgen ab hier bis zum Schloss Garath dem N des Neanderlandsteigs. Rechts oberhalb dieser Weggabelung entdecken wir gleich darauf einige **Sitzbänke** auf einer kleinen Anhöhe – von dort oben haben wir einen herrlichen Rundblick über die Urdenbacher Kämpe. Nachdem wir zwei rot-weiße Pfosten passiert haben, gehen wir links. Da, wo wir an ein paar Häusern vorbeikommen und ein Weg von rechts mündet, laufen wir weiter geradeaus (N, D). An der Stelle, wo an einer etwas größeren Wegkreuzung von rechts die **Phillip-Scheidemann-Straße** einbiegt, gehen wir nach links (D und N), nach der kleinen Brücke an der ersten Möglichkeit nach rechts. Dies ist nun ein kleiner Waldpfad, dem wir auch um einen Spielplatz herum folgen. Danach schwenkt der Pfad nach rechts, an einer Buche sehen wir unsere Wegmarkierungen N und D. Wir kommen an eine Stelle, wo von rechts zwei Wege einmünden, halten uns aber links auf die eingezäunte Fernleitungsanlage zu, laufen an der Zaunecke vorbei, folgen dem Pfad. Gleich danach sehen wir die nächste eingezäunte Anlage und an einem orangefarbenen Pfosten wieder unsere Zeichen. Der Weg führt dann nach links, ein paar Stufen hinauf, mit dem D wieder nach rechts und geradeaus über die Kreuzung hinweg. Hier hören wir deutlich die A 59. Der Weg ist nun asphaltiert, geht in einer Kurve etwas bergab und führt unter den Bahngleisen und der Autobahn hindurch. Wir kommen an die **Frankfurter Straße** und gehen nach links bis zu einer Fußgängerampel, wechseln dort die Straßenseite und laufen geradeaus weiter, folgen dem D und N nach rechts in die Straße **Am Kapeller Feld.** Der Weg führt über eine kleine Brücke. Nach der rot-weißen Schranke halten wir uns links, ebenso an der nächsten Gabe-

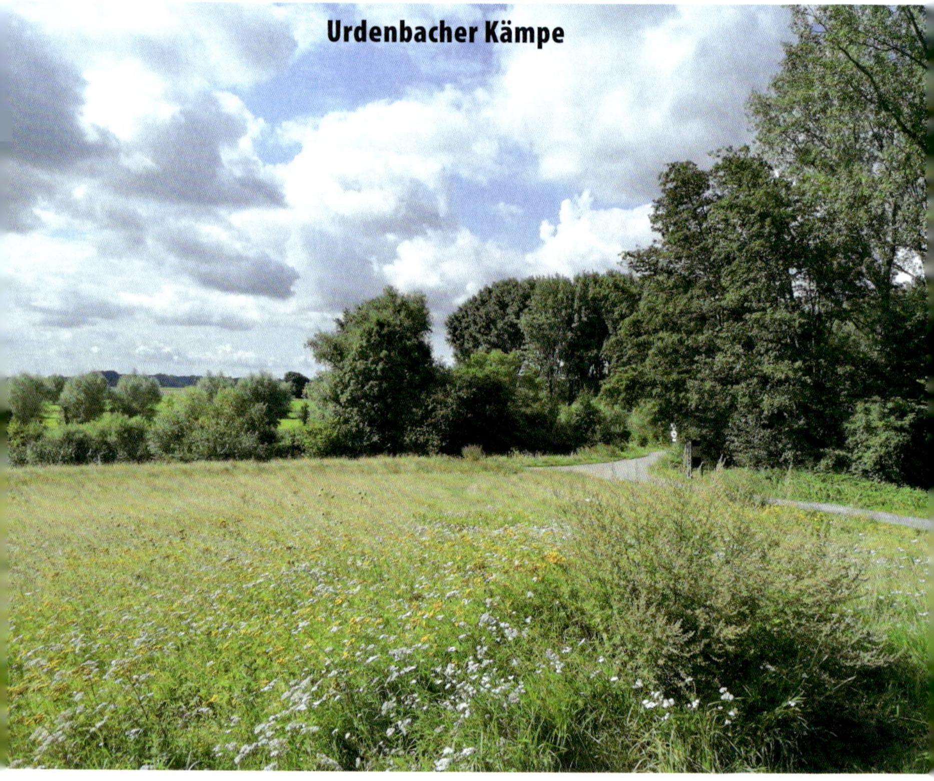
Urdenbacher Kämpe

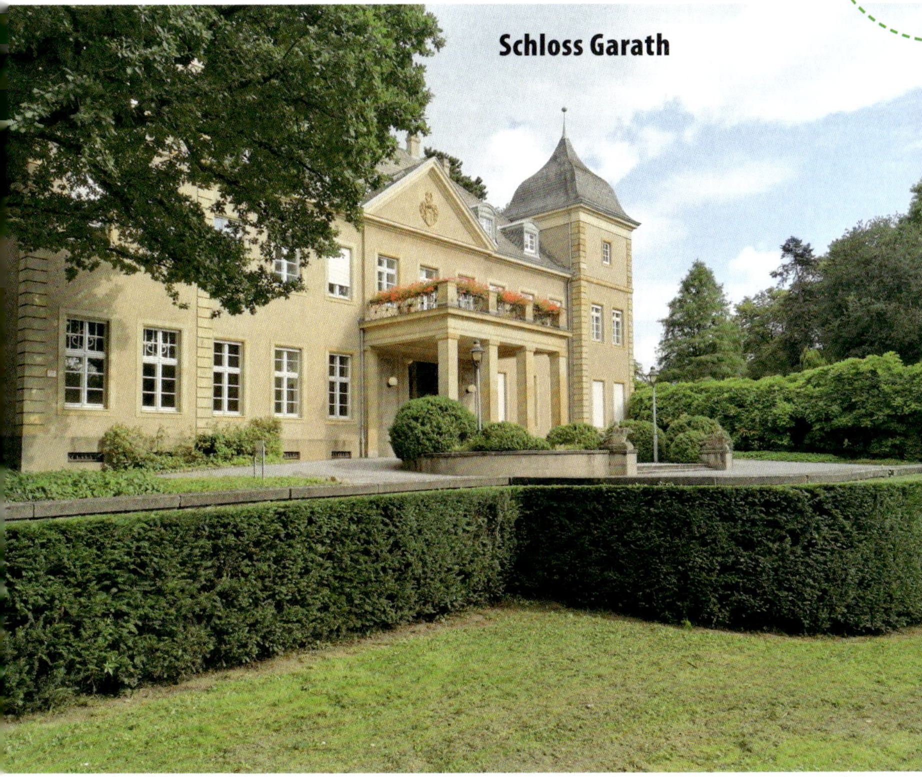

lung. Wir befinden uns nun in einer schön gestalteten Grünanlage. An der nächsten Gabelung gehen wir nach links, folgen dem D und dem Schild „Schloss Garath". Nach dem rot-weißen Pfosten biegen wir nach links ab und sind nun im Park des **Garather Schlosses** ③ (s. Tour 13) mit seinen schönen großen Bäumen. Wir kommen an der neobarocken **Schlosskapelle** vorbei, die leider eingezäunt ist.

Unser Weg macht eine Rechtskurve, führt uns auf das Schloss. An der Seite des Schlosses angekommen, schwenkt er nach links, und wir gehen an der Vorderseite des Schlosses vorbei. Am Eingangstor des Schlosses angekommen, laufen wir nach links, die **Schlossallee** entlang. An der querenden Straße **Am Kapeller Feld** gehen wir nach rechts und folgen der

Alhard von Burgsdorff kaufte das alte Schloss Garath, das auf einen Rittersitz aus dem 9. Jahrhundert zurückgeht, Anfang des 20. Jahrhunderts, ließ es abreißen und wieder aufbauen. Er gründete außerdem die Garather Hühnerfarm: Nur 170 Einwohner wohnten damals in dem Dorf, das noch nicht zu Düsseldorf gehörte, dafür aber 50.000 Hühner!

Straße. An der nächsten Gabelung wählen wir geradeaus den asphaltierten Fußgänger- und Radweg, der dem Verlauf der Straße folgt. An der Stelle, wo die Straße am Kapeller Feld nach rechts abbiegt, folgen wir der weiten Linkskurve unserer Straße, die ab hier dann **Carl-Friedrich-Goerdeler-Straße** heißt. Ihr folgen wir, links und rechts zwischen den mehrstöckigen Wohnhäusern hindurch, bis wir auf die große querende **Frankfurter Straße** treffen. Wir wechseln an den Fußgängerampeln auf die andere Seite und setzen dort unseren Weg fort. An der nächsten Querstraße laufen wir nach rechts, sehen das **Braustübchen** vor uns, daneben rot-weiße Schranken, durch die wir hindurchgehen und die Fußgängerzone erreichen. Wir gehen nach links und sehen den Aufgang zur S-Bahn – das Ende unserer Tour.

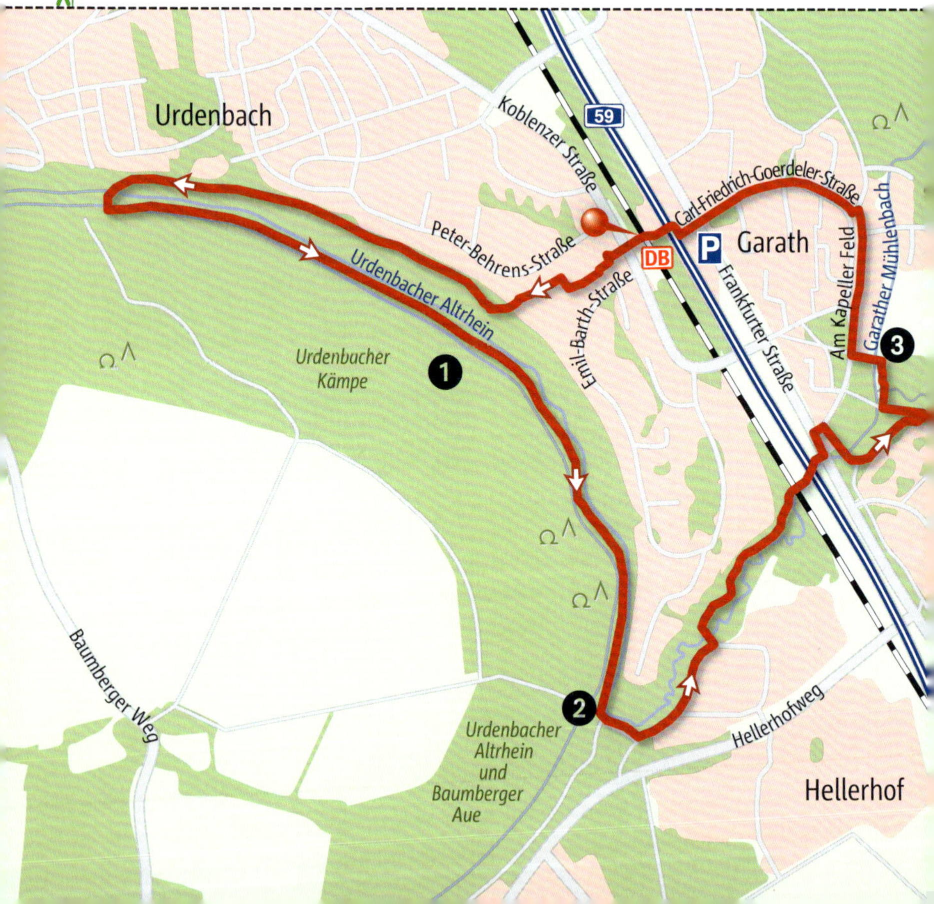

Entspannung ✱✱✱✱✱
Genuss ✱✱✱✱✱
Romantik ✱✱✱✱✱

WIE & WANN:
Fast die gesamte Tour führt über Naturwege und Pfade; ganzjährig möglich, bei Hochwasser könnten die Wege in der Kämpe überflutet sein, schönste Zeit März bis Oktober

HIN & WEG:
Auto: Parkplatz gegenüber der Frankfurter Straße 231, 40595 Düsseldorf (GPS 51.143624203555376, 6.899741502318778)
ÖPNV: S6, S11, S68 bis Garath

ESSEN & ENTSPANNEN:
Viele Imbissmöglichkeiten in der Fußgängerzone an der S-Bahn-Station

ENTDECKEN & ERLEBEN:
Urdenbacher Kämpe ❶
Aussichtsterrasse ❷
Schloss Garath ❸ Garather Schlossallee 19, 40595 Düsseldorf

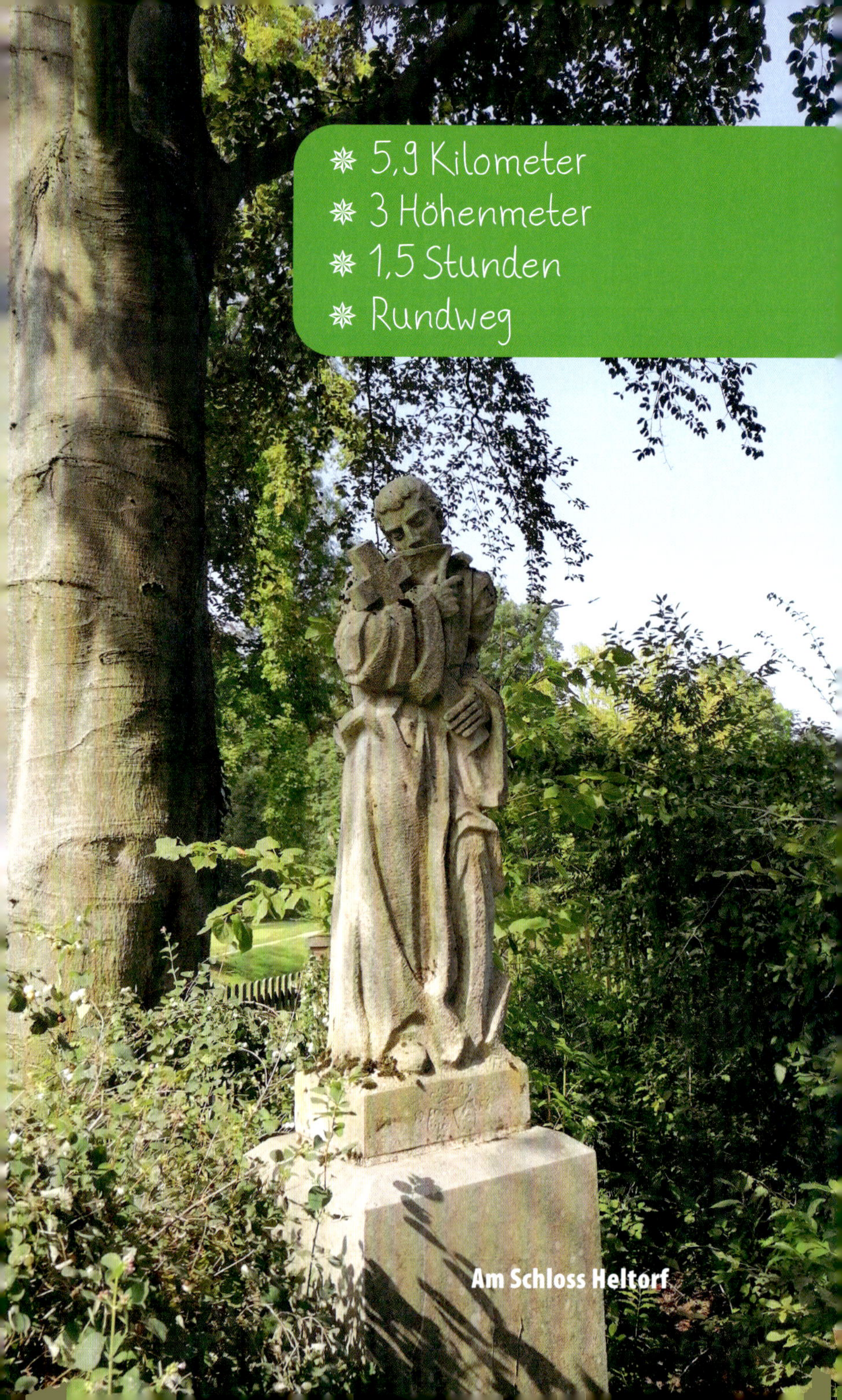

- 5,9 Kilometer
- 3 Höhenmeter
- 1,5 Stunden
- Rundweg

Am Schloss Heltorf

Grafensitz

Kleine Runde um Schloss Heltorf

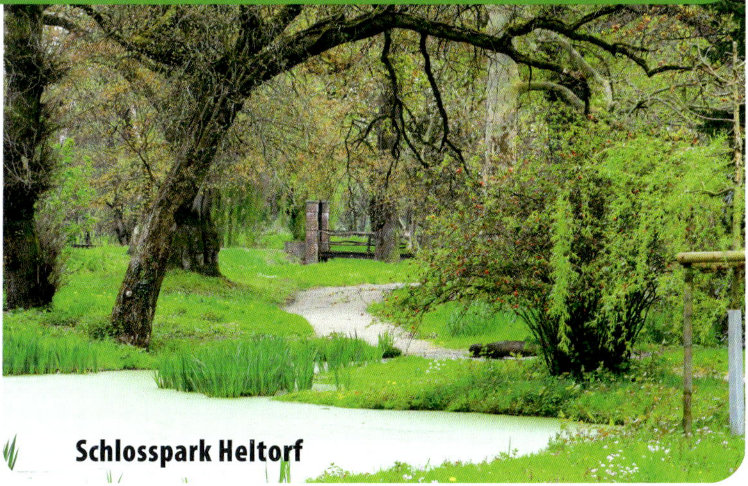

Schlosspark Heltorf

Am Bahnsteig der **U-Bahn-Haltestelle Froschenteich** gehen wir aus Düsseldorf kommend in Fahrtrichtung weiter, überqueren die Gleise nach rechts, wenden uns danach nach links und nehmen den Fußweg und die Treppe nach unten. Dort laufen wir nach links unter den Bahngleisen und der B 8 hindurch. Den Kreisel umrunden wir an dessen linkem Rand und gehen danach halb rechts hoch auf den asphaltierten Wirtschaftsweg (markiert mit Doppelbalken und DU für „Rund um Duisburg"). Wer schon zu Beginn der Wanderung den **Schlosspark Heltorf** ❶ – einen der schönsten Waldparks am Niederrhein mit einem 12 Kilometer langen Wegenetz – besichtigen möchte, biegt im Kreisel nach links ab und gelangt zum Parkplatz, an dessen hinterem Ende sich der Eingang zum Park befindet.

Viele uralte Rhododendronbüsche, hohe, alte heimische und exotische Baumarten und weitere Pflanzenarten – der Schlosspark Heltorf ist einer der schönsten Waldparks am Niederrhein. Vor allem zur Rhododendronblüte von März bis Juli lohnt sich ein Besuch des im englischen Landschaftsstil angelegten Parks mit seinem 12 Kilometer langen Wegenetz.

Wir gehen den asphaltierten Wirtschaftsweg übers freie Feld entlang und folgen seinem sehr lang gezogenen Linksbogen. An der Kreuzung, wo wir auf eine querende Baumallee stoßen, laufen wir nach links (Doppelbalken, Jakobspilgerweg). Die wunderschöne Baumallee führt an Backsteinhäusern und ihren Gärten vorbei, eine kleine Brücke bringt uns über den Angerbach. Hier bekommen wir schnell einen Eindruck davon, wie der Weg zum Schloss vor etlichen Hundert Jahren ausgesehen haben könnte – es fehlen eigentlich nur die Kutschen unter den Alleebäumen! Es fällt uns leicht, auf eine kleine Zeitreise zu gehen. Wir laufen geradeaus auf das Schlosstor zu, das wir in der Ferne am Ende der Allee schon sehen können. (Hier ist jedoch kein Eintritt in den Park möglich!) Ungefähr 270 Meter vor dem Schloss zweigt nach rechts der **Kalkweg** ab. Wenn wir ihm folgen, erreichen wir nach kurzer Zeit die **St.-Agnes-Kapelle ②,** zu der wir einen kleinen Abstecher machen können.

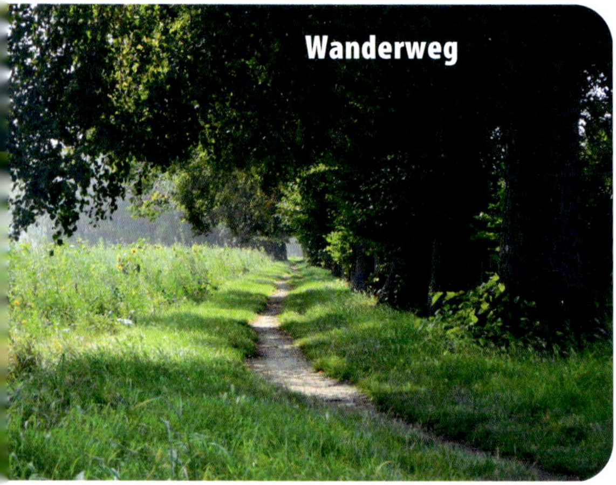

Wanderweg

Vor dem Schlossportal gehen wir nach rechts und an der nächsten T-Kreuzung, wo wir auf eine weitere Baumallee stoßen, nach links (Doppelbalken). Am Ende der Baumallee laufen wir wiederum nach links auf einen Feldweg. Auf der anderen Seite des Felds rechts von uns sehen wir schon die ersten Häuser von **Duisburg-Rahm.** Wir folgen dem Feldweg, links von uns zieht sich eine Reihe hoher Pappeln entlang. Wir sehen immer wieder die Markierung DU. Ein Stück später endet die Pappelreihe, unser Feldweg geht geradeaus weiter, auch an einer Stelle, wo von rechts ein weiterer Weg einmündet. An einer Weggabelung, wo es nach links zum **Gut Klein-Winkelhausen** geht, wandern

Für die Seele

Das hinter Mauern und Toren verborgene Schloss zeigt uns, wie wichtig ein geschützter Raum ist – Raum, der nur uns gehört und wo uns niemand stört.

wir weiter geradeaus, folgen der Beschilderung zum Park Heltorf und dem Markierungszeichen Quadrat. Geradeaus vor uns sehen wir schon die kleine weiße, aus barocker Zeit stammende **Hubertuskapelle ③**, die früher zum Rittersitz Groß-Winkelhausen gehörte. Der Weg hält auf die **B 8** zu, macht unmittelbar davor einen Linksknick und überquert kurz danach den Angerbach. Nach der Brücke gibt es die Möglichkeit, nach rechts zu laufen und einen Abstecher zur Hubertuskapelle zu machen: unter der B 8 durch, durch eine Linkskurve und dann an der ersten Abzweigung nach rechts, bis wir auf das **Gut Groß-Winkelhausen** stoßen, dessen Eingang links des Wegs liegt: Die Huber-

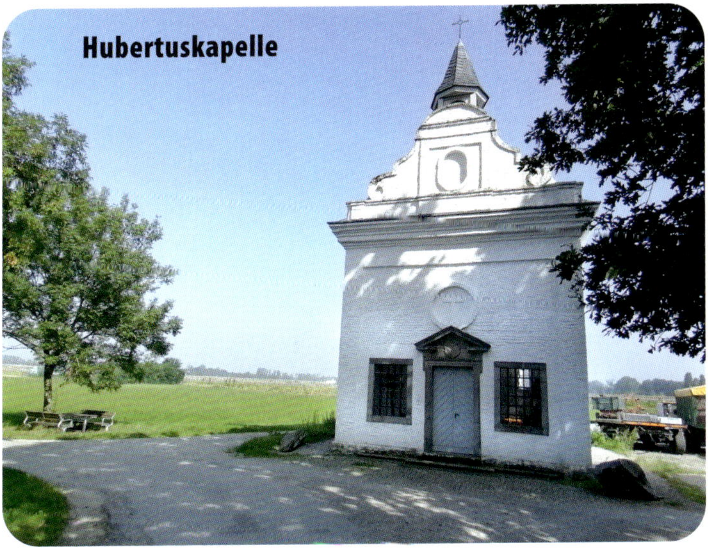

tuskapelle liegt dann ein kleines Stück entfernt nach rechts.

Wieder zurück auf unserer ursprünglichen Strecke gehen wir nach der Anger-Überquerung geradeaus weiter, an der nächsten Gabelung nach rechts. Der Weg führt dann direkt am Parkplatz von Schloss Heltorf vorbei (der links liegt) – hier lässt sich auf dem 12 Kilometer umfassenden Wegenetz des Parks die Wanderung verlängern. Wir kommen hinunter zum Kreisel und laufen von dort auf bekanntem Weg zurück zur U-Bahn-Haltestelle, dem Ende unserer kurzen Wanderung. Wer sich stärken möchte, geht an der U-Bahn-Haltestelle weiter noch ein kurzes Stück geradeaus und erreicht an der nächsten Straßenkreuzung die **Gaststätte zum Froschenteich** 4.

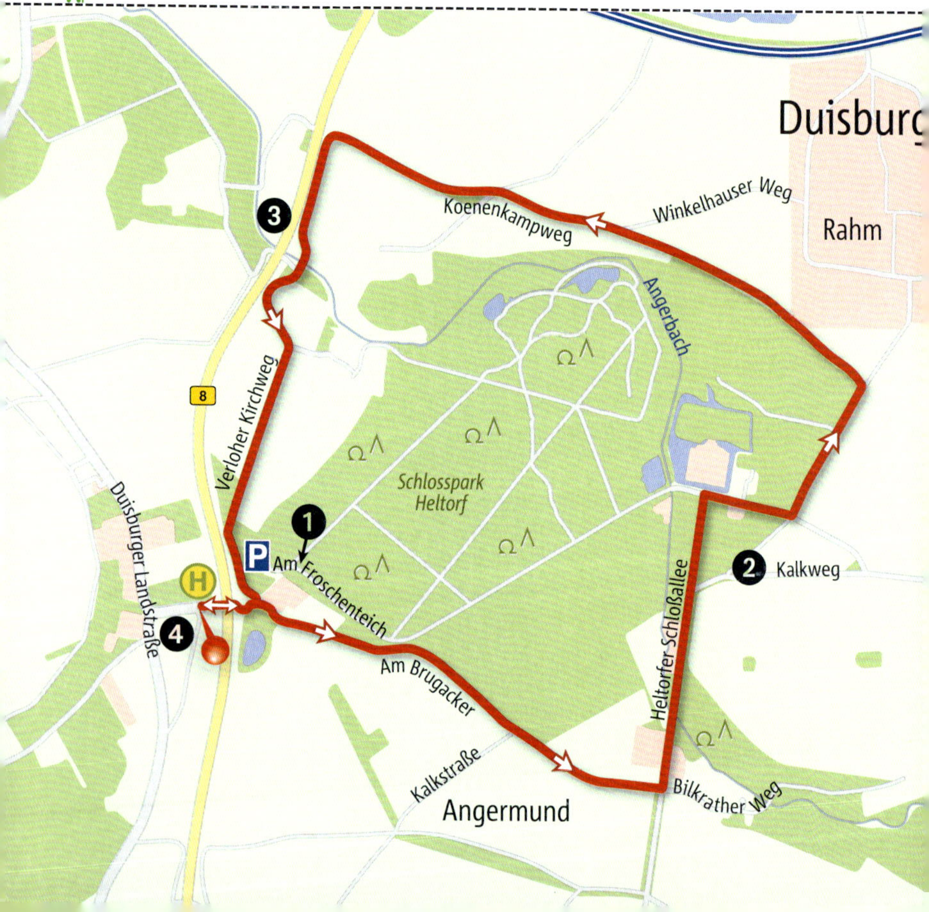

Entspannung ✱✱✱✱✱

Genuss ✱✱✱✱✱

Romantik ✱✱✱✱✱

WIE & WANN:
Die Hälfte der Strecke führt über asphaltierte Wirtschaftswege und Straßen; ganzjährig möglich, am schönsten zur Rhododendronblüte März bis Juli

HIN & WEG:
Auto: Parkplatz am Eingang zum Schlosspark, Am Froschenteich 22, Ecke Verloher Kirchweg, 40489 Düsseldorf
(GPS 51.33936152454001, 6.752553832712316)
ÖPNV: U79 bis Froschenteich

ESSEN & ENTSPANNEN:
Gaststätte zum Froschenteich ❹ Duisburger Landstraße 240, 40489 Düsseldorf, Tel. (02 11) 98 48 98 77, www.spitiko-zumfroschenteich.de

ENTDECKEN & ERLEBEN:
Schlosspark Heltorf ❶ Eingang: Am Froschenteich 22, Ecke Verloher Kirchweg, 40489 Düsseldorf
St.-Agnes-Kapelle ❷
Hubertuskapelle ❸ Koenenkamp 10, 40489 Düsseldorf

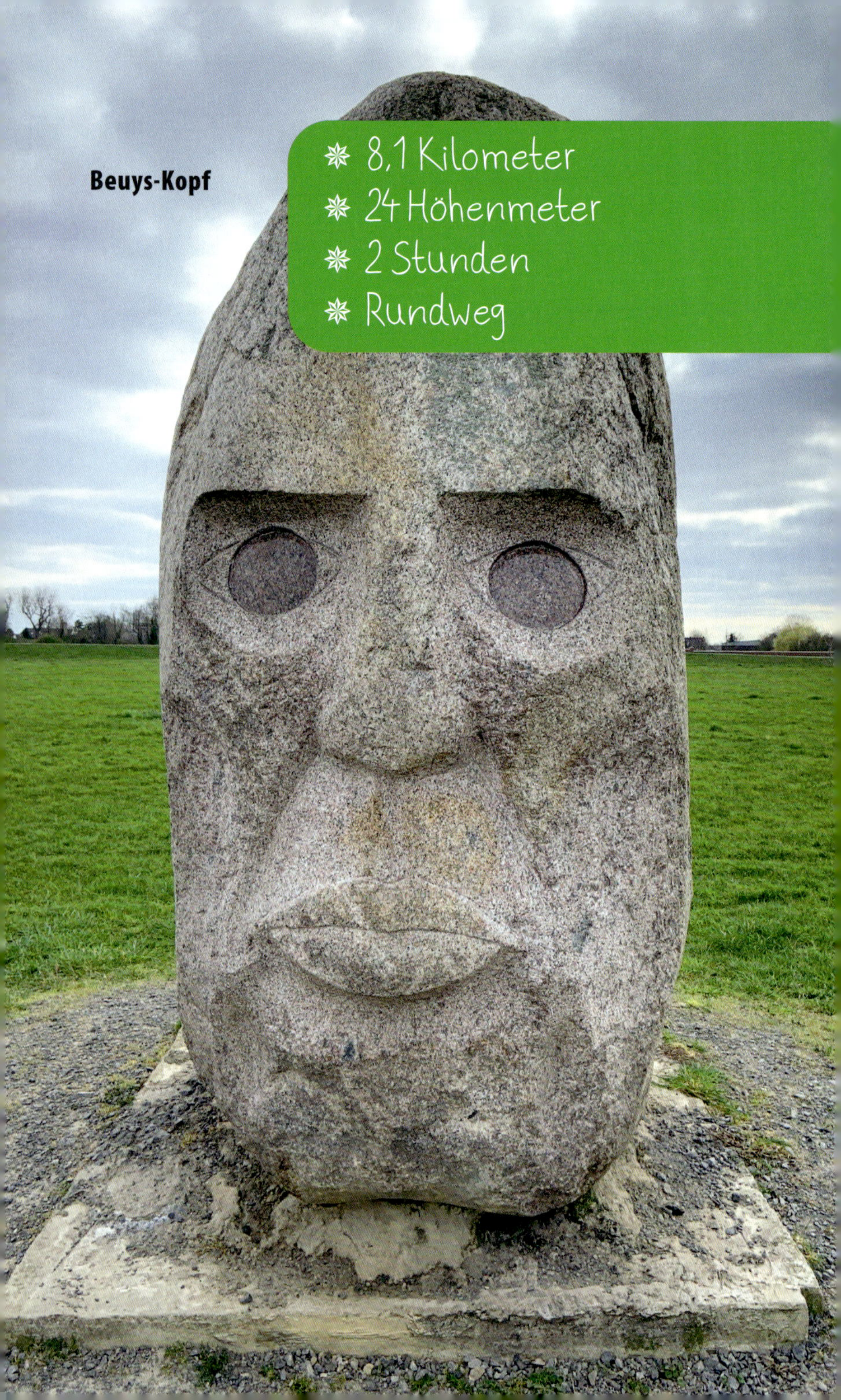

Beuys-Kopf

- 8,1 Kilometer
- 24 Höhenmeter
- 2 Stunden
- Rundweg

Beuys-Spuren
Von Büderich an den Rhein

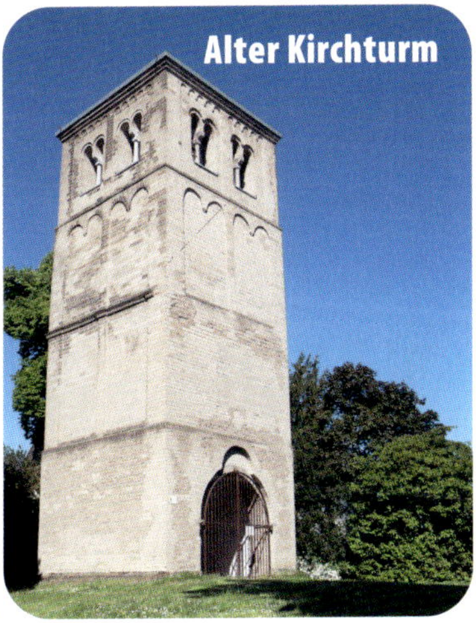
Alter Kirchturm

An der **U-Bahn-Haltestelle Büderich, Landsknecht** verlassen wir aus Düsseldorf kommend die U-Bahn, gehen nach links den Bahnsteig entlang bis zu dessen Ende, überqueren die Bahngleise und auch gleich die **Poststraße.** Wir laufen dann geradeaus die **Dorfstraße** entlang und wechseln nach 20 Metern am Zebrastreifen die Straßenseite. Nach 150 Metern sehen wir auf der rechten Seite der Dorfstraße schon den markanten **Alten Kirchturm ①,** in dem sich ein Kunstwerk von Joseph Beuys verbirgt.

An der nächsten Straßenecke biegen wir nach rechts in den **Friedhofsweg** ein, der kurz danach zu einem Fußweg und dann wieder zu einer Straße wird. Wir sind hier schon am Ortsrand von Büderich, unser Blick schweift nach rechts übers freie Feld bis zu den Pappeln, die das Rheinufer markieren. Nach 350 Metern erstreckt sich links des Wegs der Friedhof. (Wer einen Abstecher zu dem von Joseph Beuys gestalteten **Grab von Fritz Niehaus ②** machen möchte, biegt hier nach links ab. Nach gut 100 Metern gibt es einen Eingang auf den Friedhof, dort hängt auch eine Übersichtstafel zur Orientierung. Das Grab von Fritz Niehaus liegt im Gräberfeld 3, H/10-11, ganz in der Nähe des Kriegerdenkmals.) Zurück auf unserem ursprünglichen Weg gehen wir weiter geradeaus und an der nächsten Mög-

Joseph Beuys (1921–1986), umstrittener Aktionskünstler, Bildhauer und Professor an der Kunstakademie in Düsseldorf: Obwohl international berühmt, blieb er dem Niederrhein und Düsseldorf zeitlebens eng verbunden. In seiner Kunst verwendete er Bilder und Symbole, mit denen er die verkümmerte Imaginationskraft der Menschen wecken wollte.

Der Alte Kirchturm als letzter erhaltener Teil der abgebrannten romanischen Pfarrkirche St. Mauritius in Meerbusch-Büderich beherbergt heute das Kunstwerk „Büdericher Mahnmal für die Toten der Weltkriege" von Joseph Beuys. In das Eichenholztor sind die Namen von 222 Büdericher Kriegstoten eingraviert; es ist stets halb geöffnet, und im Inneren ist das Mahnmal zu sehen.

lichkeit nach rechts über einen beschrankten Bahnübergang und dort weiter geradeaus. Wir sehen halb rechts die Messe Düsseldorf, vor uns liegt freies Feld. An der nächsten Kreuzung laufen wir nach links und gehen auf dem asphaltierten Wirtschaftsweg zwischen den Gebäuden und Gewächshäusern landwirtschaftlicher Betriebe hindurch. Danach sehen wir rechts von uns schon den Rheindamm, auf den wir langsam zusteuern. Dort, wo wir ihn erreicht haben, laufen wir erst einmal nach links, dann aber auf den kleinen Fußpfad, der schräg rechts vor uns auf den Deich hinaufführt. Oben angekommen, gehen wir geradeaus, sehen links unterhalb Biogemüsegärten, die man mieten kann, und einen Parkplatz. Wir kommen dann an eine Stelle, wo ein kleiner, durch ein Geländer gesicherter Fußpfad nach rechts vom Damm hinunter in Richtung **Rheinufer 3** führt. Hier laufen wir nach rechts. Am Rheinufer angekommen, wenden wir uns wiederum nach rechts und folgen immer der Uferlinie in Richtung Düsseldorf, insgesamt für die nächsten rund 2,7 Kilometer. Hier am Rheinufer sehen wir links die Flughafenbrücke, rechts den Rheinturm, die

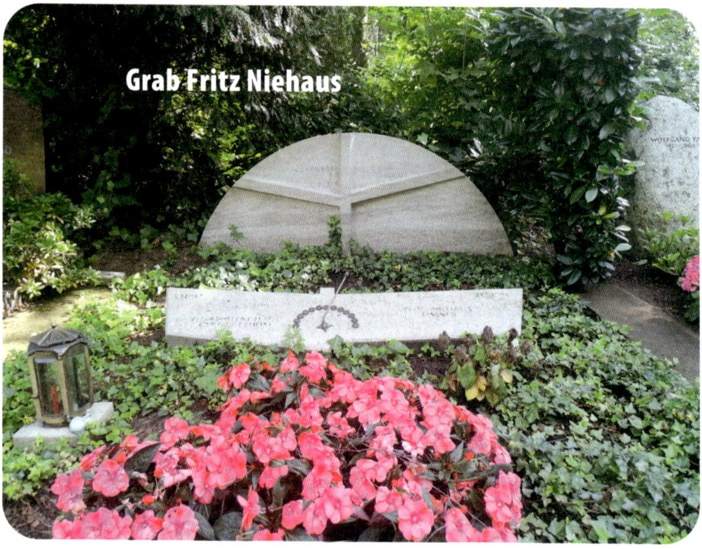

Grab Fritz Niehaus

Für die Seele

In der Kunst von Joseph Beuys spüren wir intuitiv die Wahrheit seiner Botschaft: Jeder von uns hat gestalterische Kraft in sich. Sie ist unsere Lebenskraft.

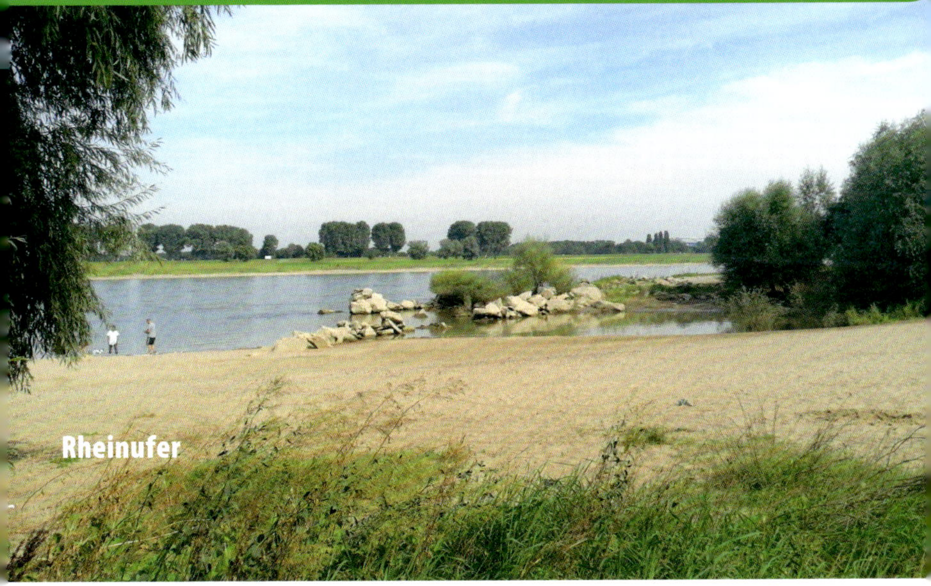

Rheinufer

Kniebrücke, das Altstadtufer, Ergo-Hochhaus, die Messe – und die schöne Uferlandschaft des Rheins schenkt uns in derselben Sekunde, in der wir sie erblicken, so viel Gelassenheit und ein „Alles-im-Fluss Gefühl", dass wir direkt aufatmen. Wir kommen zu einer etwas größeren **Bucht** mit breitem Sandabschnitt. Dort macht der Weg einen Rechtsschwenk in Richtung der Pappelreihe, und wir passieren eine kleine Brücke über ein Bachbett. Anschließend folgen wir dem Fußpfad dann wieder nach links in Richtung Fluss, wählen an der nächsten Gabelung den rechten Pfad und gehen so lange auf ihm weiter, bis wir wieder am Flussufer sind. Dort setzen wir unseren Weg nach

Das Landhaus Mönchenwerth ist ein denkmalgeschützter Bau mit langer Geschichte: Einst wurde es von Mönchen des Trappistenordens errichtet. Diese legten wie die Betreiber heute Wert auf frische regionale Zutaten. Auf der Speisekarte des Restaurants findet sich traditionelle Küche aus Frankreich, aber auch die experimentelle Avantgarde.

„Jeder Mensch ist ein Künstler": Damit meinte Joseph Beuys, dass in jedem von uns gestalterische Kräfte wohnen, die unseren Wesenskern ausmachen. Dieser Satz ist an der Seite der 2,5 Meter Granitskulptur „Kopf Joseph Beuys" seines Schülers Anatol Herzfeld eingraviert. Seit 2009 steht sie am Rheinufer unweit des Landhauses Mönchenwerth.

rechts entlang des Flussufers Richtung Düsseldorf fort. Der Rhein fließt links von uns, wir haben freie Sicht über den Fluss mit seinen Schiffen. Wir sehen und hören auch die startenden und landenden Flugzeuge auf dem gegenüberliegenden **Flughafen.** An der nächsten größeren Bucht stoßen wir auf einen Asphaltweg, dem wir nach links folgen; er zieht sich immer geradeaus am Rheinufer entlang. Wir erreichen ein etwas größeres Anwesen, umgeben von einem weißen Zaun, und danach das **Landhaus Mönchenwerth** ❹ mit seinem schönen Biergarten.

Danach laufen wir weiter und erreichen 160 Meter nach dem Landhaus den **Beuys-Kopf** ❺ am Rheinufer.

Wir setzen unseren Weg noch ein Stück fort, und am **Rheinkilometer 749** gehen wir geradeaus auf einen kleineren Fußweg, der uns nach einer deutlichen Rechtskurve zwischen dem **Campingplatz** und dem **Sporthafen Lörick** hindurchführt. An dessen Ende laufen wir nach rechts, erreichen auf diesem Weg den Deich und biegen nach rechts auf den Weg ein, der auf der

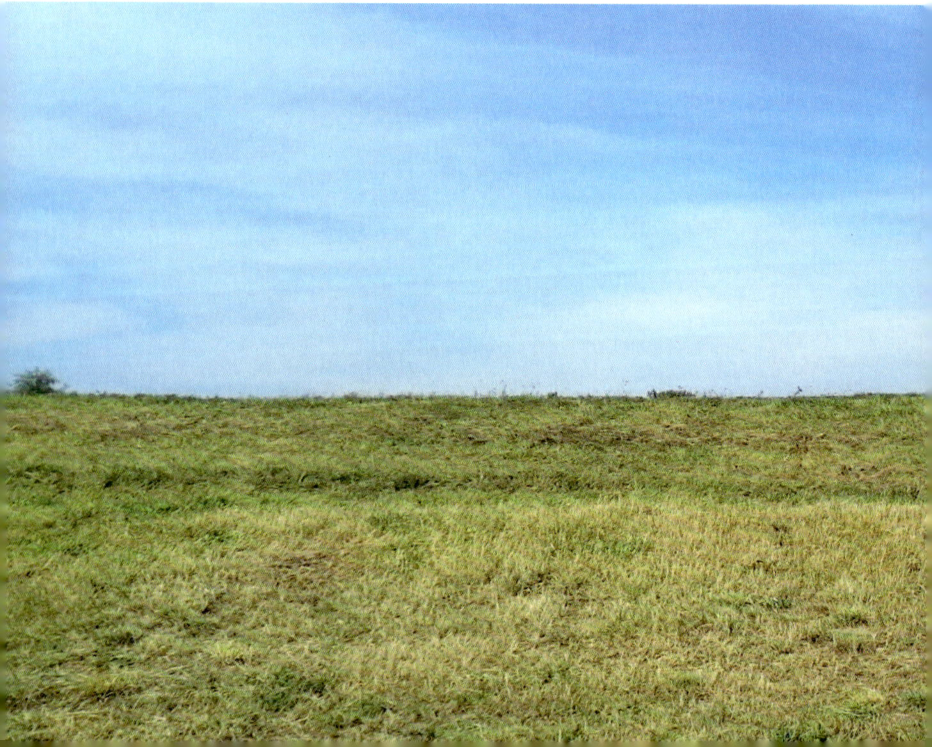

Deichkrone entlangführt. Von unserer erhöhten Warte aus sehen wir wieder den Rhein, der nun rechts von uns liegt, und haben freie Sicht über die umliegenden Felder und Baumreihen. Diesem Weg folgen wir für 1,6 Kilometer und ignorieren sämtliche Kreuzungen – bis dorthin, wo wir uns ungefähr in der Mitte zwischen Flughafenbrücke und Messe befinden und

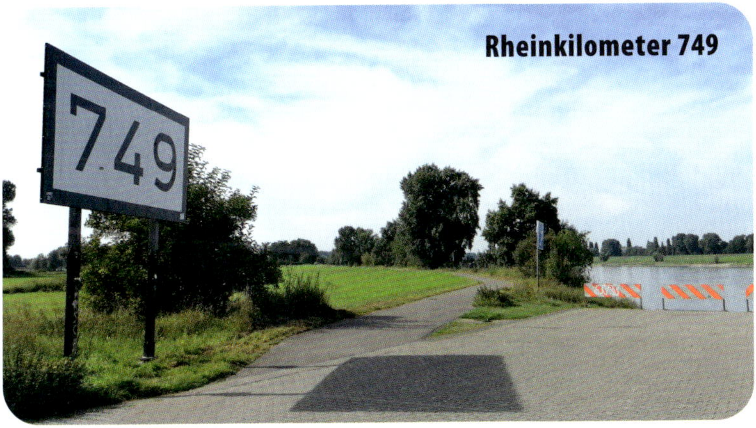

Rheinkilometer 749

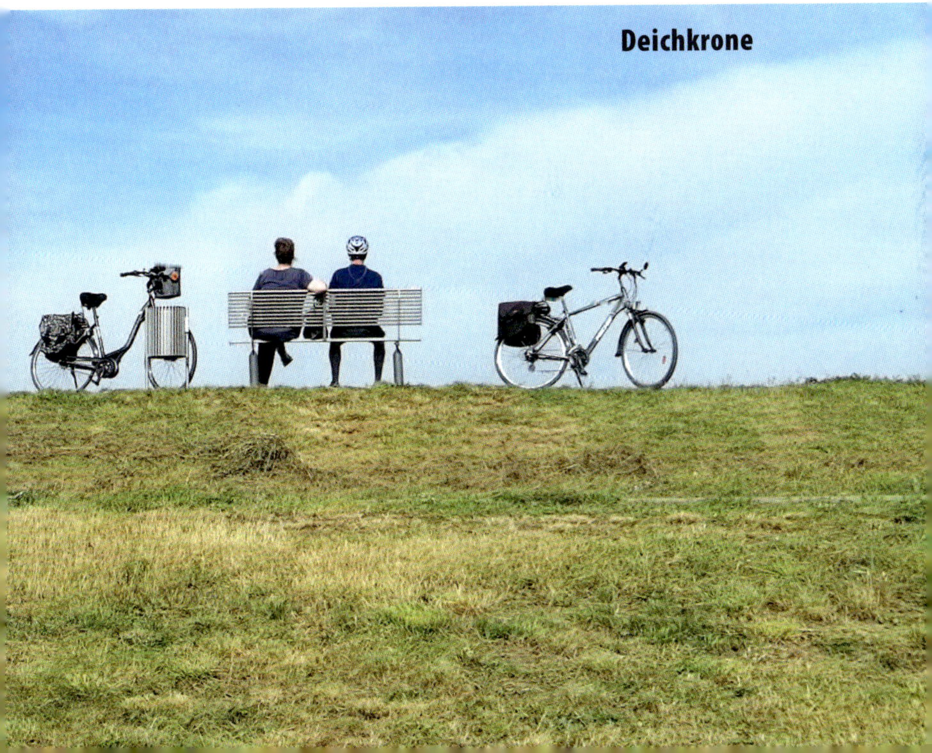

Deichkrone

in der Uferbaumreihe schräg rechts vor uns einen aufragenden Totholz-Baumstamm sehen: Hier führen ein paar mit einem Geländer gesicherte Treppenstufen nach links vom Deich auf einen schmalen Asphaltweg hinunter, der sich unten geradeaus fortsetzt. Diesen Weg wählen wir (er wird zum **Rheinpfad**) und erreichen kurz danach die ersten Häuser von **Büderich.** An der nächsten Kreuzung gehen wir kurz nach rechts und dann gleich wieder nach links in die **Johannes-Kirschbaum-Straße** hinein. Ihr folgen wir, bis wir auf die **Niederlöricker Straße** stoßen – hier stehen wir quasi direkt vor der U-Bahn-Station. Wir müssen nur noch die Straße und die Bahngleise überqueren und nach links auf den Bahnsteig gehen. Hier endet unsere Tour.

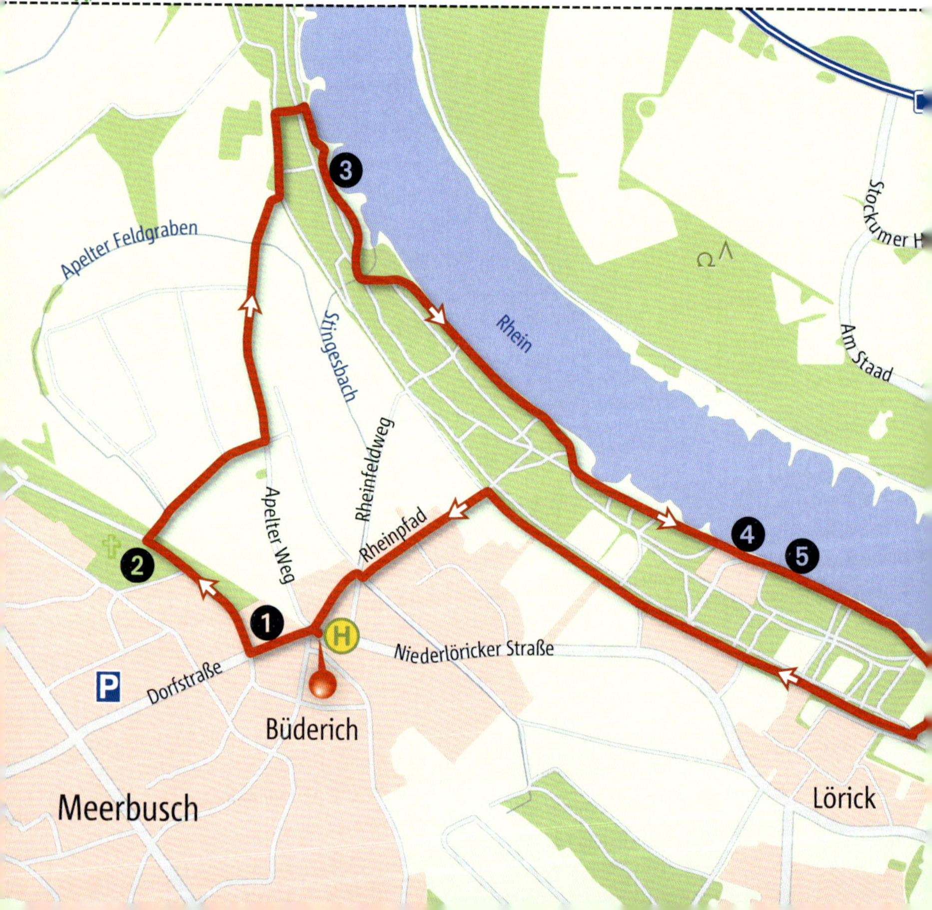

Entspannung ✱✱✱✱✱
Genuss ✱✱✱✱✱
Romantik ✱✱✱✱✱

WIE & WANN:
Etwas mehr als die Hälfte der Wanderung verläuft auf Pfaden, Natur- und Schotterwegen; ganzjährig möglich, jedoch bei Hochwasser auf den ufernahen Abschnitten schwierig, schönste Zeit April bis Oktober

HIN & WEG:
Auto: Parkplatz am Dr.-Franz-Schütz-Platz, 40667 Meerbusch
(GPS 51.253086924603686, 6.690866085619267)
ÖPNV: U70, U74, U76 bis Büderich, Landsknecht

ESSEN & ENTSPANNEN:
Landhaus Mönchenwerth ❹ Niederlöricker Straße 56, 40667 Meerbusch,
Tel. (0 21 32) 75 76 50, www.moenchenwerth.de

ENTDECKEN & ERLEBEN:
Alter Kirchturm ❶ Dorfstraße neben Nr. 48, 40667 Meerbusch
Grab von Fritz Niehaus ❷
Rheinufer ❸
Beuys-Kopf ❺

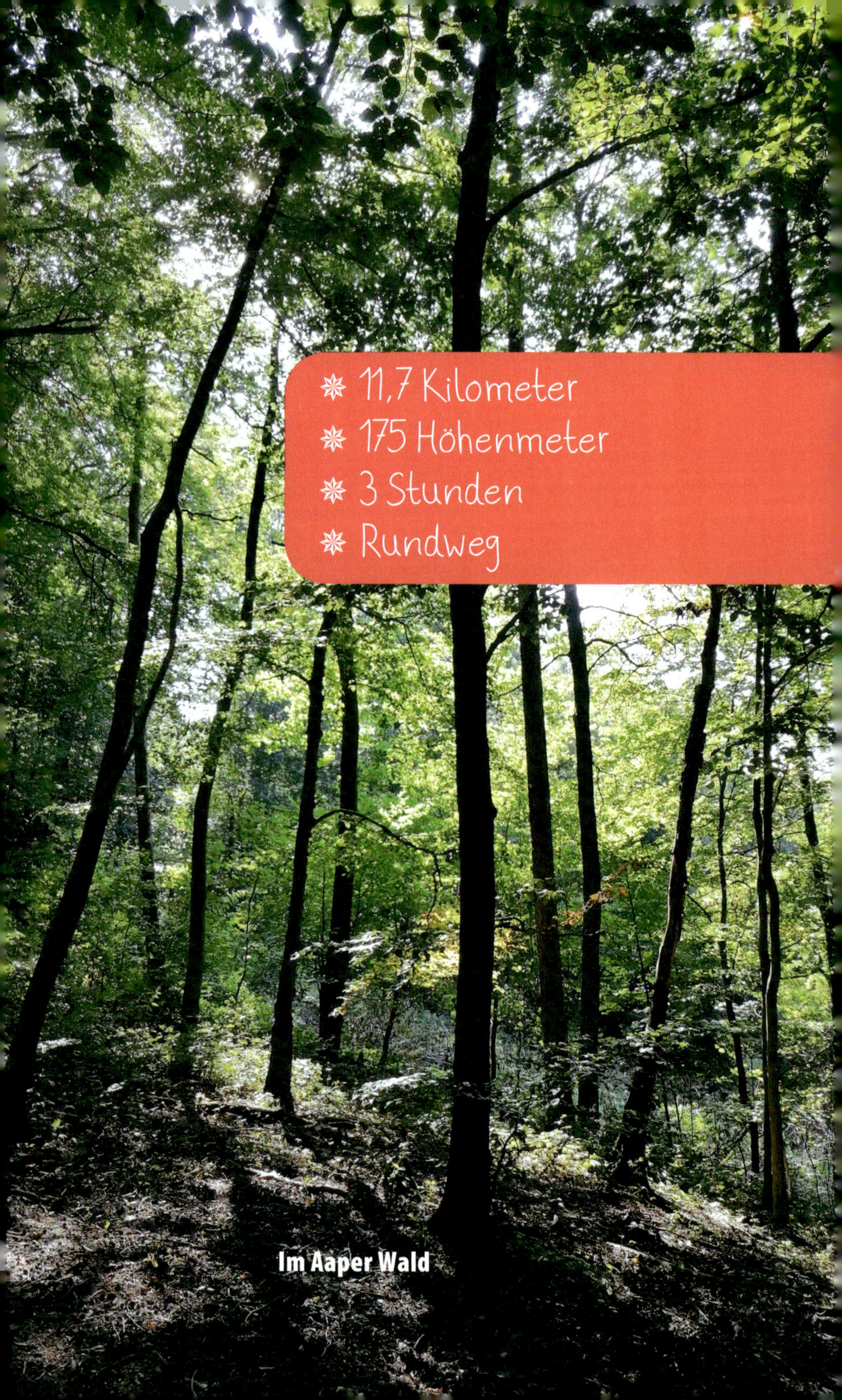

- 11,7 Kilometer
- 175 Höhenmeter
- 3 Stunden
- Rundweg

Im Aaper Wald

An der **U-Bahn-Haltestelle Gerresheim-Krankenhaus** steigen wir aus der Bahn aus, gehen nach links den Bahnsteig in Fahrtrichtung entlang, überqueren das Bahngleis, laufen gleich danach nach links die Straße hinunter und an der Kreuzung wieder nach links in den **Ratinger Weg** hinein. An der ersten Möglichkeit gehen wir dann

Auf und ab

Große Runde im Aaper Wald

nach rechts – das ist der **Kleineforstweg** – und stehen quasi schon im Naturschutzgebiet, das sich hier mit seinen Wiesen, sanften Hügeln, Pferdekoppeln, Bachtal und Waldabschnitten so idyllisch vor uns ausbreitet, als würden wir durch ein Landschaftsgemälde wandern. Das stimmt uns friedlich, ruhig – und dankbar. Wir laufen den asphaltierten Wirtschaftsweg entlang, an einer T-Kreuzung nach rechts und gleich wieder links (A 4), danach wird er zum Schotterweg. Links von uns verläuft der **Pillebach,** das Tal wird hier nun etwas schmaler. Wir gehen unter Bäumen dahin, und kurz bevor der Weg den Waldsaum verlässt, biegt der A 4 nach rechts ab, und wir folgen ihm, ebenso an der nächsten Kreuzung (hier nach rechts) und an der übernächsten (geradeaus).

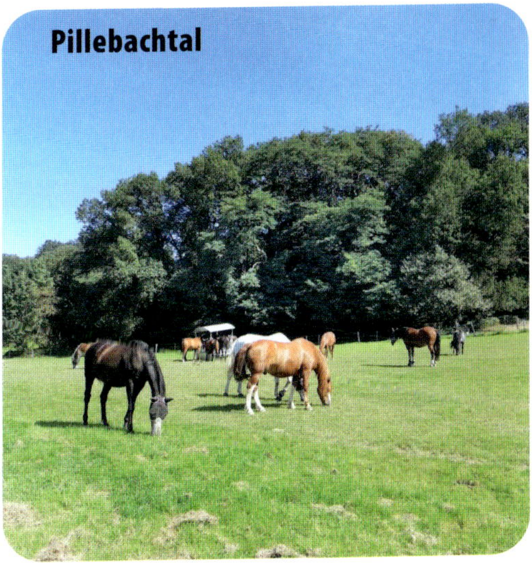
Pillebachtal

Wir verlassen dann vorübergehend den Wald, laufen durch Wiesen- und Weideflächen hindurch, kurz danach in etlichen Kurven und Schwüngen am Waldrand entlang. An der Stelle, wo am linken Wegesrand eine Bank und ein Reiterwegschild stehen, biegen wir auf einem kleinen Fußpfad nach links in den Wald ein. Dieser schlängelt sich im schattigen Wald in einer langen Linkskurve den Hügel hinauf. Oben kommen wir aus dem Wald heraus, folgen dem Wiesenpfad weiter – wir sind am nordwestlichen Ende des **Segelflugplatzes** des Düsseldorfer Aero-Klubs und überqueren das Flugfeld. Der Wiesenweg geht in einen geschotterten Weg über, und an der Stelle, an der er eine 90-Grad-Linkskurve macht, lohnt sich ein kleiner Abstecher: Geradeaus führt hier ein kleiner Pfad durch den Waldsaum; auf der anderen Seite geht es noch ein kleines Stück auf der Asphaltstraße nach rechts, und schon öffnet sich eine fantastische **Aussicht bis ins Ruhrtal** ①. Zurück auf unserem Weg setzen wir diesen weiter fort (nach der Linkskurve geradeaus) und laufen nun am Flugplatz entlang, der links von uns liegt. An der zweiten Möglichkeit gehen wir

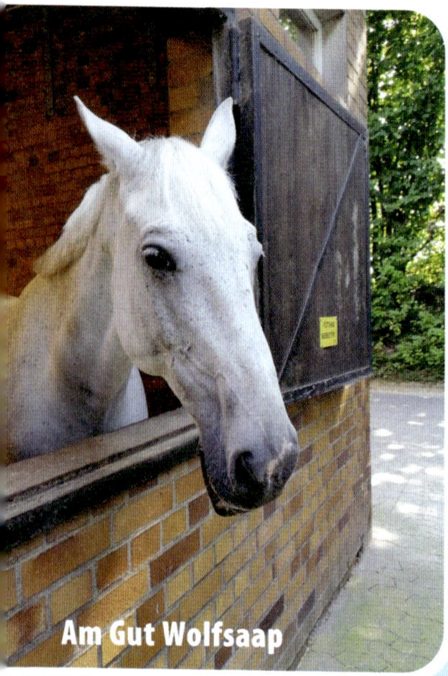

Am Gut Wolfsaap

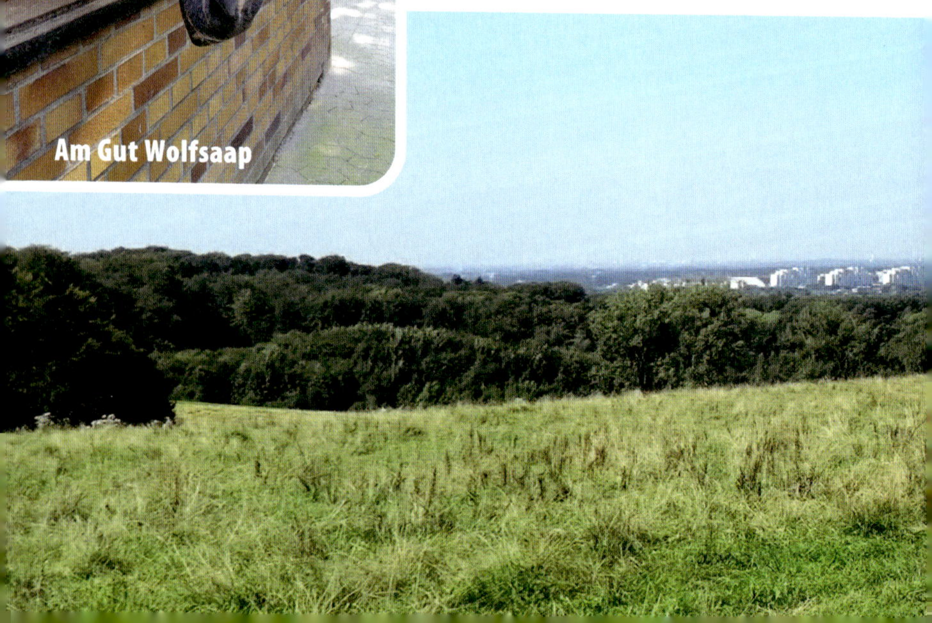

nach rechts und nach der Schranke nach links, bis wir auf das **Gut Wolfsaap** 2 mit seinem Waldgasthof stoßen. Vor dem Gut biegen wir nach rechts ab (Richtung Ratingen-Ost und Schwarzbachtal) und sehen aber gleich nach der Kurve einen kleinen Waldpfad nach halb rechts abzweigen. Diesen wählen wir – es ist der Düsseldorfer Weg, mit einem D markiert, und wir

Für die Seele

Zuerst gehen wir schnell. Irgendwann verlangsamen sich unsere Schritte. Wir schauen genauer hin. Bleiben stehen. Atmen. Und erkennen das Große im Kleinen.

sind hier umgeben von wunderschönen hohen Buchen. Es ist still und friedlich auf diesem Wegabschnitt, und wir spüren, wie sich diese Stille auch in unserem Inneren ausbreitet. Der Weg zieht sich leicht bergab, wunderbar kühl an einem warmen Sommertag. Wir bleiben so lange auf dem Waldpfad, bis wir an eine Asphaltstraße kommen, gehen auf ihr wenige

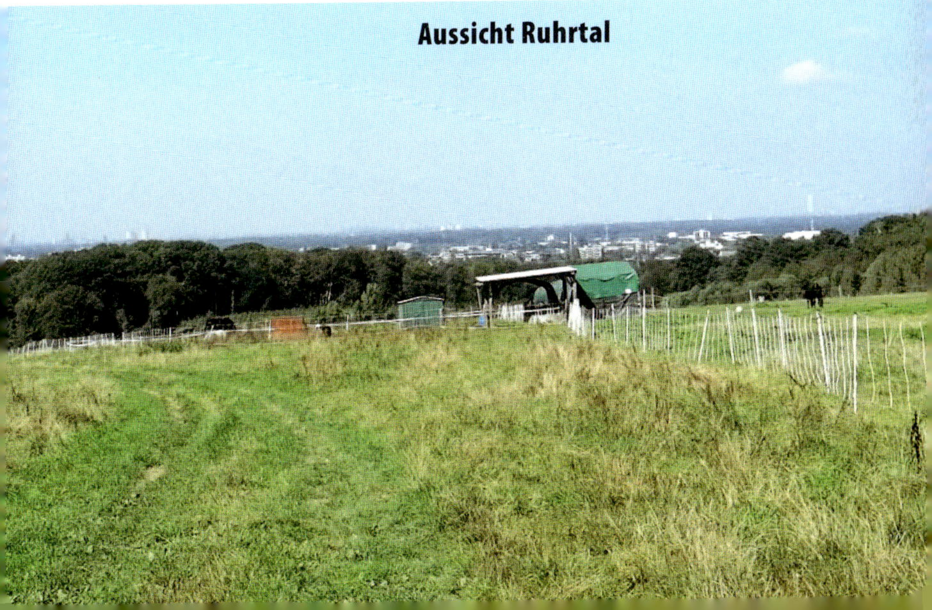

Aussicht Ruhrtal

Meter nach rechts und biegen gleich wieder nach links in den Wald ein. Über die nächste Kreuzung laufen wir geradeaus hinüber. Der Wegabschnitt danach ist mit der Raute 3 markiert und geht leicht bergauf. An einer Weggabelung steht eine **Schutzhütte,** wir gehen davor nach rechts, halten weiter nach rechts auf die nächste Gabelung zu und laufen dort nach links (Wegstein Aaper Höhenweg und gelber Pfeil auf grünem Holzschild). Wir bleiben immer auf dem Aaper Höhenweg bzw. folgen dem gelben Pfeil, A 1 und Raute über mehrere Gabelungen hinweg. Auch an einer Kreuzung mit Brunnen bleiben wir auf dem Aaper Höhenweg, indem wir diesem geradeaus folgen (und auch den Abzweig des Marxsteigs ignorieren). Wir

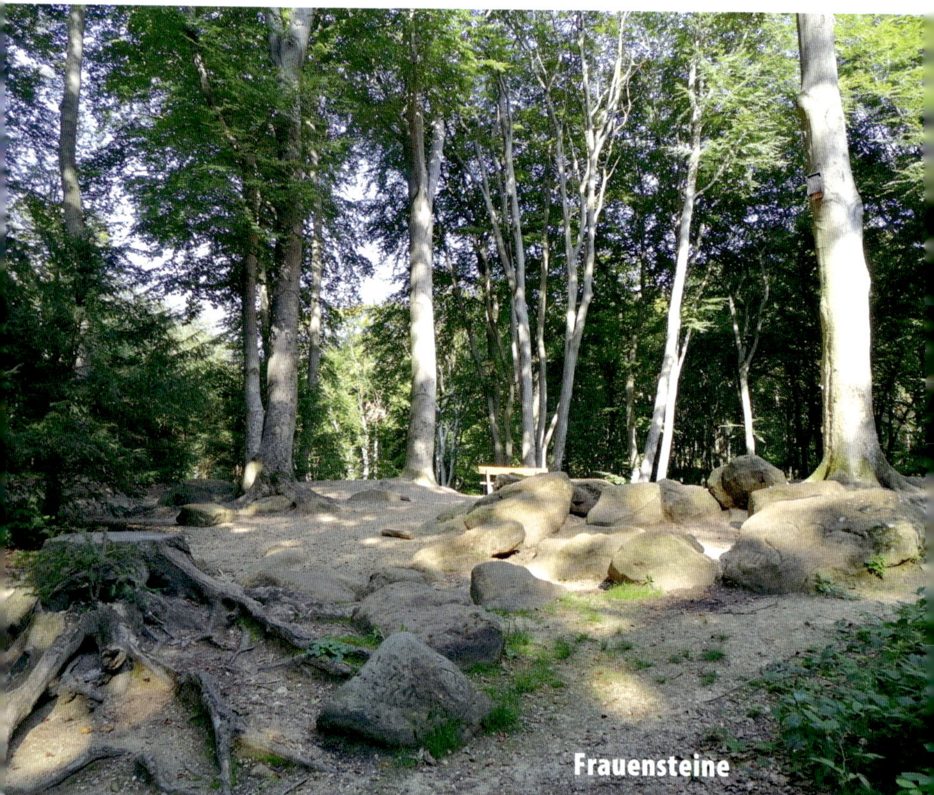

Frauensteine

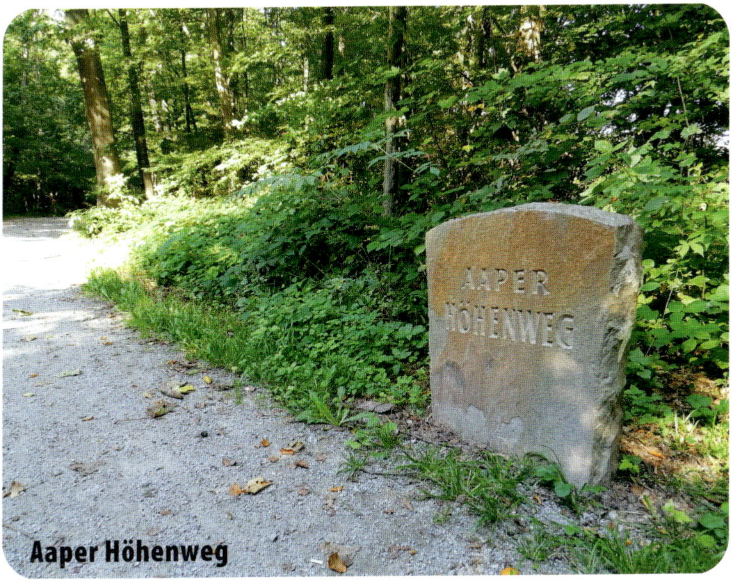

Aaper Höhenweg

befinden uns hier durchgängig im **Aaper Wald** ③, der Weg zieht sich relativ eben auf dessen Höhe dahin.

An der nächsten Weggabelung folgen wir dem gelben Holzpfeil und der Raute nach rechts, und an der übernächsten Gabelung halten wir uns nach links. Der Weg macht dann eine sehr enge Haarnadelkurve nach links (Raute), an deren Scheitel der kurze Weg zu der Lichtung mit der Gesteinsgruppe der **Frauensteine** ④ nach rechts abzweigt. Die Zementquarzite sind entstanden, als sich das Meer vor 35 Millionen Jahren an dieser Stelle zurückzog. Subtropisches Klima mit hohen Temperaturen und vielen Niederschlägen löste chemische Prozesse aus, durch die sich die Sande infolge einer Zementation durch Kieselsäure in festes Gestein verwandelten. Die vielen Mythen und Geschichten, die sich um die Frauensteine ranken, sind jedoch nicht belegt. Die spezielle Atmosphäre des Ortes nehmen wir dennoch wahr. Wir setzen dann den Weg durch die Haarnadelkurve fort (mit der Raute und dem Wegstein Wilhelm-Suter-Pfad markiert). An der nächsten Weggabelung sehen wir etliche

Der Name Aaper Wald geht auf das altgermanische Wort „apa" zurück – dies bedeutet „Wald am Wasser". Vermutlich bezieht sich dies darauf, dass der Rhein und seine zahlreichen Nebenarme vor vielen Tausend Jahren bis an den Höhenzug heranreichten.

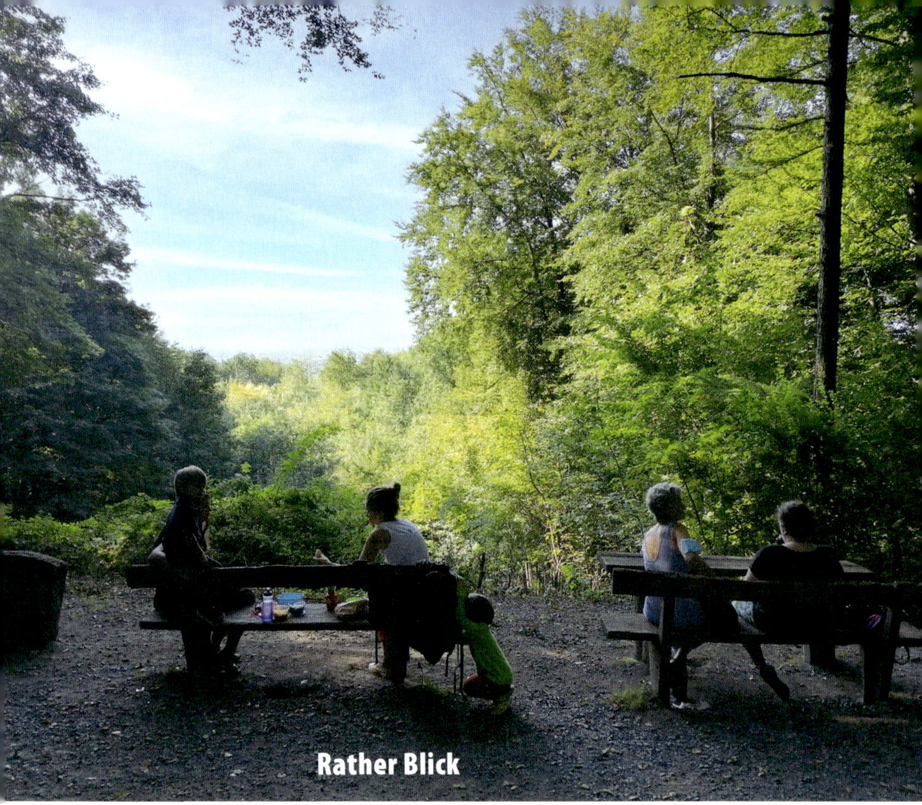

An einer Infotafel erinnert der Düsseldorfer Wanderbund an seinen Gründer, den Juristen und Sportpädagogen Emil Hartwich (1843–1886). Wegen seiner Liebesbeziehung zu Elisabeth von Ardenne wurde er von deren Ehemann zu einem Duell herausgefordert – und verlor. Diese Liebesgeschichte inspirierte Theodor Fontane zu seinem Roman „Effi Briest".

Trimm-dich-Geräte und halten uns rechts, darauf an der Weggabelung nach links (Raute A 2). An der Kreuzung mit einem eingefassten Brunnen gehen wir nach rechts, am Heinrichteich vorbei. Wir passieren den **Rather Blick** ⑤, einen Aussichtsplatz mit zwei Bänken. Wir folgen dem A 2 und der Raute durch die mäandernden Kurven und Wendungen des Wegs, auch über etliche Gabelungen und Kreuzungen hinweg. Wir kommen wieder an einem Brunnen vorbei (mit Infotafel), und an der T-Kreuzung danach gehen wir nach rechts.

Links von uns beginnen dann die Parkplätze an der Rennbahnstraße, wir gehen gleich durch die erste Öffnung in der Hainbuchenhecke nach links auf den ersten Parkplatz und geradeaus weiter und am Ende des kopfsteingepflasterten Bereichs nach rechts und, wo wir auf Asphaltstraße treffen, nach links. Wir wandern dann am Waldrand entlang, rechts von uns liegt ein Feld und dahinter die Kastanienallee entlang der **Rennbahn 6**. An der nächsten Gabelung halten wir uns rechts und bleiben am Waldrand. Auch an der nächsten Kreuzung gehen wir nach rechts (A 4, D), halten auf die Kastanienallee zu und, dort angekommen, folgen wir dem asphaltierten Wirtschaftsweg nach links, immer noch mit der Markierung D, und laufen unter den großen Kastanienbäumen hindurch. Rechts von uns liegt die Galopprennbahn, wenn wir uns umdrehen, sehen wir die große Zuschauertribüne – und erkennen auch, dass ein Teil des Golfplatzes dort integriert ist (s. Tour 8).

Ein kleines Stück weiter, kurz vor dem Reiten-verboten-Schild, biegen wir nach rechts auf einen Fußpfad ab – er ist auf einem der linken Alleebäume mit D markiert. An der nächsten Gabelung halten wir uns links, folgen immer noch dem D. Danach gehen wir geradeaus weiter, auch an der Stelle, wo von links ein Weg einschwenkt. Gleich danach öffnet sich nach links der Blick auf den **Golfplatz**, und wir passieren nicht lange danach einen der Eingänge zum Golfclub. Die Markierunggen sind nach wie vor das D und die Raute, auch an der Stelle, an der wir wieder in den Wald eintauchen. Kurz danach biegt unser Weg nach links ab. An der nächsten Kreuzung laufen

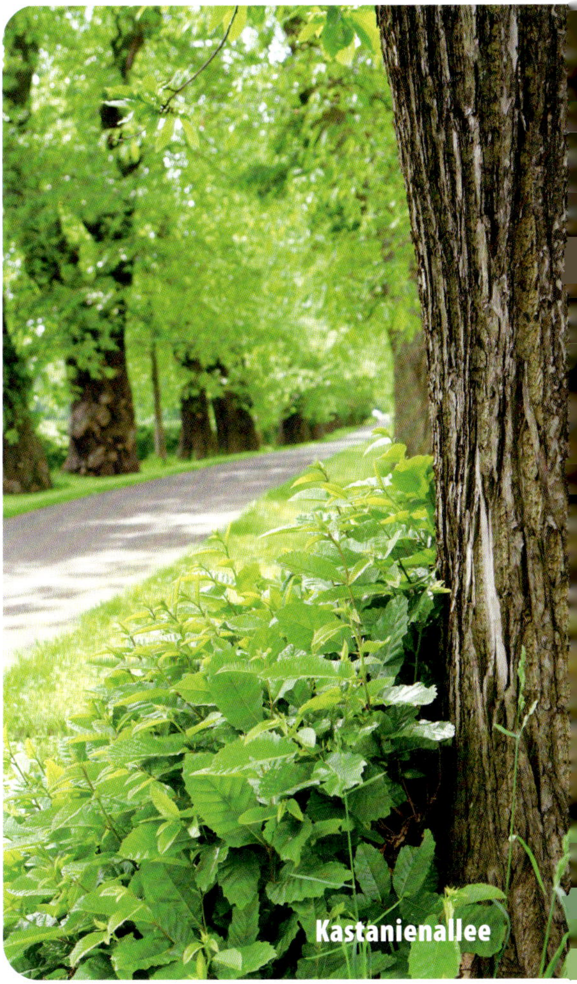

Kastanienallee

wir geradeaus (nach links würden wir nach ein paar Schritten zum **Wildpark Grafenberg** 7 kommen) und bleiben jetzt immer auf diesem Feldweg, genießen noch einmal die Harmonie der Landschaft mit ihren sanften Hügeln, Waldsäumen und freien Flächen. Kurz danach wird aus dem Feldweg der **Ratinger Weg,** wir passieren die ersten Häuser von Gerresheim, einen Spielplatz und kommen kurz danach an die Stelle, an der wir zu Beginn der Tour in den Kleineforstweg eingebogen sind. Von hier ist nur es nur noch ein kurzes Stück, bis wir nach rechts in die Straße einbiegen, die uns zur U-Bahn-Haltestelle bringt. Das Gleis der ausfahrenden U-Bahn befindet sich ganz links. Hier ist das Ende unserer Wanderung.

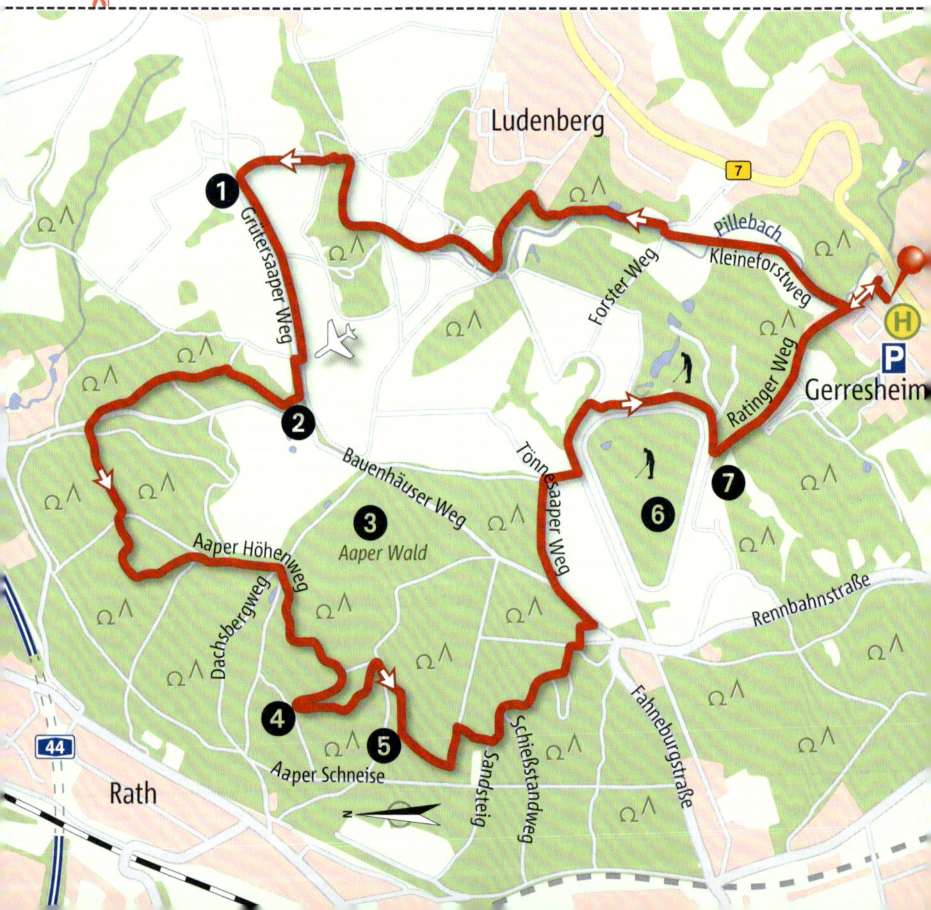

Alles auf einen Blick

WIE & WANN:

Der größte Teil der Wanderung verläuft auf Natur- und Schotterwegen; ganzjährig möglich, schönste Zeit von April bis Oktober

HIN & WEG:

Auto: P+R Gerresheim Krankenhaus U-Bahnhof, Ratinger Weg 16, 40629 Düsseldorf (GPS 51.24544175368591, 6.854032463462375)

Entspannung ★★★★★

Genuss ★★★☆☆

Romantik ★★★★☆

ÖPNV: U83, Straßenbahn 709 bis Gerresheim-Krankenhaus

ESSEN & ENTSPANNEN:

Waldgasthof Gut Wolfsaap ❷ Bauenhäuser Weg 100, 40472 Düsseldorf, Tel. (02 11) 29 50 11

ENTDECKEN & ERLEBEN:

Aussicht bis ins Ruhrtal ❶
Aaper Wald ❸
Frauensteine ❹
Rather Blick ❺
Rennbahn ❻ Rennbahnstraße 20, 40629 Düsseldorf
Wildpark Grafenberg ❼ Rennbahnstraße 60, 40629 Düsseldorf, Tel. (02 11) 8 99 48 00, www.wildpark-duesseldorf.de

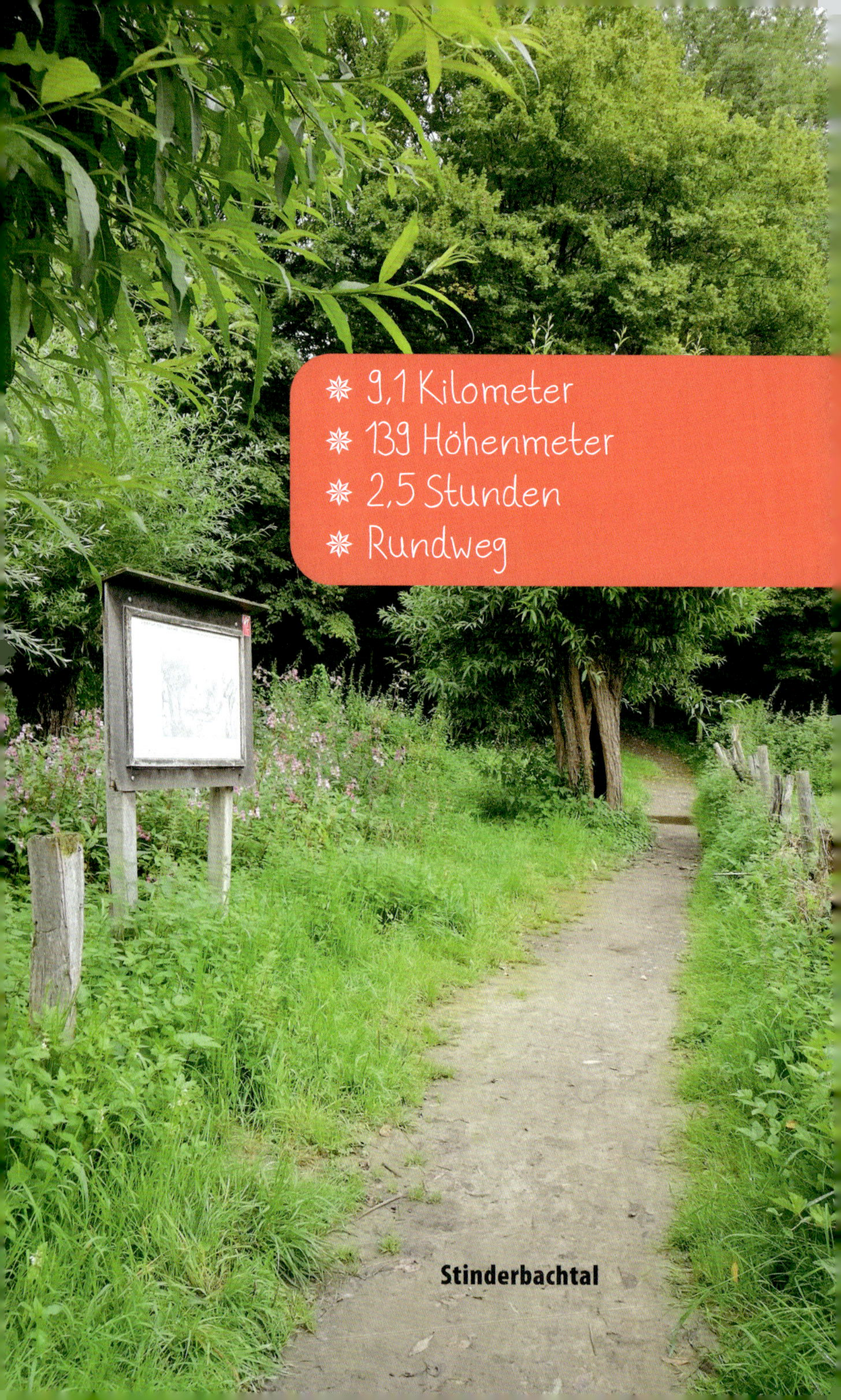

- 9,1 Kilometer
- 139 Höhenmeter
- 2,5 Stunden
- Rundweg

Stinderbachtal

Aus Richtung Düsseldorf kommend, verlassen wir den Bahnsteig der **S-Bahn-Station Erkrath Nord** durch den mit „Ausgang" überschilderten Weg, gehen über den kleinen Platz und weiter die Straße hinunter. Nach 70 Metern stoßen wir auf eine Querstraße, biegen nach links ab und kurz danach wieder nach links in den

Bilderbuchidylle

Durch die Bachtäler bei Erkrath

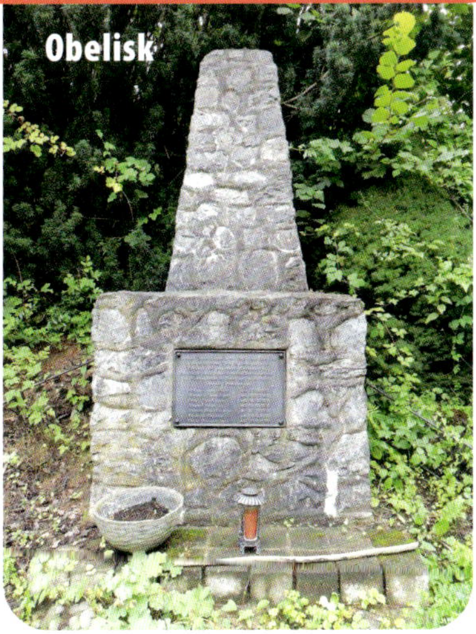

Obelisk

Heiderweg. Er führt leicht bergauf unter den Bahngleisen hindurch, markiert von einem weißen Quadrat und einem weißen Doppelbalken. Nach der Unterführung geht es noch ein kurzes Stück weiter bergauf. Rechts am Wegesrand steht ein **Obelisk,** er erinnert an Kriegsopfer. Kurz danach biegt ein asphaltierter Wirtschaftsweg nach links ab, auch er mit dem Quadrat und dem Doppelbalken markiert, wir folgen ihm. Rechts von uns liegt die A 3. Der Wirtschaftsweg führt durch Wiesen in eine Senke hinunter. Unten angekommen, an der T-Kreuzung, ist eine Infotafel zum Neandertal angebracht. Hier gehen wir nach rechts. Der asphaltierte Weg führt unter der Autobahn hindurch, am Eingang der Unterführung sehen wir rechts die Beschilderung **„Neanderlandsteig"** (weißes N

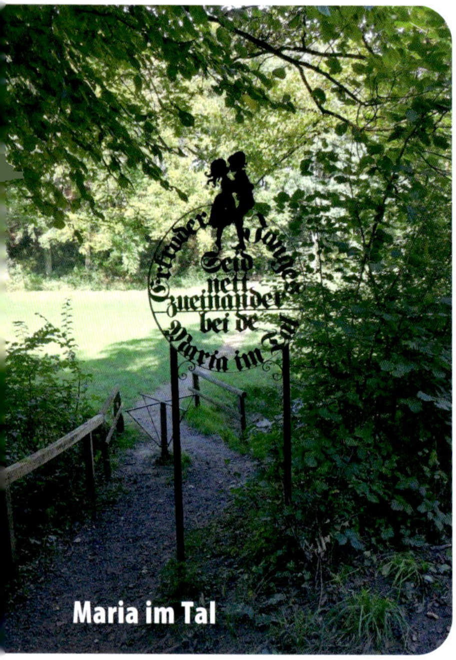

Maria im Tal

auf rotem Grund). Wir folgen diesem Zeichen nun durch das **Stinderbachtal** hindurch und auch ein Stück weit darüber hinaus. Nach der Unterführung erkennen wir links schon den Stinderbach, der im Wiesenbett verläuft. Wir überqueren den Bach und sehen links den Abzweig zum Weg Maria im Tal, markiert von einem großen schmiedeeisernen Schild. Ihn werden wir aber erst im letzten Stück unserer Wanderung gehen – zunächst folgen wir unserem Weg weiter und kommen kurz danach an eine Bank, die unter einer großen Buche steht. Hier biegen wir mit der Neanderlandsteig-Markierung nach links auf einen Waldweg ab. Er zieht sich in einer großen Schleife den Hügel hinauf. Oben kommen wir aus dem Wald heraus, laufen zwischen Feldern hindurch und halten auf eine große Scheune zu. An der Scheune folgen wir nicht dem kleinen Pfad, der nach links wegschwenkt, sondern gehen geradeaus weiter direkt auf das Gelände des Anwesens Gut **Rolländershof.** Neben dem Wohnhaus findet sich auch wieder die Markierung. Wir laufen weiter geradeaus, an einem hübschen Fachwerkhaus vorbei, auch dort weist eine Markierung (A 2) geradeaus. Die Asphaltstraße zieht sich nach unten, dort, in einer Rechtskurve, folgen wir dem Neanderlandsteig nach rechts. Wir passieren gleich darauf auch den **Stinderhof.** Der Weg zieht sich nun hinunter ins **Stinderbachtal** ❶. An der Stelle, an der die Asphaltstraße eine Haarnadelkurve macht, geht unser markierter Weg nach links. Wer hier an der an einem kleinen Teich gelegenen **Stindermühle** ❷ eine Pause machen will, folgt noch ein kurzes Stück der Straße und gelangt zur Mühle und dem Mühlenteich.

Der Biergarten der Stindermühle am Stauteich ist schon seit über 100 Jahren ein beliebtes Wander- und Ausflugsziel. Die Mühle selbst stammt aus dem 16. Jahrhundert, eventuell ist sie noch einige Hundert Jahre älter. Bis 1928 war die Mühle in Betrieb, danach lohnte es sich wegen der günstigeren Strompreise für elektrisch betriebene Mühlen nicht mehr.

Wir setzen unseren Weg dann auf dem von Bäumen überschatteten Waldweg fort, immer der Markierung Neanderlandsteig folgend. Zwischendrin wechseln wir auf einer kleinen Brücke auf die andere Bachseite, es geht immer wieder über Treppenstufen, Wurzelwerk und Steine hinweg. Das Stinderbachtal entpuppt sich als stilles, abgeschiedenes Tal – eine Bilderbuchidylle, von der wir uns nur schwer wieder trennen können.

Für die Seele

Im wildromantischen, stillen und naturbelassenen Stinderbachtal fühlen wir uns wie in einer anderen Welt – und schenken uns eine Auszeit vom Alltag.

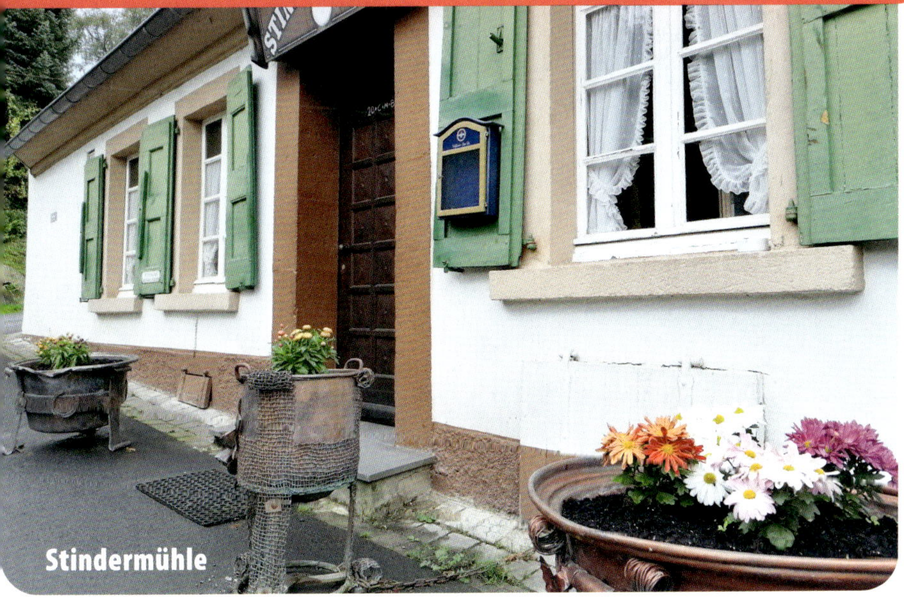

Stindermühle

An einer größeren Kreuzung überqueren wir nach links gehend eine etwas massivere Brücke. Auch hier folgen wir der Neanderlandsteig-Markierung. Dort, wo unser Weg uns aus dem Wald hinausführt, stoßen wir auf eine Schutzhütte. Wenn wir uns kurz danach

Bachläufe, Wassergräben, Auen – Weiden bevorzugen feuchte Standorte und sind deshalb auch im Stinderbachtal an vielen Stellen zu finden. Sie waren früher wichtiger Bestandteil einer „Flurholzwirtschaft": Aus den Zweigen wurden Körbe und Sessel geflochten, aus dem Holz entstanden Holzschuhe. Durch den regemäßigen Beschnitt entstand die typische buschige Form der Kopfweiden.

umdrehen, haben wir einen ersten Blick über die Rheinebene. Kurz darauf führt uns der Weg nach links, durch eine Schranke hindurch und am **Haus Nösenberg** vorbei.

Gleich danach gehen wir nach rechts, nun auf einer schmalen Asphaltstraße zwischen Feldern hindurch. Nach 200 Metern biegt der Neanderlandsteig nach links auf einen kleinen Pfad ab, der leicht bergab führt. Ihm folgen wir ein längeres Stück geradeaus, zwischen Bäumen und Gehölzen hindurch, dann macht der Weg eine 90-Grad-Kurve nach links und hält auf ein Gehöft zu. Auch ein Bauwagen ist zu sehen, der als Gänsestall genutzt wird. Am Bauwagen schwenkt der Weg nach rechts. Gleich danach trifft er auf ein etwas größeres Anwesen und einen asphaltier-

Aussichtspunkt

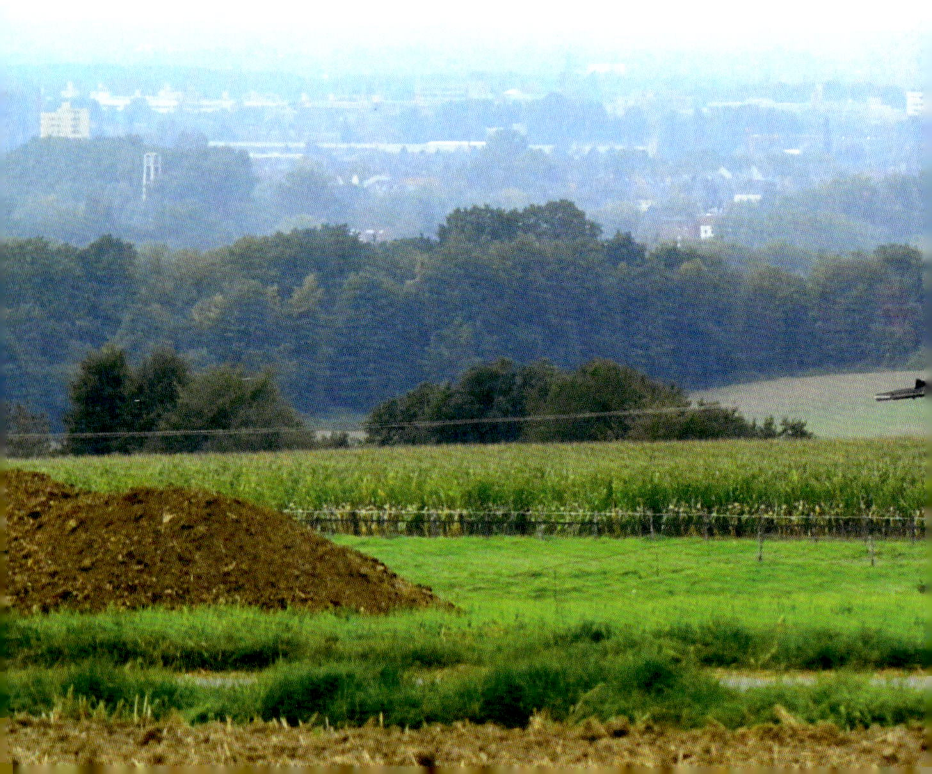

ten Wirtschaftsweg, hier gehen wir ebenfalls nach rechts. Wir folgen der Asphaltstraße, kommen an einem kleinen **Teich** vorbei und schreiten leicht bergauf. Nach einem letzten Haus, das Wanderer herzlich zu einer Pause auf einer Bank einlädt, passieren wir noch eine Pferdekoppel, danach geht es einen letzten Anstieg etwas steiler hinauf, an dessen Ende wir auf den Dorper Weg stoßen. Hier verlassen wir nun den Neanderlandsteig und laufen nach links, an einem Funkmasten vorbei und entlang der Hainbuchenhecke und der Eichen, die das Gelände des **Kosaido International Golf Clubs Düsseldorf** begrenzen. Wir haben freie Sicht über das Rheintal hinweg bis in die Eifel. Rechts sehen wir über einer Hügelkuppe den Düsseldorfer Rheinturm. Hier oben weht ein angenehm frischer Wind. An der

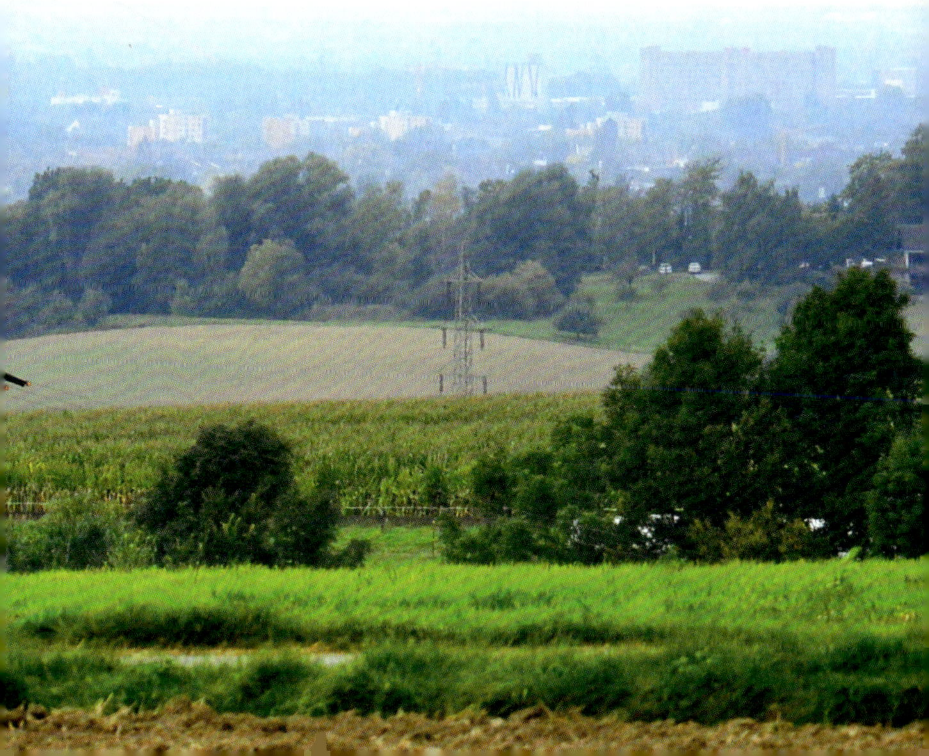

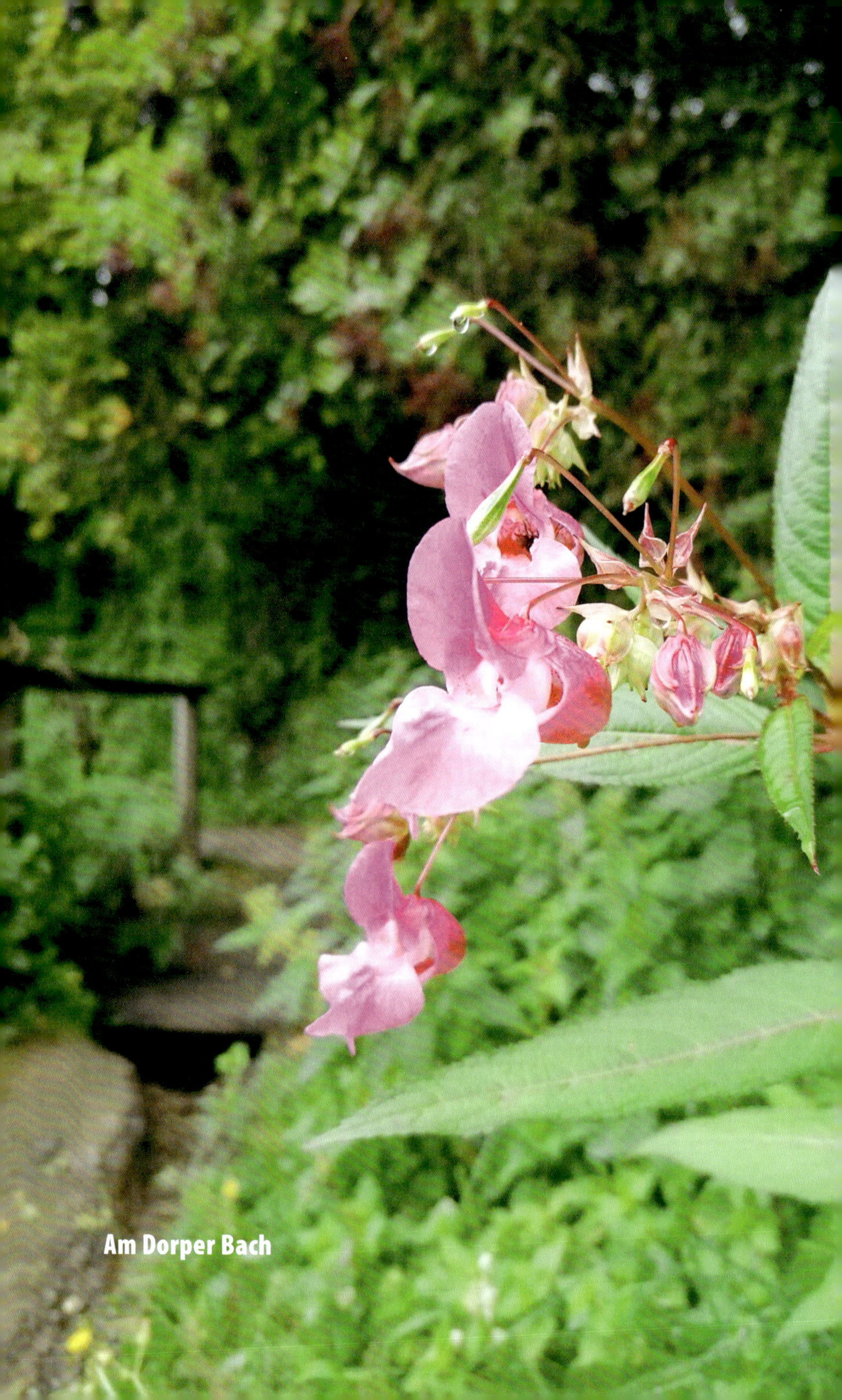

Am Dorper Bach

Gabelung vor dem **Reitstall Hucklenbroich** gehen wir weiter geradeaus mit der Markierung A 2. In einer sanften Rechtskurve, in der auch eine Bank steht, hält der Weg auf ein Wäldchen zu. Unmittelbar davor gabelt er sich, wir laufen geradeaus weiter und lassen die Baumgruppe links liegen. Hier gibt es einen Parkplatz, aber auch Picknickbänke und einen Tisch. Kurz danach kommen wir wieder an einen **Punkt mit schöner Aussicht ③:** Wir erkennen Düsseldorf mit der Fleher Brücke, aber auch das Rheintal, die dahinterliegende Eifel und Köln. Ein überraschend weiter Blick! Der Stindertalweg kreuzt unseren Weg, wir laufen jedoch geradeaus weiter und erreichen das **Pferde- und Reitzentrum Uhlenhof.** Zwischen den Gebäuden schwenkt die Straße nach links, wir folgen ihr. Kurz nach der Kurve zweigt ein Fußpfad an einem hohen Zaun nach links ab. Er ist mit A 1 markiert; hier beginnt nun der Fußpfad **Maria im Tal ④,** dem wir folgen. Auf ihm gingen früher die Bauern der umliegenden Gehöfte sonntags in die Kirche nach Erkrath. Er zieht sich in sanften Kurven talabwärts, an Wiesen vorbei und durch Mischwald, über Stock und Stein, wir hören Wasser gluckern – ein Fest für Augen und Ohren und außerdem Erholung pur!

An einem Baum entdecken wir eine **Gedenktafel** für die (Wieder-) Errichtung des Wegs mit einer

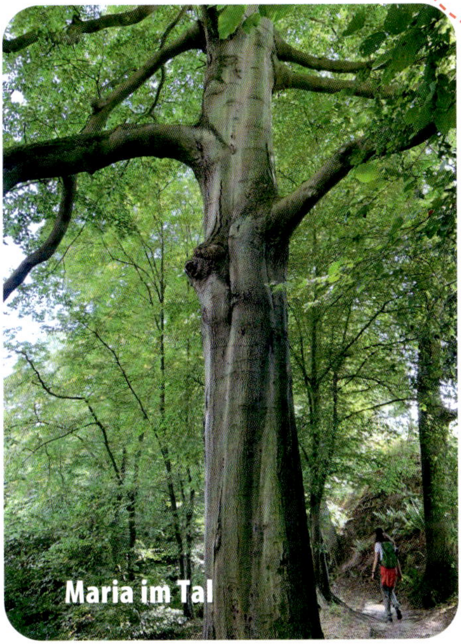

Maria im Tal

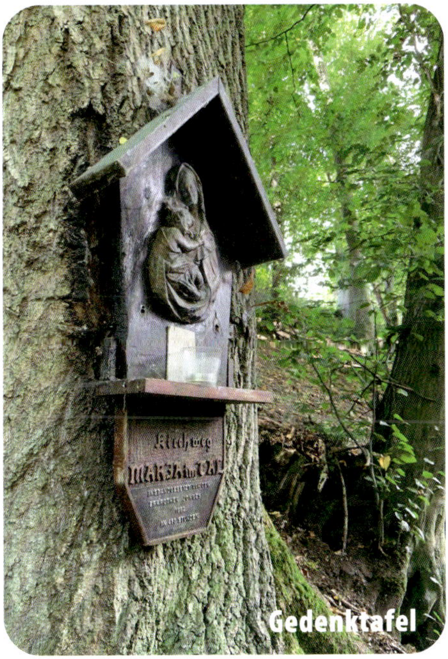

Gedenktafel

handgeschnitzten Madonna. Unten im Tal angekommen, finden wir außerdem eine aus demselben Anlass errichtete **Marienstatue 5** am Wegesrand, kurz bevor der Dorper Bach in den Stinderbach mündet. Wir folgen hier dem Weg nach links, überqueren die Wiese und kommen nun an der Stelle wieder auf den Neanderlandsteig zurück, wo das schmiedeeiserne Gitter mit dem Hinweis auf Maria im Tal steht. Wir gehen hier nach rechts, kommen unter der Autobahn durch, laufen danach links den Hügel hinauf. Oben biegen wir nach rechts ab und folgen dem Weg bis vor die Bahnunterführung. Hier endet unsere Tour. Um die S-Bahn-Richtung Düsseldorf zu nehmen, gehen wir nach links zum Bahnsteig hinauf.

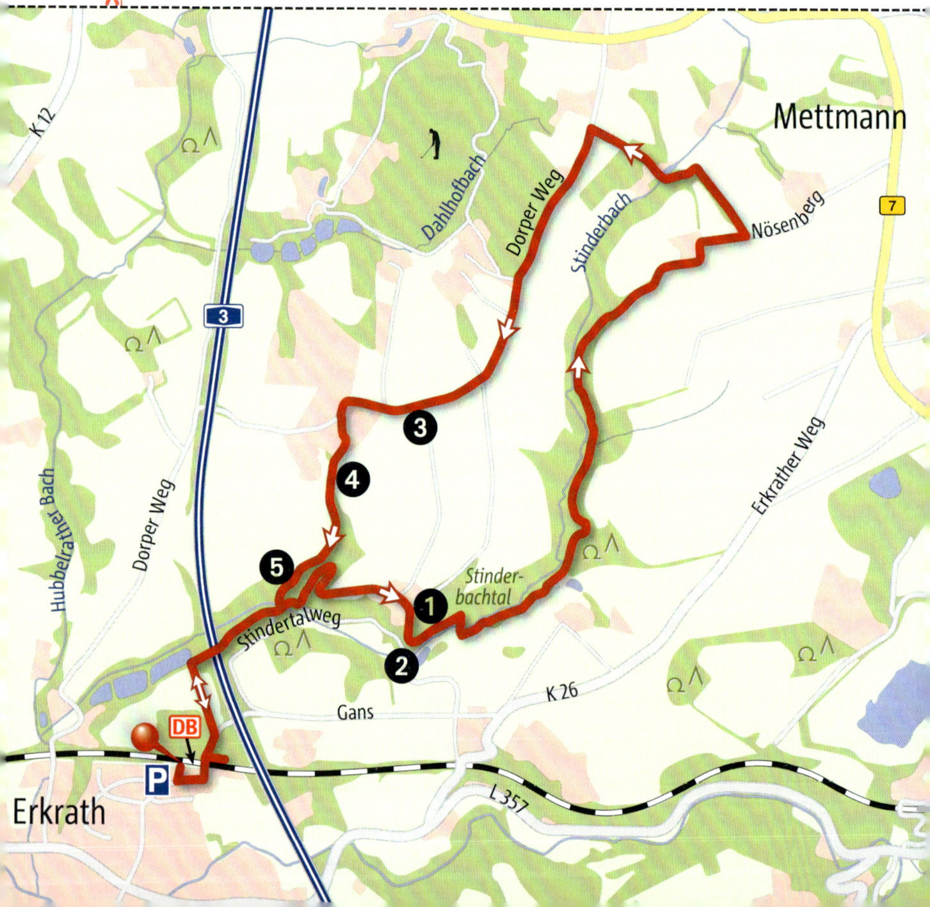

Alles auf einen Blick

WIE & WANN:
Zwei Drittel der Strecke verlaufen auf Pfaden und Naturwegen; ganzjährig möglich, schönste Zeit Mai bis Oktober

HIN & WEG:
Auto: Parkplatz an S-Bahn-Station, Zum Nordbahnhof 9–14, 40699 Erkrath (GPS 51.229126510030696, 6.909222231317857)

Entspannung ✸✸✸✸✸
Genuss ✸✸✸✸✸
Romantik ✸✸✸✸✸

ÖPNV: S28 bis Erkrath Nord

ESSEN & ENTSPANNEN:
Stindermühle ❷ Stindertalweg 50, 40699 Erkrath, Tel. (02 11) 24 31 98

ENTDECKEN & ERLEBEN:
Stinderbachtal ❶
Punkt mit schöner Aussicht ❸
Maria im Tal ❹
Marienstatue ❺

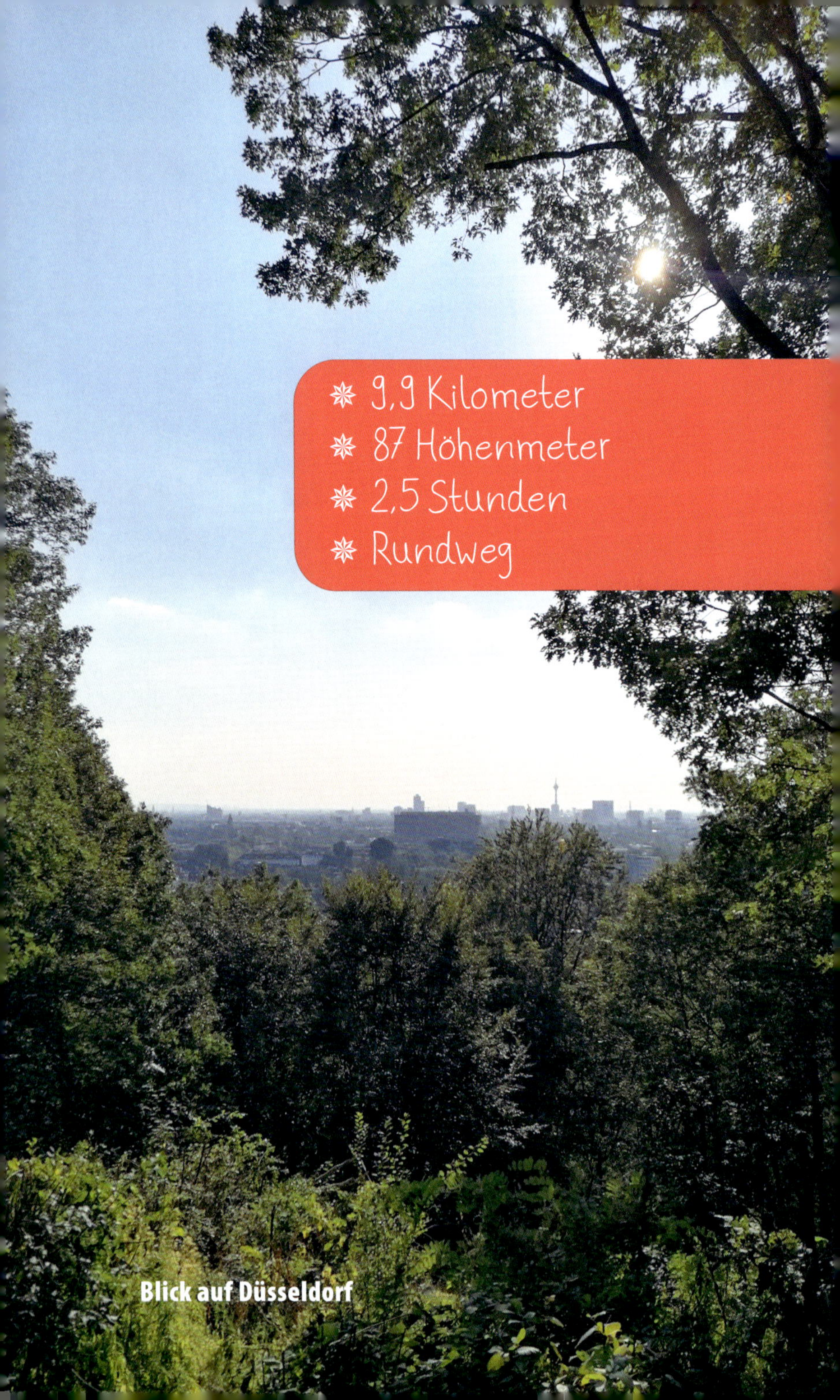

Blick auf Düsseldorf

An der **U-Bahn-Haltestelle Staufenplatz** aus Richtung Innenstadt kommend überqueren wir die Gleise sowie an den beiden Fußgängerampeln die **Grafenberger Allee** und dann die **Vautierstraße.** Anschließend gehen wir nach rechts und folgen der **B 7/Ludenberger Allee** über den **Staufenplatz** hinweg. An der nächsten Fußgänger-

Schöne Aussichten

Durch den Aaper Wald

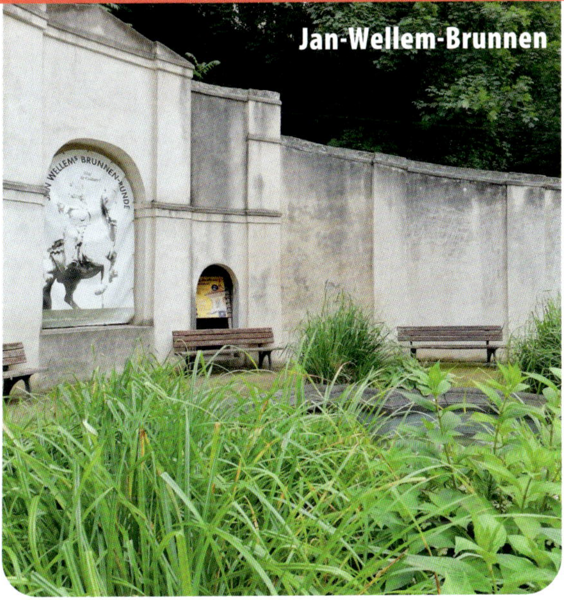

Jan-Wellem-Brunnen

Der Jan-Wellem-Brunnen erinnert an den Kurfürsten Johann Wilhelm (1658–1716), von den Düsseldorfern liebevoll „Jan Wellem" genannt. Er trank das heilkräftige Wasser aus einer Quelle am heutigen Staufenplatz so gerne, dass er den Brunnen von einer Mauer einfassen ließ und das Wasser exklusiv für den Düsseldorfer Hof beanspruchte.

ampel überqueren wir die **Ernst-Pönsgen-Allee** und gehen auf der anderen Seite nach links. Kurz danach liegt rechts der **Jan-Wellem-Brunnen** (1), ein markantes Denkmal, um dessen Wiederherstellung und Erhalt sich seit 1999 ein Förderverein bemüht.

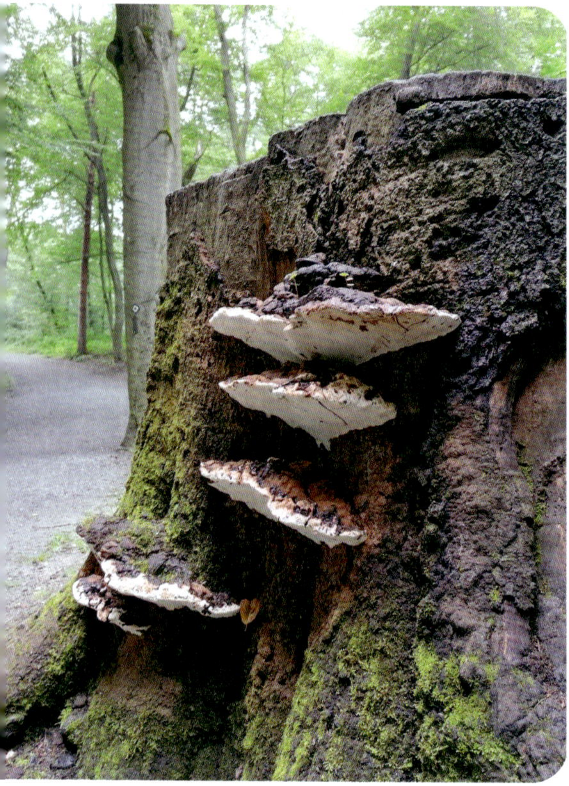

Gleich danach gehen wir nach rechts und folgen dem geschotterten kleinen Weg bergauf in den **Aaper Wald 2.** Sobald wir unter den Bäumen sind, rückt der Stadtlärm deutlich in den Hintergrund. Schon jetzt spüren wir, wie erholsam das Eintauchen in den Wald ist.

Über die nächste Waldwegkreuzung gehen wir geradeaus hinweg. Der Weg macht eine Linkskurve, der wir einfach folgen. Auf der Höhe angekommen, laufen wir an der dortigen T-Kreuzung nach links und sehen ein Stück voraus auch schon zwei Bänke. Sie gehören zur **Schönen Aussicht 3,** wie der Wegstein verkündet, und diesen Namen trägt der Platz auch nicht zu Unrecht, denn von hier haben wir einen wunderbaren Blick auf die Stadt Düsseldorf mit ihren verschiedenen Gebäuden. Wir sehen sogar den Rheinturm. Nach dem Aussichtsplatz wählen wir den kleinen Weg ganz rechts, er führt steil bergab. Über die erste Kreuzung hinweg gehen wir weiter bergab und an einer Wegspinne geradeaus auf einem sandigen Pfad wieder bergauf. Diesem Pfad folgen wir immer geradeaus, Abzweigungen links und rechts ignorieren wir. An der nächsten großen Kreuzung, die auf den ersten Blick wie eine T-Kreuzung aussieht – hier steht ein großer Baum, schräg dahinter eine Bank –, laufen wir nach links. Wir folgen dem Weg immer weiter, auch an der Stelle, wo am Ende eines kleinen Anstiegs links eine Bank

Der rund 200 Hektar große Aaper Wald liegt im Nordosten der Stadt. Die sandigen Böden seiner Höhen sind 35 Millionen Jahre alte Meeressedimente. Der Baumbestand des Aaper Walds zeigt sich trotz Klimawandel als relativ stabil und gesund – hier wachsen heimische Laubbäume wie Buchen, Eschen, Stieleichen, Ahorne, Robinien und Birken.

steht und wir vielleicht den Eindruck bekommen könnten, wir müssten uns entscheiden, ob wir links oder rechts laufen. Kurz danach kommt nach einer Rechtskurve ein kleiner Tümpel, den wir passieren und dem Weg weiter folgen. An der nächsten Kreuzung zweigt ein Weg nach links unten ab, hier gehen wir geradeaus hoch in Richtung Straße. Wir kommen

Für die Seele

Wir lassen den Blick aus luftiger Höhe über die Stadt schweifen und uns von den jahrhundertealten Bäumen beschützen – hier fühlen wir uns sicher.

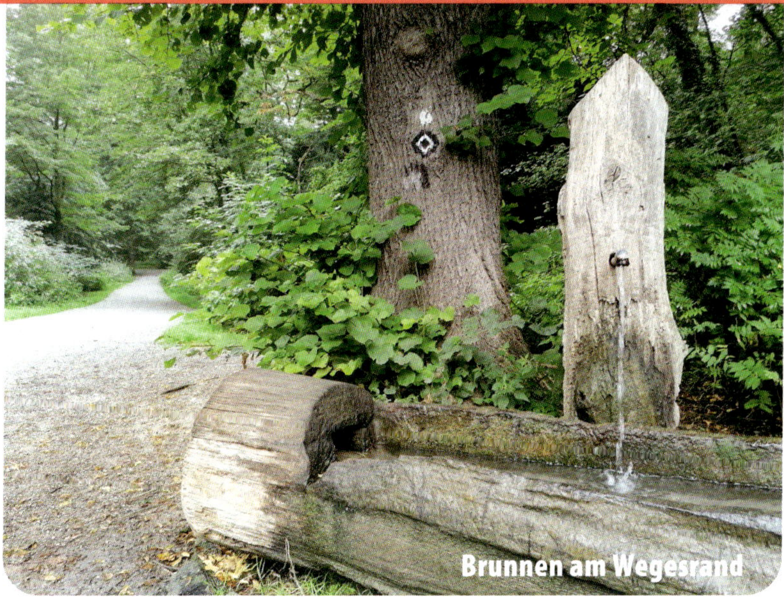

Brunnen am Wegesrand

auf einen breiten geschotterten Weg, den **Trotzhofweg,** hier biegen wir nach links ab. Kurz danach erreichen wir die **Rennbahnstraße** und folgen ihr nach links. Knapp 100 Meter weiter befindet sich das **Café Restaurant Zum Trotzkopf** ④ mit mediterraner Küche und schöner Terrasse. In einer starken Linkskurve wird aus der Rennbahnstraße die **Fahneburgstraße.** Am Scheitelpunkt der Kurve verlassen wir die Straße und laufen auf dem Fußweg geradeaus in den Wald. Rechts liegen hinter Hecken große Parkplätze. Kurz nachdem wir den letzten Parkplatz rechts passiert haben, kommen wir an eine Wegkreuzung, hier gehen wir nach links und folgen der Markierung weiße Raute auf schwarzem Grund. Hier steht an einem Baum ein kleiner Brunnen. An der nächsten Weggabelung gehen wir nach rechts, mit der Raute und der Markierung A 2. Rechts sehen wir dann auch gleich einen Wegstein mit dem Schriftzug **Aaper Höhenweg** – denn auf diesem befinden wir uns nun. Gemäß seinem Namen schlängelt er sich auf den Höhen des Aaper Walds entlang. Wir folgen jetzt für längere Zeit dem A 2, zusätzlich können wir uns an den auf Holzpfählen montierten grünen Schildern mit gelben Pfeilen orientieren. An der nächsten T-Kreuzung folgen wir ebenfalls den Markierungen. Unser Weg macht einen steilen Rechtsknick, den wir entlanglaufen – nicht geradeaus steil den Berg hinunter. Links unterhalb sehen wir eine Wiese und einen **Spielplatz** mit Schutzhütte liegen. Immer auf der Höhe gehend, hören wir zwar das Grundrauschen der Stadt, aber die wunderschönen alten und hohen Bäume lassen uns glauben, wir seien schon tagelang im Wald unterwegs. Dass sich ein Aufenthalt im Wald auf unsere Psyche und Physis auswirkt, ist inzwischen wissenschaftlich erforscht. Kurz danach kommt der **Rather Blick** ⑤, ein weiterer Aussichtspunkt mit einer Bank. Kurz danach liegt rechts der **Waldteich Heinrichs-**

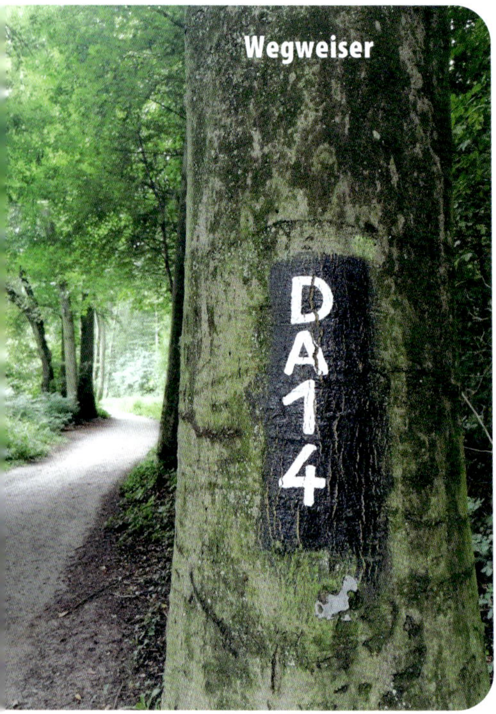

Wegweiser

ruh, ein kleines Feuchtbiotop, das wichtigen Lebensraum und Nahrungsgrundlage für Teichfrösche, Libellen sowie viele weitere Amphibien und Insekten bietet. Gegenüber sehen wir ein Waldbienenhotel. An der Kreuzung mit der gefassten Quelle biegen wir nach links ab, immer weiter dem A 2 folgend. An einer kleinen Lichtung mit Wegkreuzung, an der mehrere Sportgeräte aufgestellt sind, verlassen wir für einen kleinen Abstecher den A 2/Aaper Höhenweg und biegen nach links auf den **Wilhelm-Suter-Pfad** (Wegstein) ab. Der Wilhelm-Suter-Pfad macht nach kurzer Zeit eine Haarnadelkurve, an deren Scheitel wir noch ein kleines Stück den Weg geradeaus gehen und auf die Lichtung mit den **Frauensteinen** ❻ gelangen.

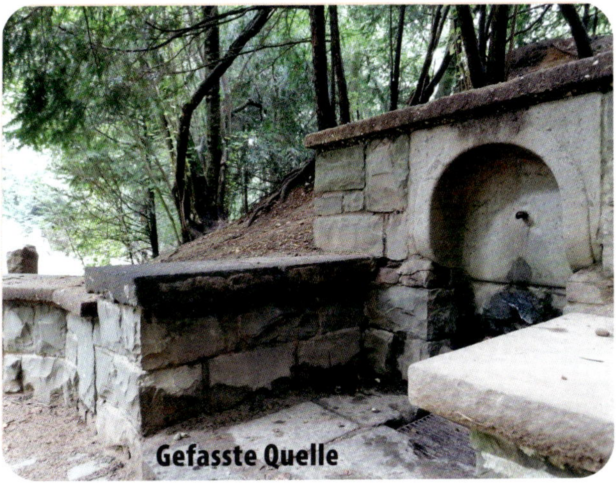

Gefasste Quelle

Wieder zurück auf dem Wilhelm-Suter-Pfad gehen wir weiter der Haarnadelkurve (Raute) nach. An der nächsten Kreuzung folgen wir der Raute nach links, damit sind wir dann wieder auf dem Aaper Höhenweg/A 2. An der Kreuzung mit dem Brunnen biegen wir nach rechts ab und folgen der kleinen asphaltierten Straße, dem **Dachsbergweg.** Der Weg ist nun mit A 1/A 2 markiert. Hier gibt es auch eine Schutzhütte. Wo wir auf die nächste Kreuzung stoßen – mit Kinderspielplatz, einer weiteren Schutzhütte, dahinter liegt der **Segelflugplatz** –, laufen wir nach rechts. Gleich danach biegen wir nach links ab und folgen der Markierung A 1 und D für Düsseldorfer Weg durch die Rechtskurve. Links von uns liegt das Flugfeld, vor uns breitet sich der schöne, lichte Waldweg aus – ein An-

Auf einer von hohen Buchen umstandenen Lichtung des Aaper Walds liegt die kleine Gesteinsgruppe der Frauensteine. Es sind Zementquarzite, zum Teil über 1 Meter lang. Rund um die Steine gibt es viele Geschichten – hier soll eine Kultstätte gewesen sein. Belege gibt es dafür nicht. Auf jeden Fall ist es ein Platz mit einer besonderen Atmosphare.

blick voller Harmonie. Wo wir aus dem Wald herauskommen und zwischen Feld und Pferdekoppel hindurchgehen, laufen wir immer weiter dem D nach und erkennen schon die Baumallee entlang der **Rennbahn 7**. An der Allee angekommen, folgen wir dem asphaltierten Wirtschaftsweg nach links, immer noch mit der Markierung D, und gehen unter den großen Kastanienbäumen hindurch. Rechts von uns liegt die Pferderennbahn, wenn wir uns umdrehen, sehen wir die große Zuschauertribüne.

Ein kleines Stück weiter, kurz vor dem Reiten-verboten-Schild, biegen wir nach rechts auf einen Fußpfad ab – er ist auf einem der linken Alleebäume mit D markiert. An der nächsten Gabelung halten wir uns links, folgen immer noch dem D. Danach gehen wir geradeaus weiter, auch an der Stelle, wo von links ein Weg einschwenkt. Gleich danach öffnet sich nach links der Blick auf den Golfplatz, und wir passieren

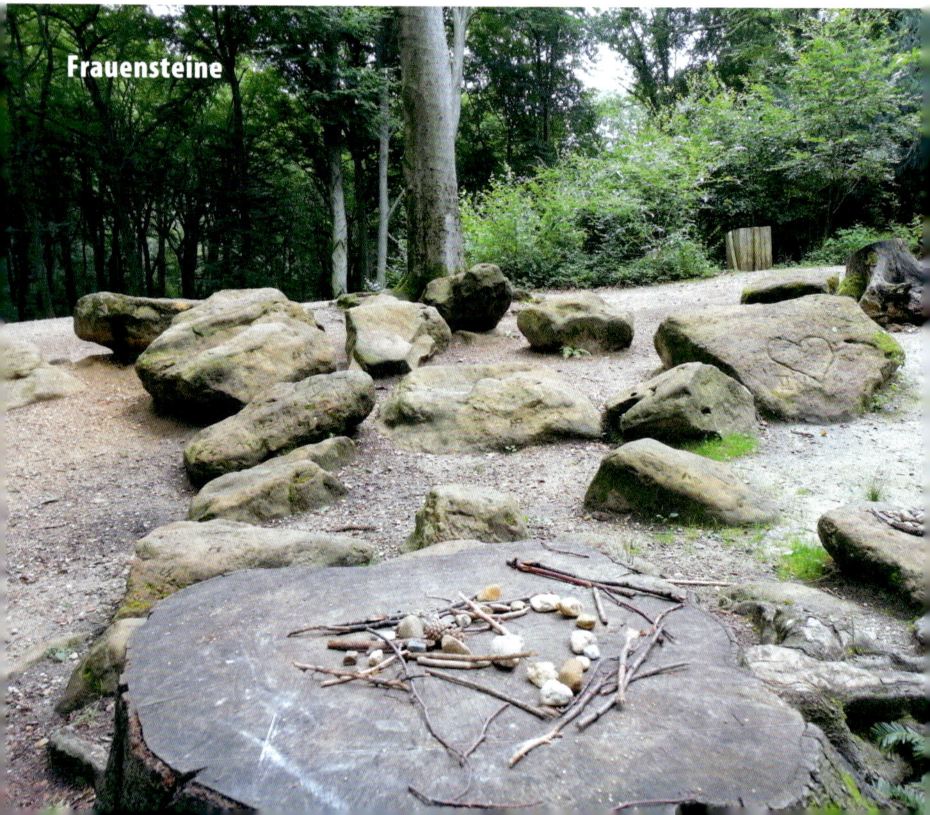

Frauensteine

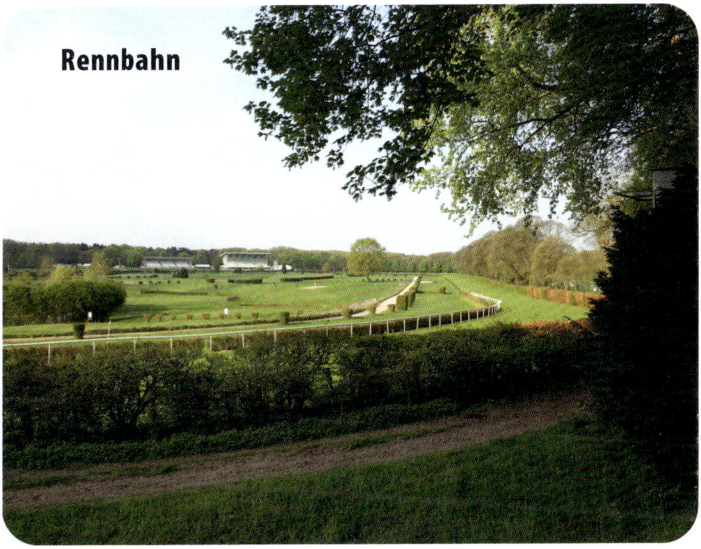

nicht lange danach einen der Eingänge zum Golfclub. Die Markierungen sind nach wie vor das D und die Raute, auch an der Stelle, an der wir wieder in den Wald eintauchen. Kurz danach biegt unser Weg nach links ab. An der nächsten Kreuzung gehen wir nicht mehr dem D nach und A 4, sondern laufen nach rechts, direkt auf den Eingang des **Wildparks Grafenberg** 8 zu; wir schwenken aber davor nach links und folgen jetzt dem A 4. An einer Stelle, wo er scheinbar in einen Reiterweg mündet, bleiben wir einfach auf dem breiteren Weg und kommen kurz danach auf den großen Parkplatz des Wildparks. Zwischen den Autos hindurch überqueren wir ihn geradeaus. Wo wir auf die Straße treffen, überqueren wir diese auf einem Zebrastreifen und laufen wieder hinein in den Wald. Gleich ein paar Meter danach, an der nächsten Kreuzung, biegen wir nach links und folgen dem Schild „Spielplatz/Hirschburgwiese". Wir sind nun auf dem A 4, einem etwas breiteren, asphaltierten Weg, parallel zur Rennbahnstraße. An der nächsten Kreuzung zeigen Holzschilder nach rechts zur Hirschburgwiese (A 4), hier biegen wir nach rechts ab und umrunden kurz danach mit unserem Weg einen großen **Spielplatz** auf einer Waldwiese. Eine kleine Schutzhütte liegt direkt am Weg. Dass wir hier am Ende der Tour sind, merken wir auch daran, dass der Stadtlärm nun wieder näher rückt. An einer T-Kreuzung gehen wir nach links Richtung Schranke, passieren diese und stehen auf einmal mitten im Wohngebiet. Dies ist der **Bismarkkweg,** dem wir nach unten folgen. Er mündet an der Stelle auf den **Staufenplatz** bzw. auf die **Ludenberger Straße,** wo die **Ernst-Pönsgen-Straße** abzweigt und wir zu Beginn der Tour nach links Richtung Wald abgebogen sind. Wir gehen über die Fußgängerampel, dann geradeaus weiter und sehen auch schon die U-Bahn-Haltestelle Staufenplatz vor uns liegen – das Ende unserer Wanderung.

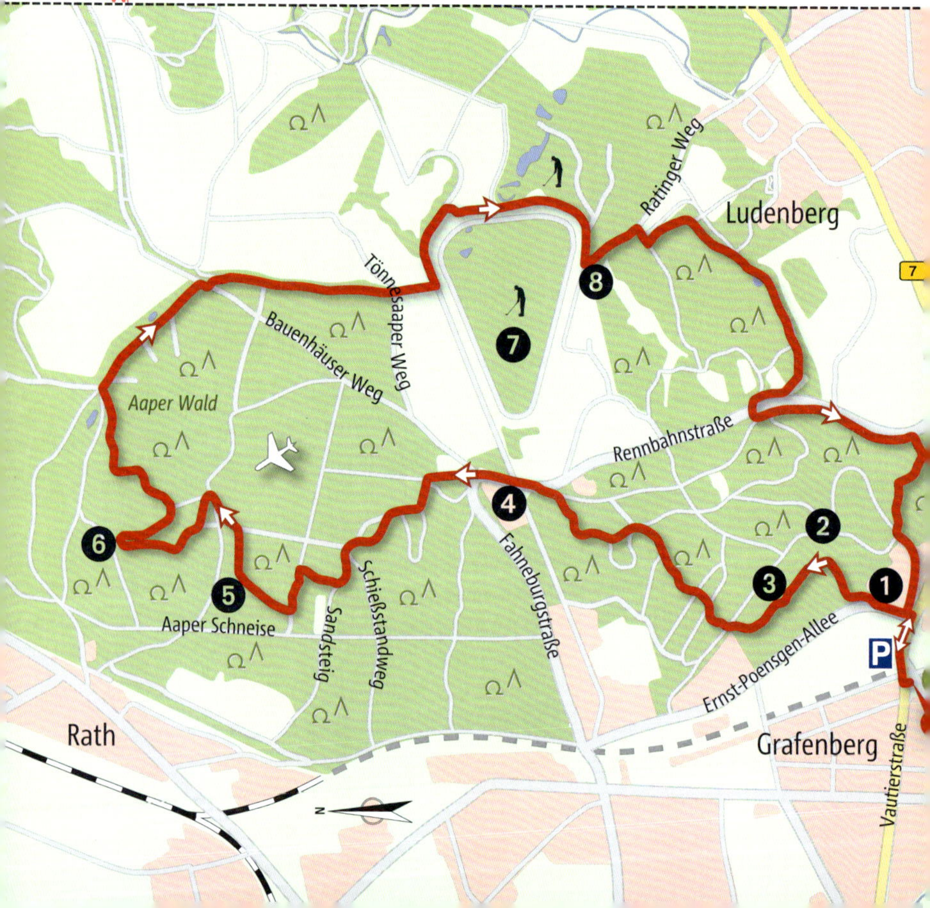

Alles auf einen Blick

WIE & WANN:
Überwiegend Waldwege und -pfade, mitunter auch asphaltierte Wirtschaftswege; ganzjährig möglich, beste Zeit von April bis Oktober

HIN & WEG:
Auto: Parkplatz Staufenplatz, Staufenplatz 5A, 40629 Düsseldorf (GPS 51.24194871525064, 6.82969951946311)

Entspannung ✱✱✱✱✱
Genuss ✱✱✱
Romantik ✱✱✱✱

ÖPNV: U71, U73, U83, Straßenbahn 709, Bus 733 bis Staufenplatz

ESSEN & ENTSPANNEN:
Café Restaurant Zum Trotzkopf ❹ Rennbahnstraße 7A, 40629 Düsseldorf, Tel. (02 11) 62 21 25, www.zumtrotzkopf.metro.rest

ENTDECKEN & ERLEBEN:
Jan-Wellem-Brunnen ❶
Aaper Wald ❷
Schöne Aussicht ❸
Rather Blick ❺
Frauensteine ❻
Rennbahn ❼ Rennbahnstraße 20, 40629 Düsseldorf
Wildpark Grafenberg ❽ Rennbahnstraße 60, 40629 Düsseldorf, www.wildpark-duesseldorf.de

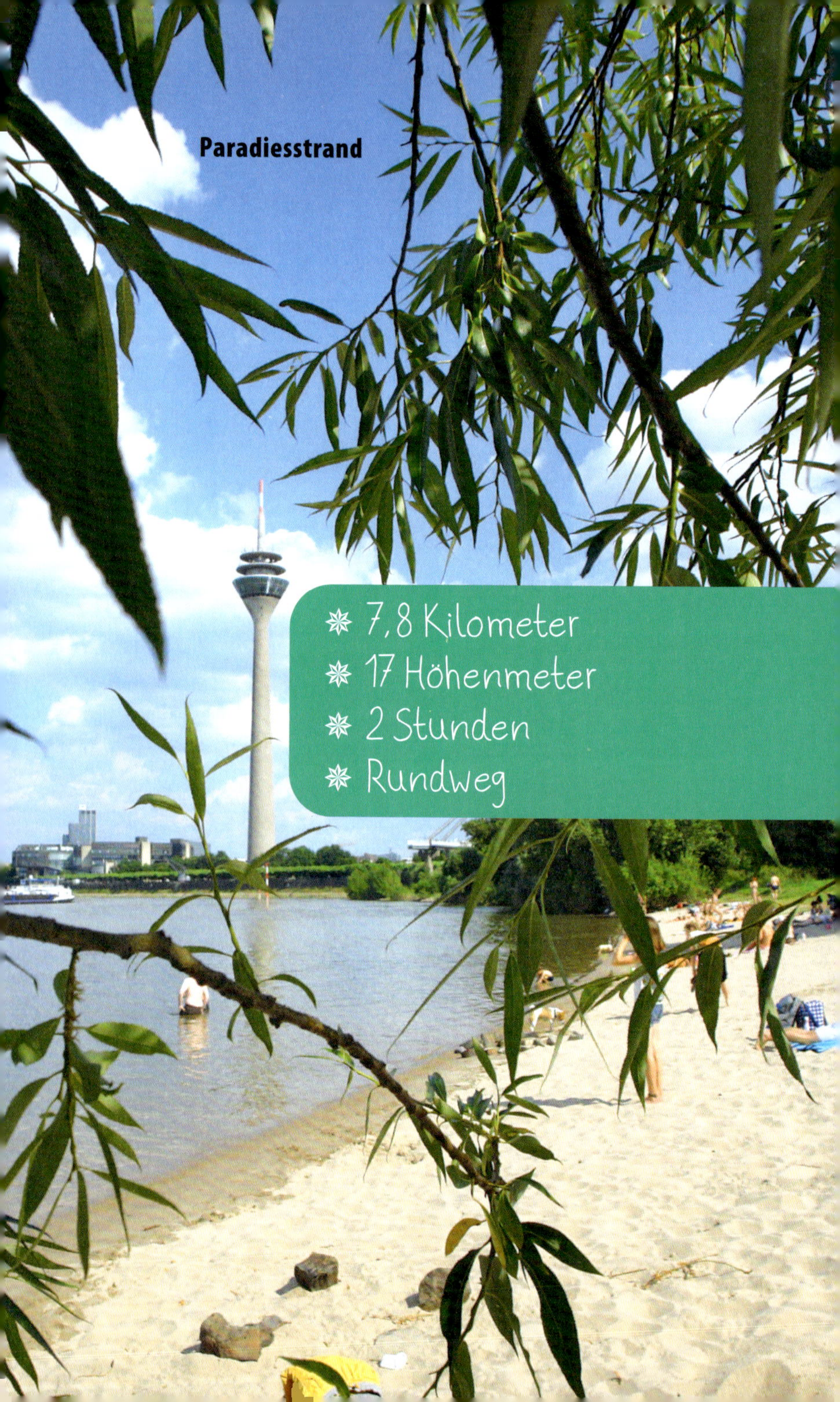
Paradiesstrand

* 7,8 Kilometer
* 17 Höhenmeter
* 2 Stunden
* Rundweg

An der **Straßenbahnhaltestelle Landtag/Kniebrücke** gehen wir – die Straßenbahn aus Richtung Innenstadt verlassend – direkt nach dem Aussteigen in Fahrtrichtung weiter. Nach kurzer Zeit kommen wir an die Kreuzung der **Hubertusstraße,** laufen nach rechts die Hubertusstraße entlang, bis sie einen scharfen Knick nach links macht. Diesem folgen wir nicht, sondern gehen weiter geradeaus, wechseln über einen Fußgängerweg auf den Radweg und laufen auf diesem nach links. Wir stehen hier nicht nur mitten im schön angelegten **Bürgerpark ①,** sondern auch im Regierungsviertel: Rechts von uns liegt der **Landtag ②,** vor uns sehen wir schon den **Rheinturm ③** und schräg dahinter das Stadttor **Düsseldorf ④ –** ein großes, elegantes Bürogebäude aus Glas und Stahl, das gleichzeitig die Einfahrt der B 1 in den Rheinufertunnel markiert. Bis 2017 war hier der Amtssitz des nordrhein-westfälischen Ministerpräsidenten, seither wird es vom Verkehrsministerium und verschiedenen Unternehmen genutzt.

Parallelwelten

Vom Medienhafen nach Hamm

Wir halten geradeaus auf den Rheinturm zu. Sobald wir unmittelbar davorstehen, wenden wir uns nach rechts und folgen der weiten Linkskurve, die der breite Weg anschließend macht, bis wir den Turm zur Hälfte umrundet haben. Hier haben wir schon einen schönen ersten Blick in das Hafenbecken des **Düsseldorfer Medienhafens ⑤.** An dessen linkem Ufer sehen wir die Gehry-Bauten, eines der architektonischen Wahrzeichen Düsseldorfs.

Der Rheinturm ist mit gut 240 Metern das höchste Bauwerk der Stadt und zugleich eines ihrer Wahrzeichen. Ein Besuch auf seiner Aussichtsplattform lohnt sich nicht nur wegen des Fernblicks in alle Richtungen, sondern auch, weil sich erst von hier oben der spektakuläre Grundriss des ansonsten architektonisch eher unscheinbaren Landtags erschließt.

Denkmalgeschützte Hafenanlagen direkt neben modernen, von renommierten Architekten entworfenen Gebäudekomplexen. Wo früher die Schiffsladungen gelöscht, gelagert und abtransportiert wurden, haben sich im Düsseldorfer Medienhafen heute Unternehmen aus Medien und Kommunikation, Kunst, Kultur und Architektur sowie gastronomische Betriebe angesiedelt.

Wir wenden uns hier jedoch nicht in Richtung Hafenbecken, sondern gehen nach rechts den kleinen gepflasterten Weg entlang in Richtung des **historischen Hafenkrans** und des Rheins. Dort angekommen, gehen wir nach links und folgen dem Weg – er heißt hier **Parlamentsufer** –, der uns auf die **Brücke am Medienhafen** 6 führt, eine Fußgängerbrücke über die Einfahrt zum Hafenbecken. Der Blick von der Brücke sucht seinesgleichen in Düsseldorf: Auf der einen Seite überblicken wir den gesamten Medienhafen mit seinem bunten Nebeneinander von alten und modernen Bauten, auf der anderen Seite haben wir das gesamte Altstadtufer von Düsseldorf im Blick – von der Rheinkniebrücke über den Schlossturm bis zur Tonhalle und noch darüber hinaus. Hier ist die Energie

Abendstimmung am Rhein

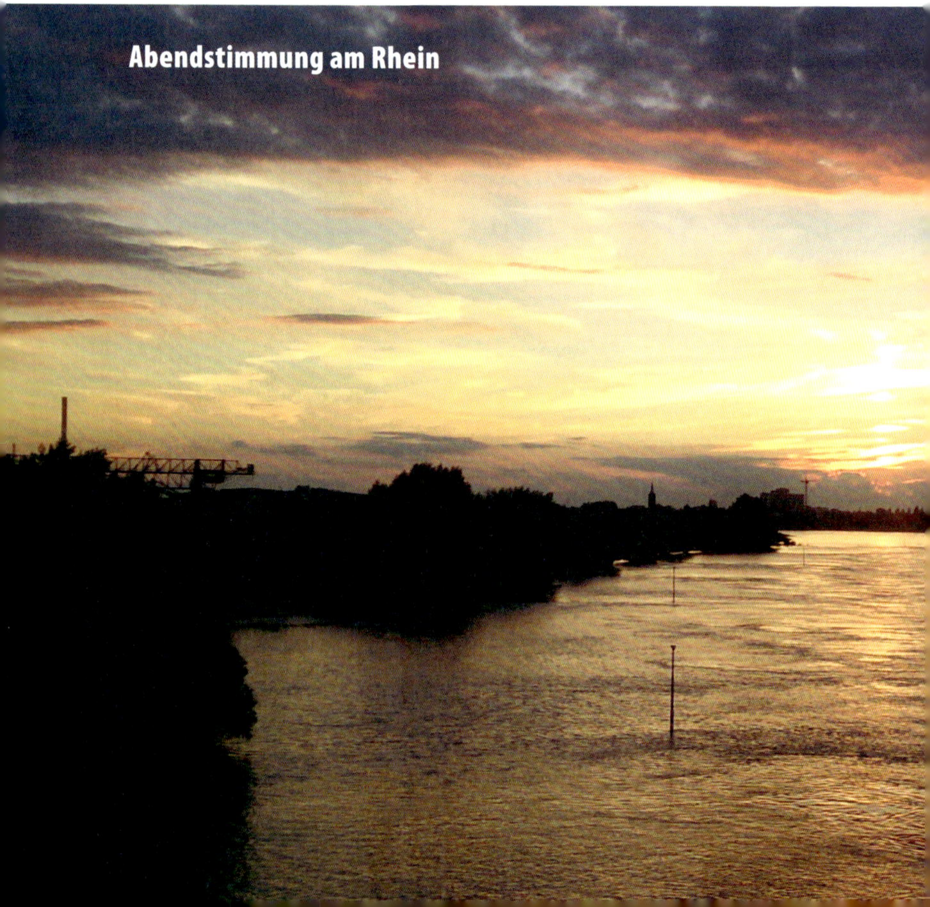

der Stadt besonders gut zu spüren! Das Leben ist auf den Fluss ausgerichtet, von dem sich viele Menschen wie magisch angezogen fühlen und hier flanieren, innehalten, die Zeit genießen. Wir gehen auf der anderen Seite der Brücke wieder hinunter und folgen dem asphaltierten Weg. Wer möchte, kann kurz nach dem Ende der Brückenrampe einem der schmalen Trampelpfade folgen, die nach rechts hinunter zum Flussufer führen. Dort liegt der Paradiesstrand. Es ist aber nicht nur ein Strand, sondern in der Tat sind es mehrere hintereinanderliegende Sandbuchten, die natürlich vor allem im Sommer bei Groß und Klein beliebt sind. Urlaubsgefühl direkt vor der Haustür! Der asphaltierte Weg stößt nach ungefähr 1,2 Kilometern auf die Gebäude des **Düsseldorfer Golf-Sport-Vereins** und

Für die Seele

Das Nebeneinander von Alt und Neu, von Stadt und Land lässt uns gelassen auf vermeintliche Gegensätze schauen: Auf dieser Welt hat alles (s)einen Platz.

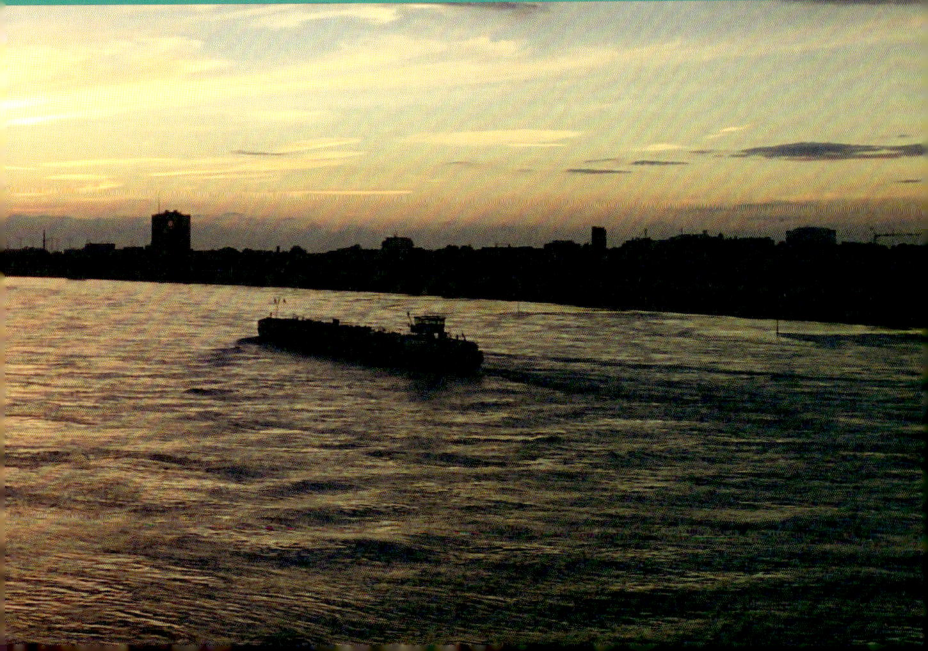

führt uns im rechten Winkel nach links, dann gleich wieder nach rechts. Wir gehen anschließend weiter geradeaus, am Gelände des Golf-Sport-Vereins und dessen Driving Range vorbei, passieren wir die **Bushaltestelle Auf der Lausward** und folgen dem asphaltierten Fußweg weiter geradeaus und damit gleichzeitig der Rheinkurve in einem weiten Linksbogen. Links liegt das Kraftwerk Lausward, rechts schweift unser Blick über die Rheinwiesen und den Rhein bis hinüber nach Neuss. Hier weiden oft Schafe und halten das Gras kurz. Ungefähr 2,2 Kilometer nach dem Golfclub führt uns der Weg unter der **Hammer Eisenbahnbrücke** hindurch. Kurz danach biegt die kleine Straße **Auf den Kuh-**

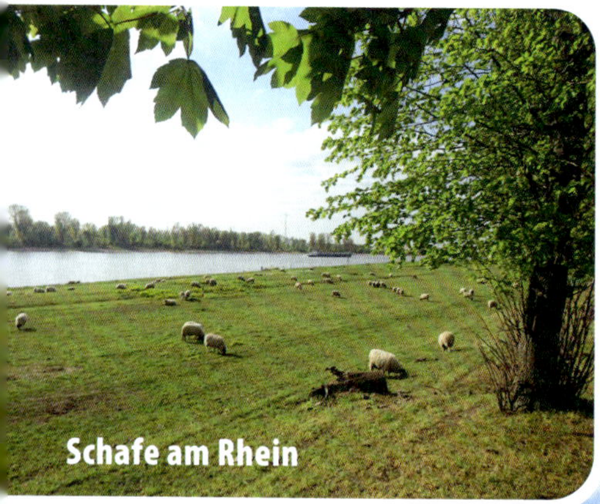

Schafe am Rhein

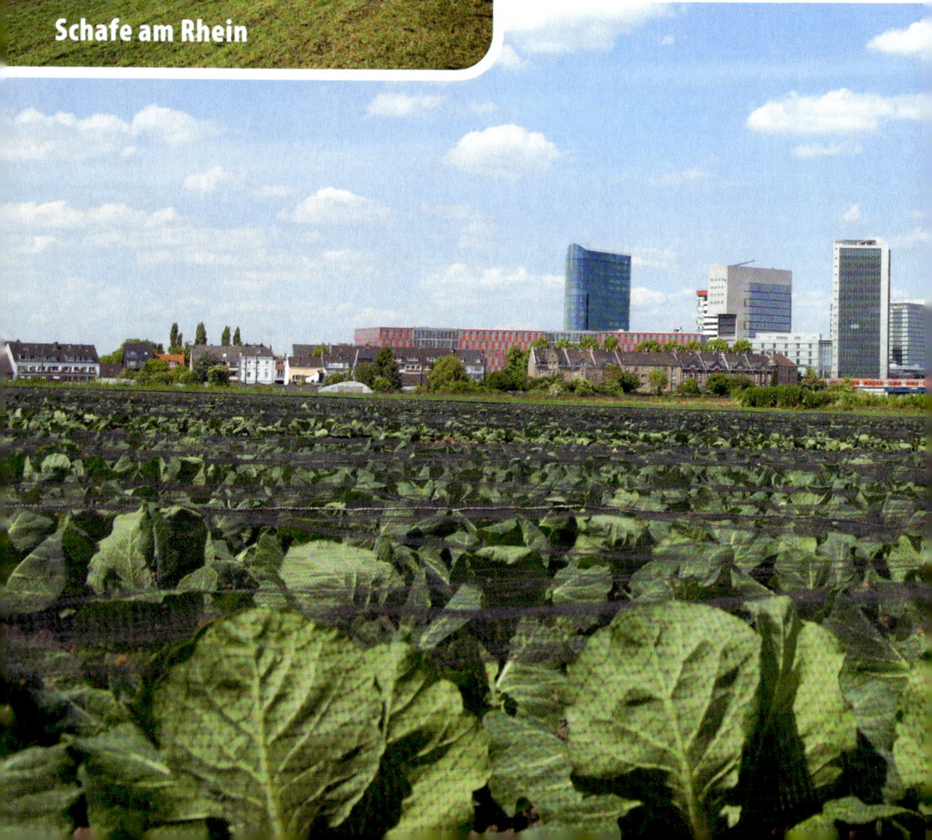

len nach links ab, ihr folgen wir – nach einem letzten Blick über den Rhein, dessen Lauf wir hier erst einmal verlassen. Hier beginnt nun der Düsseldorfer Stadtteil Hamm, mit etwa 4500 Einwohnern einer der kleinsten Stadtteile der Landeshauptstadt. Hamm wurde 1218 das erste Mal urkundlich erwähnt, schon seit 1394 gehört es zu Düsseldorf.

Die Straße zieht sich zwischen einigen Neubauten hindurch, danach liegen rechts und links Anbauflächen: Warum Hamm im Volksmund **„Kappes-Hamm"** 7 heißt, wird hier schnell deutlich. Wir folgen dem Linksbogen der Straße, kurz danach mündet sie nach rechts in die Straße **Am Kuhtor.** Wir folgen den Straßenbahnschienen, rechts sehen wir den Aufgang zum S-Bahnhof Hamm. Kurz danach biegt der kleine asphaltierte Weg **In der Buhlack** nach links ab, ihm folgen wir. Er führt zwischen Schrebergärten hindurch,

Die Düsseldorfer sprechen auch liebevoll von „Kappes-Hamm" – „Kappes" bezeichnet im Düsseldorfer Platt „Kohl" –, weil in Hamm intensiv Gemüse, Kräuter, Blumen und andere Nutzpflanzen angebaut werden. Stadt und Land treffen hier unmittelbar aufeinander, von den Feldern schweift der Blick zur Skyline des Medienhafens.

Kappes-Hamm

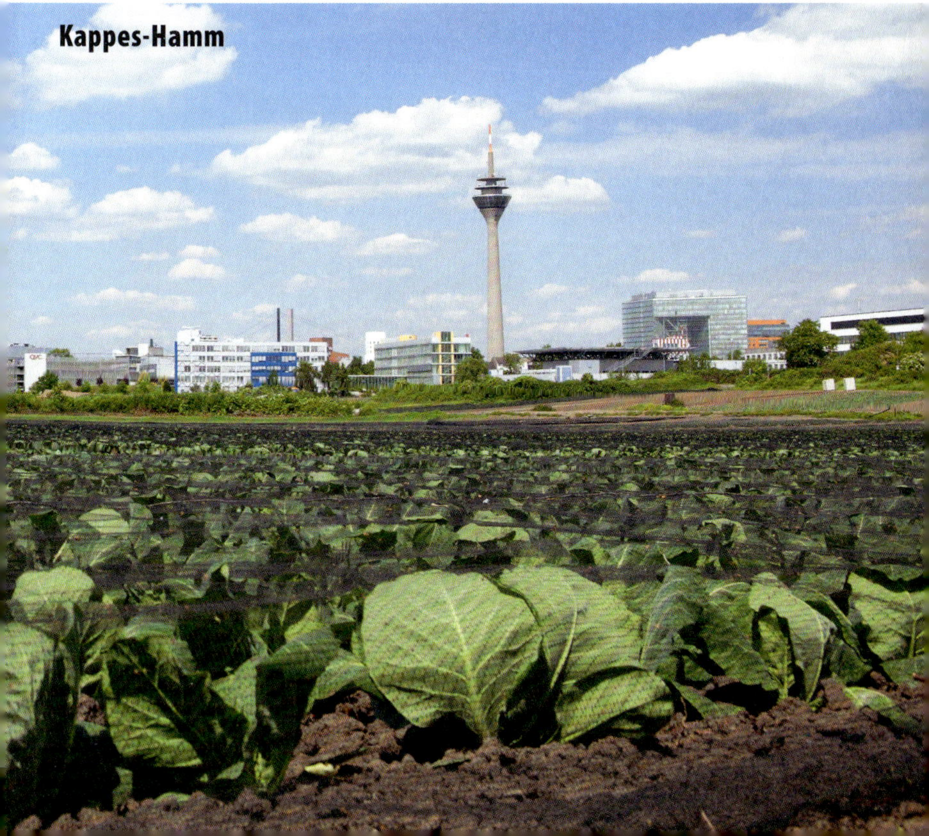

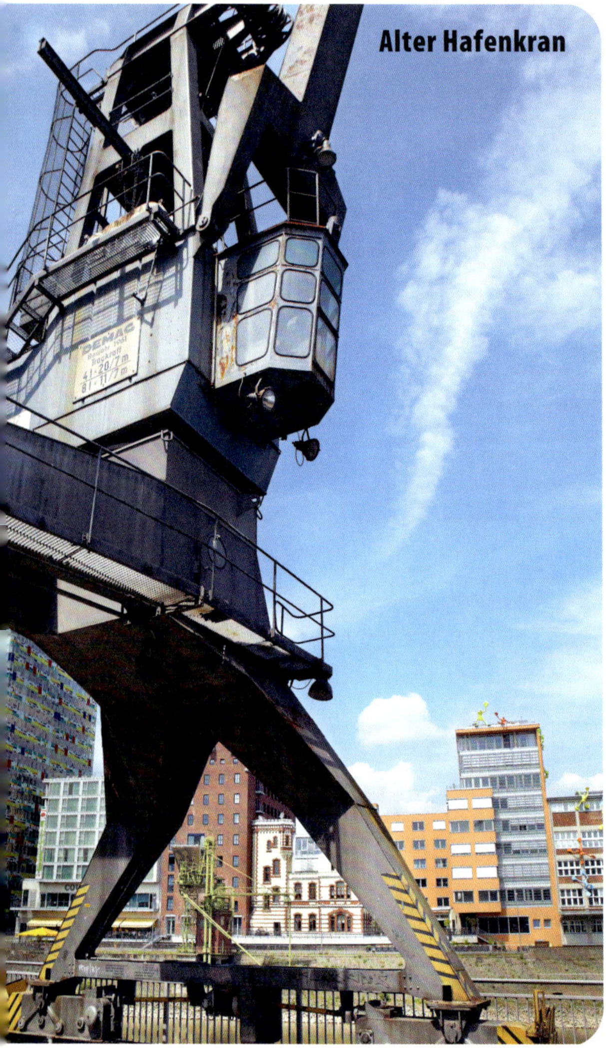

Alter Hafenkran

links ragt der Bahndamm auf. Kurz danach passieren wir wieder mehrere Wohnhäuser, bevor die kleine Straße in die **Hammer Dorfstraße** mündet. Hier wenden wir uns nach links und gehen bis zur nächsten großen Kreuzung. Dort laufen wir erneut nach links, in die **Plockstraße,** unter der Bahnbrücke hindurch. An der Fußgängerampel überqueren wir die Straßenbahngleise, gehen weiter geradeaus, überqueren gleich danach die **Franziusstraße** und halten dabei auf den Eingang des UCI-Kinos zu. Vor dem Kino laufen wir nach links, dann gleich wieder nach rechts in die Straße **Zollhof.** Im Zickzack – die erste Straße links, dann die nächste rechts und an der nächsten Möglichkeit wieder nach links in eine kleine Fußgängerpassage – gelangen wir auf die Straße **Am Handelshafen** und damit wieder an das Becken des Medienhafens. Wir lassen den Blick über das Hafenbecken schweifen, sehen Häuser, die uns an alte Kontore und Lagerhallen erinnern, aber auch den hohen futuristischen Neubau des Hyatt Hotels direkt gegenüber. Alt und Neu wachsen zu einer ganz neuen Einheit zusammen!

Wir wenden uns nach rechts und gehen – vorbei an zwei alten Kränen – immer am Hafenbecken entlang. Im Düsseldorfer Medienhafen können wir die **Gehry-Bauten** ⑧ ganz aus der Nähe anschauen – genauso wie die ankernden Schiffe im Wasser, unter ihnen immer auch schmucke Segelboote. Hier gibt es außerdem ein breites kulinarisches Angebot – von Currywurst (im **Curry** ⑨) über Rheinische Tapas (im **Eigelstein** ⑩) bis hin zu internationaler Spitzenküche (im **Berens am Kai** ⑪).

Am Ende des Hafenbeckens – dort, wo wir wieder unter dem Rheinturm stehen – wenden wir uns nach rechts, gehen den Fußweg zwischen den von Hecken umgrenzten Parkplätzen hindurch und überqueren die hier kreuzende **Stromstraße.** Auf der anderen Seite

Wer möglichst viel in kurzer Zeit aus den Küchen der trendigen Gastronomie probieren möchte, bucht eine kulinarische Führung bei www.medienhafen.de. „Taste & Tour" beispielsweise bietet ausgewählte Köstlichkeiten an vier Stationen und stellt den Teilnehmenden auch die interessantesten Gebäude des Medienhafens vor.

Gehry-Bauten

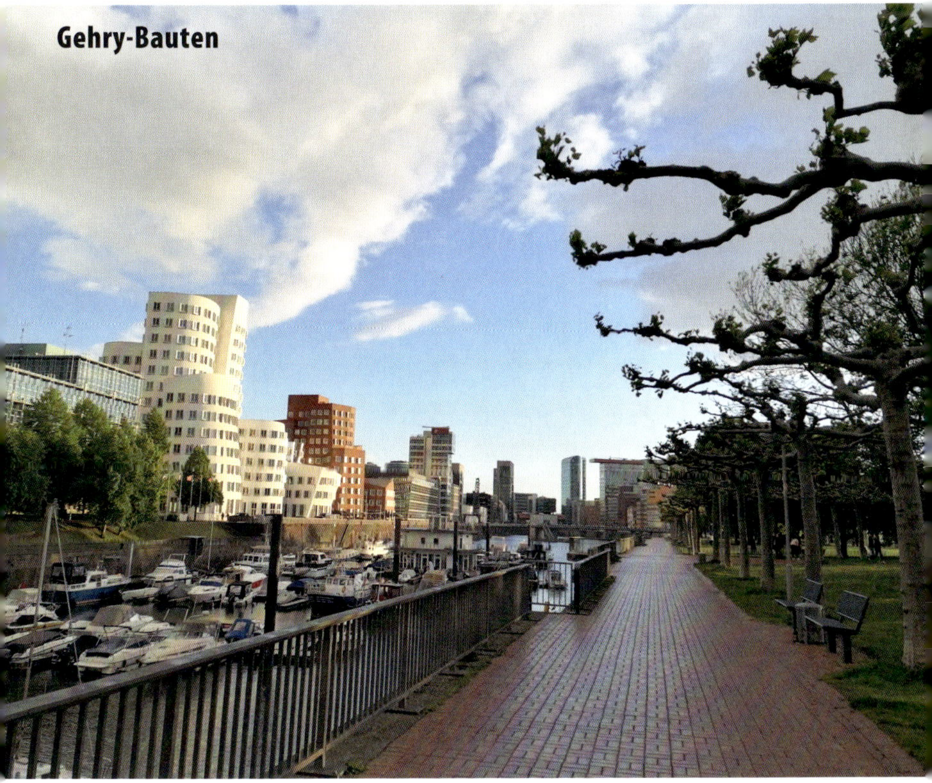

setzen wir unseren Weg fort. Es geht auf einigen flachen Stufen über einen kleinen Hügel hinweg – dieser Grünstreifen gehört zum Bürgerpark. Unter uns befindet sich der Rheinufertunnel – kaum zu glauben, dass hier noch vor knapp 30 Jahren der Verkehr tobte. Am anderen Ende des Grünstreifens biegen wir nach links und gelangen kurz danach auf die Moselstraße, der wir folgen. An der nächsten Rechtskurve wird die **Moselstraße** zur **Hubertusstraße** – dieses Stück kennen wir schon vom Beginn der Wanderung. Wir laufen die Hubertusstraße entlang und sehen an der nächsten Kreuzung links von uns schon die Straßenbahnhaltestelle und damit den Endpunkt unserer Wanderung liegen.

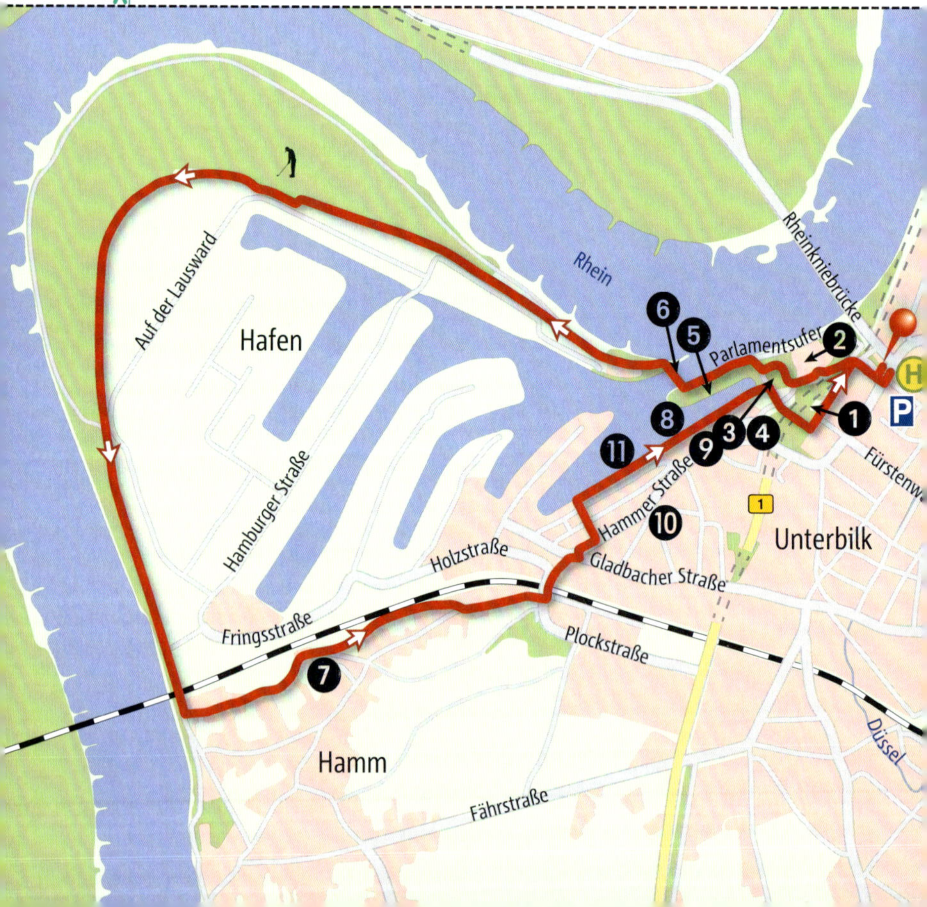

Alles auf einen Blick

WIE & WANN:

Asphaltierte Wege und Straßen, überwiegend für Fußgänger und Radfahrer; ganzjährig möglich, die Tour lohnt sich immer

HIN & WEG:

Auto: Parkplatz Q-Park Apollo Haroldstraße/Neusserstraße 14, 40213 Düsseldorf (GPS 51.21824271013229, 6.767248353121815)
ÖPNV: Straßenbahn 706, 708, 709 bis Landtag/Kniebrücke

ESSEN & ENTSPANNEN:

Curry ❾ Hammer Straße 2, 40219 Düsseldorf,
Tel. (02 11) 3 03 28 57, www.curry-deutschland.de
Eigelstein ❿ Hammer Straße 17, 40219 Düsseldorf,
Tel. (02 11) 6 02 74 77, www.eigelstein-duesseldorf.com

Entspannung ★★★★☆
Genuss ★★★★★
Romantik ★★★☆☆

Berens am Kai ⓫ Kaistraße 16, 40221 Düsseldorf,
Tel. (02 11) 3 00 67 50, www.berensamkai.de

ENTDECKEN & ERLEBEN:

Bürgerpark ❶
Landtag ❷ Platz des Landtags 1, 40221 Düsseldorf
Rheinturm Düsseldorf ❸ Stromstraße 20, 40221 Düsseldorf,
Tel. (02 11) 8 63 20 00, www.rheinturm.de
Stadttor Düsseldorf ❹ Stadttor, 1, 40219 Düsseldorf
Düsseldorfer Medienhafen ❺
Fußgängerbrücke Medienhafen ❻
Kappes-Hamm ❼
Gehry-Bauten ❽ Neuer Zollhof 3, 40221 Düsseldorf

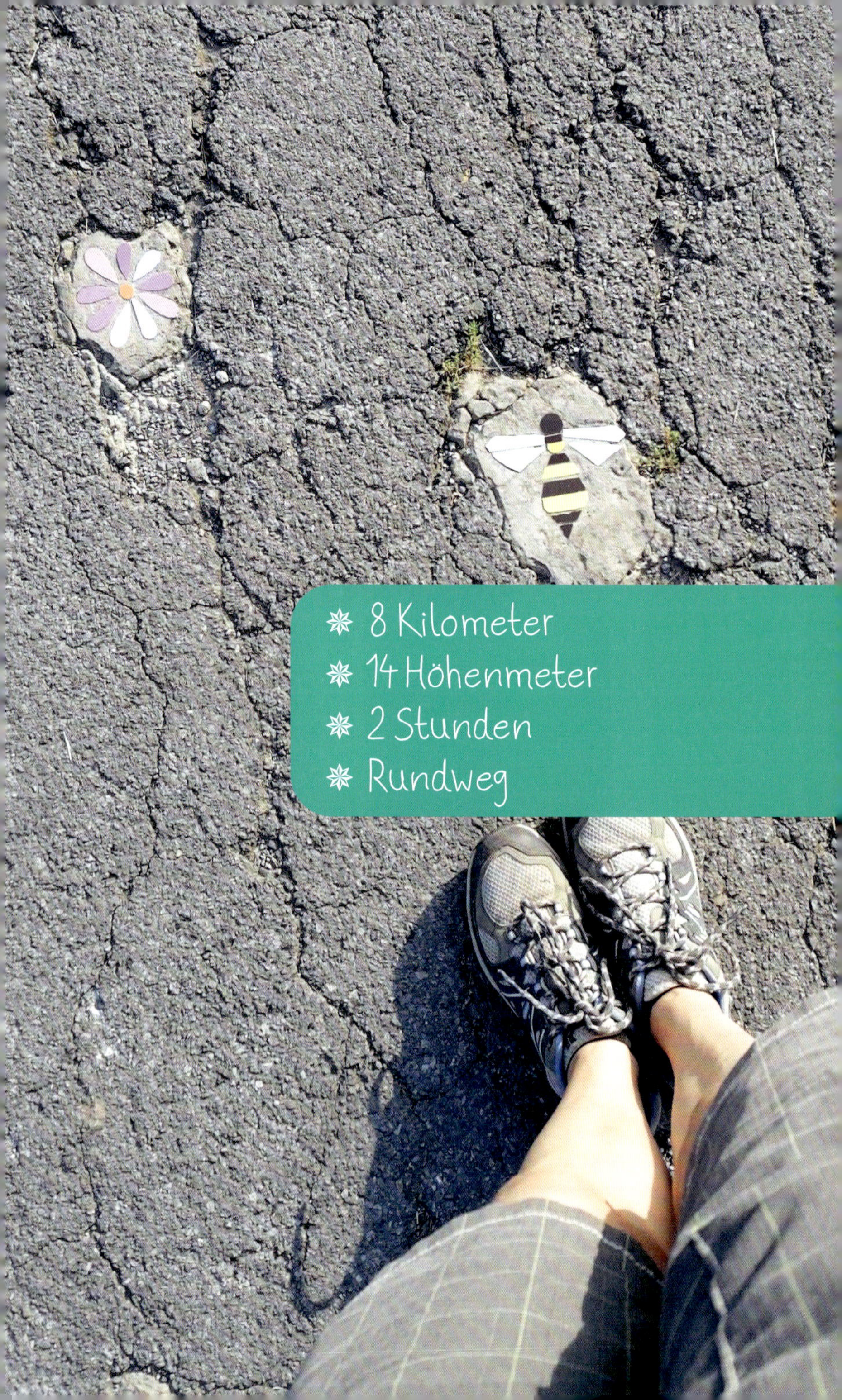

✵ 8 Kilometer
✵ 14 Höhenmeter
✵ 2 Stunden
✵ Rundweg

An der **U-Bahn-Haltestelle Klemensplatz** überqueren wir aus der Fahrtrichtung Düsseldorf kommend die Bahngleise nach links, gehen geradeaus über die Fußgängerampel und den **Klemensplatz** in Richtung des historischen Stadtkerns von Kaiserswerth. Einst war der Ort eine mittelalterliche (Kloster-)Siedlung, später Reichsstadt, seit 1929 ist er ein zu Düsseldorf gehörender Stadtteil, direkt am Rhein gelegen. Nach dem Klemensplatz folgen wir weiter geradeaus der Straße **Kaiserswerther Markt** – rechts sehen wir etwas zurückgesetzt hinter Bäumen das große Gebäude der Gemeinschaftsgrundschule Kaiserswerth, einen prächtigen denkmalgeschützten Bau von 1914 auf einer alten Bastion. Immer weiter geradeaus laufen wir über den

Suitbertus lebte ungefähr von 637 bis 713 und war ein christlicher Missionar aus Angelsachsen, der insbesondere den germanischen Stamm der Brukterer zwischen Ruhr und Lippe missionierte. Er gründete um 700 auf einer Rheininsel das Kloster Kaiserswerth und war dessen erster Abt. Dort starb er auch. Er wird als Heiliger verehrt.

Zeitzeugen
Rund um Kaiserswerth

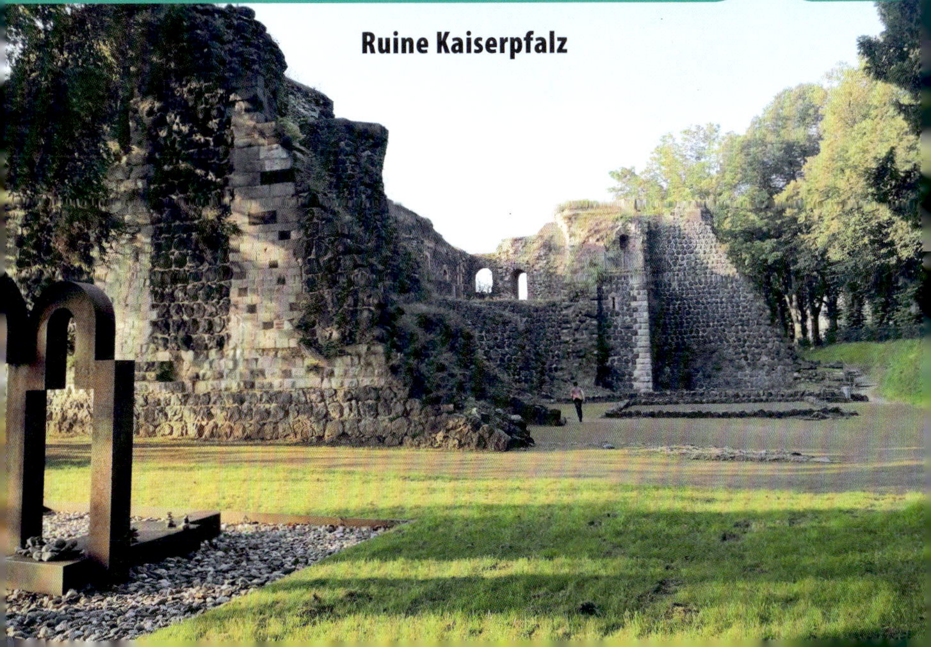
Ruine Kaiserpfalz

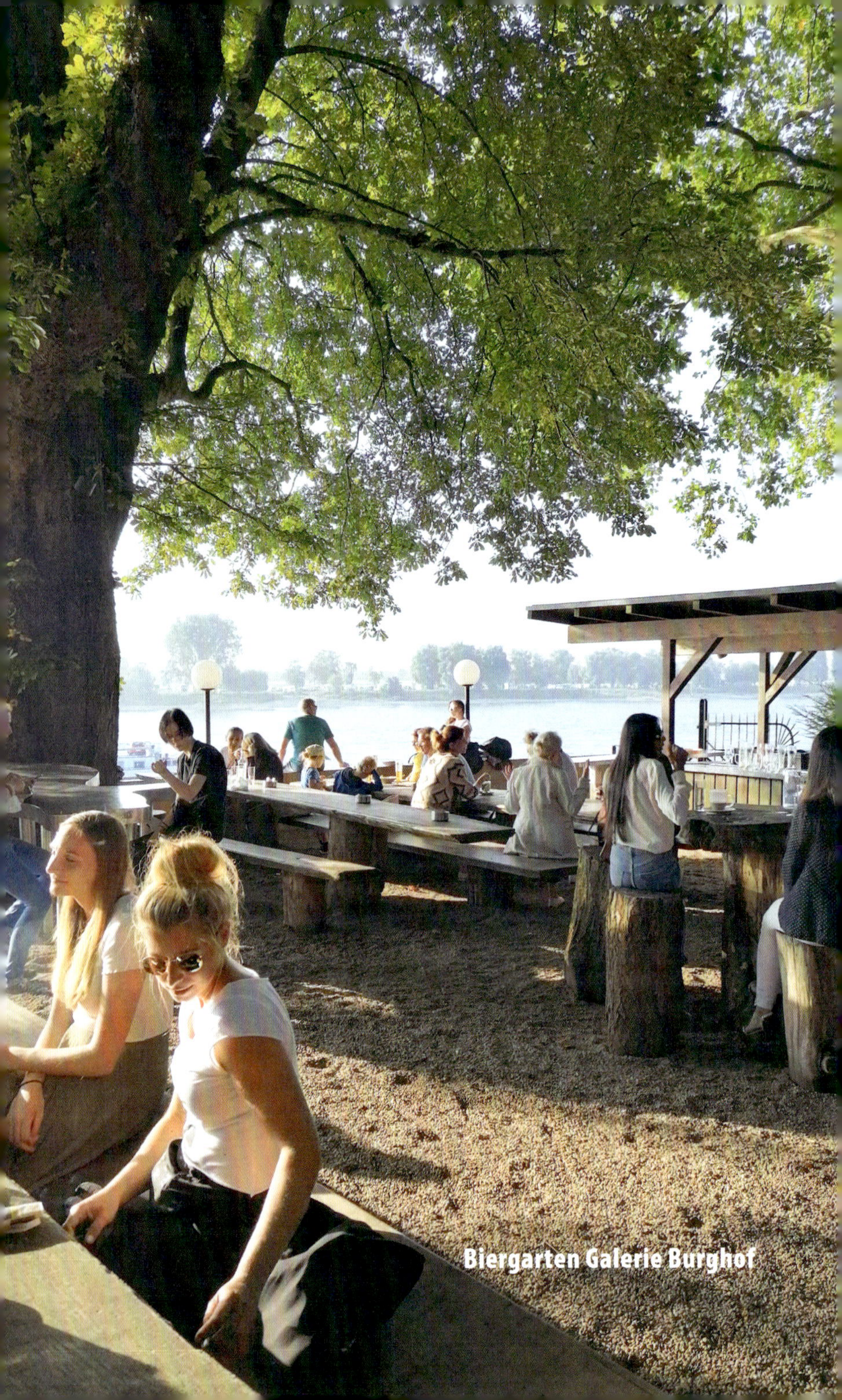

Biergarten Galerie Burghof

Marktplatz Kaiserswerth ❶. Hier reiht sich ein historisches Gebäude an das nächste; viele von ihnen gehen auf die Kaiserswerther Diakonie zurück, die hier 1836 von Theodor und Friederike Fliedner gegründet wurde. Bis 2020 war der Marktplatz gesäumt von 20 alten Kastanienbäumen, die jedoch aufgrund ihres Zustandes gefällt werden mussten. Seit Sommer 2021 zieren nun 20 japanische Kirschbäume in Kübeln den Platz. Am Ende des Platzes sehen wir schon den Rhein, biegen jedoch in dem Gebäude nach dem Restaurant „Im Schiffchen" nach links in die **Dauzenbergstraße** ab – einen Fußgängerdurchgang, der mit dem D markiert ist. Kurz danach mündet die kleine Straße auf den **Suitbertus Stiftsplatz ❷.** Mit seinen alten Häusern und der vor uns aufragenden Nordseite der großen zwischen dem 11. und 13. Jahrhundert erbauten **Basilika St. Suitbertus** befinden wir uns auf einmal in einer ganz anderen Welt und Zeit. War es am Marktplatz mit seinen Geschäften und Außengastronomie noch quirlig und belebt, herrscht hier eine friedliche Stille. Auf dem Stiftsplatz sind wir umgeben von historischen Gebäuden, fühlen uns fast wie in einer Filmkulisse. Wir gewinnen augenblicklich Abstand von unserem Alltag.

Die Kaiserpfalz Kaiserswerth ist die Ruine einer Festungsanlage, die Kaiser Friedrich Barbarossa ausbauen ließ und die 1193 fertiggestellt wurde. An dieser Stelle – die einstmals eine künstlich angelegte Rheininsel war – stand um das Jahr 700 bereits ein fränkischer Fronhof, der sich später zu einer Zollfeste entwickelte.

Für die Seele

An historisch bedeutsamen Orten verbinden wir uns mit der Vergangenheit und denken darüber nach, was uns wichtig ist. Welche Spuren wollen wir hinterlassen?

Wir halten uns an der Basilika rechts, gehen um die Rückseite der mächtigen Kirche herum und folgen der **Burgallee** nach links. Rechts von uns fließt der Rhein, wir laufen durch die wunderschöne Allee, flankiert von hohen Bäumen, knapp 100 Meter bis zur Ruine der **Kaiserpfalz Kaiserswerth ❸.**

Unter den hohen alten Bäumen im Biergarten der Galerie Burghof lässt es sich wunderbar entspannt den Schiffen auf dem Rhein zuschauen und die rustikalen Leckereien genießen – von Flamm- und Pfannkuchen bis hin zu Salaten und Brezeln.

Unmittelbar neben der Kaiserpfalz liegt einer der schönsten Biergärten Düsseldorfs – die **Galerie Burghof** ④.

Vom Biergarten aus gehen wir zunächst zurück in Richtung Altstadt, laufen am Ende der Baumallee links ein paar Treppenstufen hinunter auf den **Herbert-Eulenberg-Weg,** die Rheinuferpromenade von Kaiserswerth, und setzen unseren Weg nach rechts fort. An den letzten Häusern der Altstadt von Kaiserswerth knickt der Herbert-Eulenberg-Weg nach rechts ab, wir folgen jedoch geradeaus dem Uferweg, der ab hier **Leinpfad** heißt. Diesem folgen wir nun für gut 2 Kilometer Richtung Wittlaer durch die typische Niederrheinlandschaft: Links der Fluss, der hier eine lang gestreckte, flache Kurve macht und sich deshalb 13 Kilometer weit überblicken lässt, rechts von uns säumen Kopfweiden und Pappeln unseren Weg. Nach 1,3 Kilometern liegt das **Haus Werth** ⑤ am Wegesrand, ein schöner Fachwerkbau, der früher als Treidelstation diente. Hier konnten Menschen und Pferde, die Schiffe an langen Seilen flussaufwärts zogen, pausie-

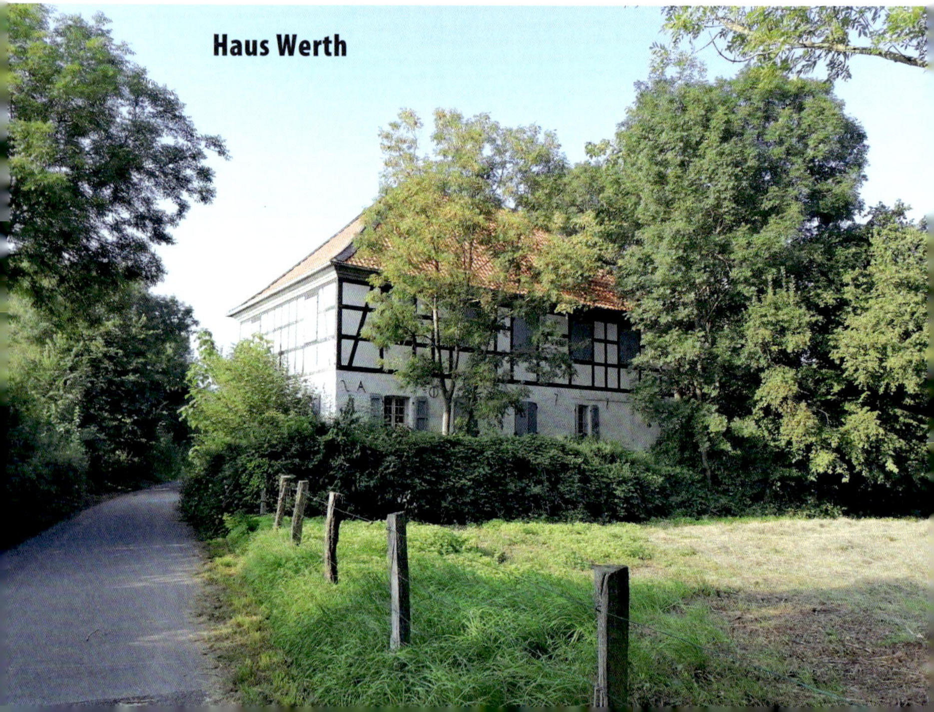

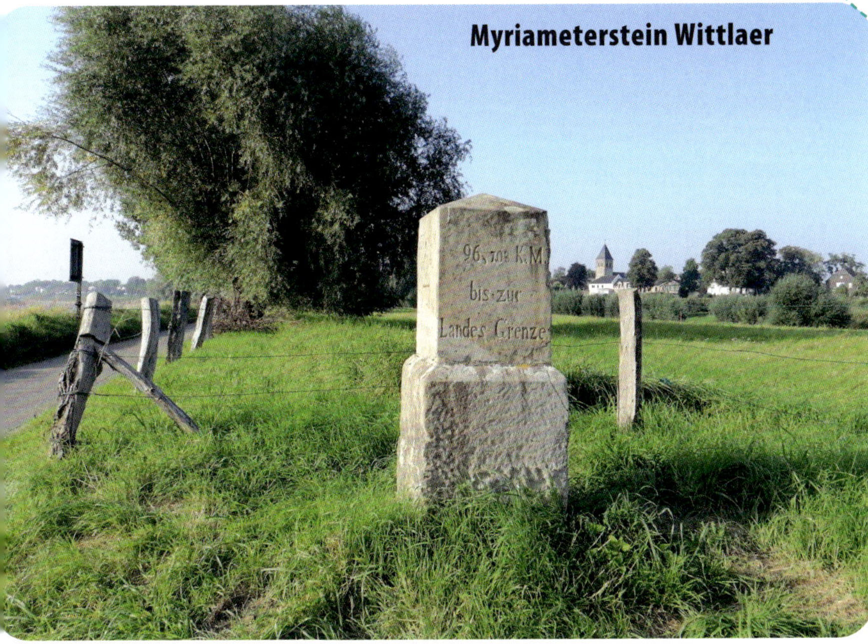

Myriameterstein Wittlaer

ren und sich erfrischen. 300 Meter später sehen wir den **Myriameterstein Wittlaer** ❻ rechts des Weges.

Rechts des Leinpfades, dem wir hier rheinabwärts folgen, liegt ein Wasserschutzgebiet, dahinter erahnen wir das Bett des Schwarzbachs, sehen die Häuser des Düsseldorfer Stadtteils **Wittlaer** und auch schon die Kirche von **St. Remigius.** Ungefähr 1 Kilometer nach dem Myriameterstein – wo der Schwarzbach in den Rhein mündet – macht der Leinpfad einen Bogen nach rechts. An der T-Kreuzung biegen wir nach rechts auf den Rheinuferweg ein (Markierung A 2) und folgen diesem für 250 Meter, bis wir vor dem urigen Restaurant und Biergarten **Brands Jupp** ❼ stehen. Auch hier lassen sich im Sommer im Schatten der großen Bäume das Leben und die regionalen sowie saisonalen Spezialitäten genießen. Unser Weg geht geradeaus durch den Biergarten hindurch – an der rechten Ecke des Wirtshauses mündet ein kleiner Wiesenpfad zurück Richtung Kaiserswerth. Zwi-

Die Myriametersteine sind historische Vermessungssteine. 1867 wurden sie alle 10 Kilometer beidseitig entlang des Rheins gesetzt und waren bis 1890 gültig. Heute sind noch 70 davon erhalten, der Myriameterstein Wittlaer ist der 59. Er markiert den Rheinkilometer 757,48 auf seiner Strecke von Basel nach Rotterdam.

schen dem Pfad und dem Rhein liegt nun der Schwarzbach, dessen Lauf wir bachaufwärts folgen. 130 Meter später zweigt nach links eine kleine Treppe hoch zur Kirche St. Remigius ab, einer romanischen Basilika aus dem 12. oder 13. Jahrhundert. Ein Abstecher lohnt sich! Wir folgen jedoch dem Wiesenpfad für weitere 750 Meter, bis er an die **Duisburger Landstraße** stößt, überqueren diese geradeaus und kurz danach auch die Gleise der Straßenbahn. Der Weg ist nach wie vor mit A 2 markiert. Auf der anderen Seite der Gleise halten wir uns rechts, der Waldweg folgt dem Lauf des Schwarzbachs, links von uns öffnet sich kurz danach Wiesengelände. Nach einer flachen Linkskurve stoßen wir auf die kleine Straße **Am Schwarzbach,** biegen in diese rechts ein und folgen ihr kurz danach nach rechts durch das Gelände der **Einbrunger Mühle** hindurch. Kurz nach der Mühle macht die Straße wieder eine Rechtskurve und führt uns durch die Felder hindurch. An der nächsten Kreuzung biegen wir nach links ab, immer noch der A 2-Markierung folgend. Kurz darauf gelangen wir an eine T-Kreuzung, hier

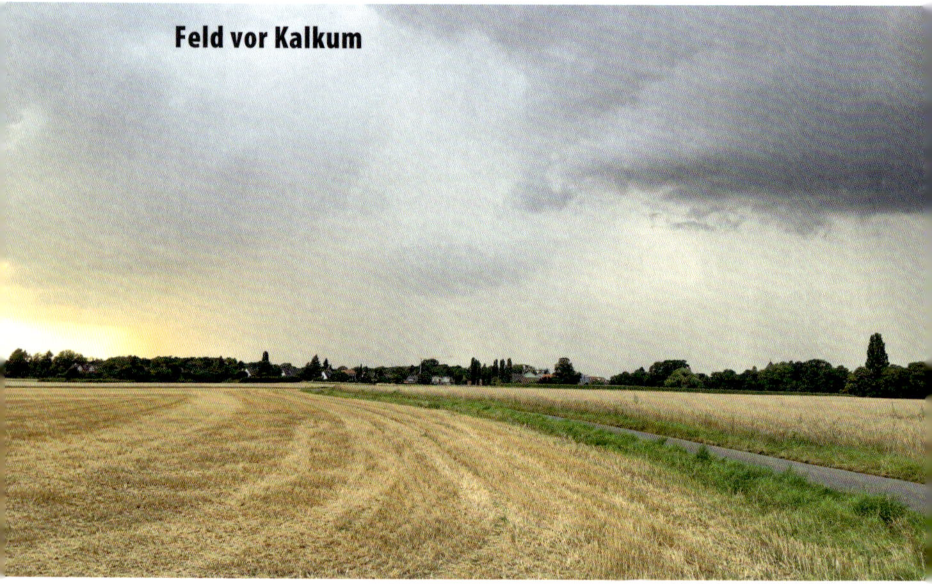

Feld vor Kalkum

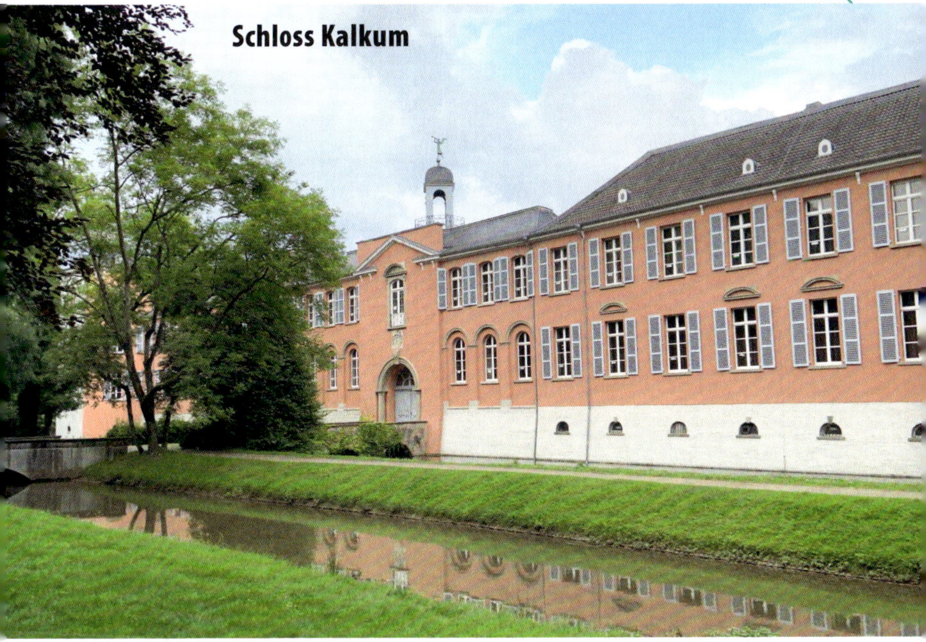

biegen wir nach rechts ab. Wir sind immer noch auf den Feldern, nähern uns aber schon dem Ortsrand von Kaiserswerth. Die Straße macht eine weite Linkskurve, und wir stoßen auf die **Kalkumer Schlossallee,** queren diese, gehen noch ein paar Meter geradeaus auf dem Weg A 2 und biegen dann nach links ab auf die Baumallee, die direkt in den Kalkumer Schlosspark und zum **Schloss Kalkum** ⑧ führt. Wir durchschreiten das Tor zum Park und halten geradeaus auf das Schloss zu, das wir hier schon durch die Bäume blitzen sehen. Der Weg führt uns zur Westfassade des klassizistischen Wasserschlosses, direkt vor das Portal mit dem Posaunenengel auf dem Turmaufsatz des Schlossdaches.

Hier gehen wir nach rechts und folgen dem Wassergraben des Schlosses bis zur nächsten Kreuzung, laufen wiederum rechts, an der nächsten Kreuzung nach links. Nach ungefähr 50 Metern zweigt eine hübsche Hainbuchenallee nach rechts ab, ihr folgen wir

Das Wasserschloss Kalkum lässt sich auf einen der ältesten Rittersitze der Region zurückführen und wurde im Lauf der Jahrhunderte mehrfach umgebaut, bis es seine heutige Gestalt erhielt. Es gilt als ein besonders schönes Beispiel für den klassizistischen Schlossbau im Rheinland. 2019 verkaufte das Land NRW Schloss Kalkum an einen Projektentwickler, die Zukunft des Baus ist ungewiss.

aber nicht, sondern bleiben auf unserem Weg, der gleich eine Linkskurve macht und auf die **Oberdorfstraße** stößt. Wir überqueren sie und gehen auf der gegenüberliegenden Straßenseite nach rechts und dann immer geradeaus in die **Kreuzbergstraße** hinein, der wir ebenfalls immer geradeaus folgen – für insgesamt 850 Meter. Wir passieren dabei das Gelände des Florence-Nightingale-Krankenhauses. Es ist nach der Begründerin der modernen westlichen Krankenpflege benannt, die 1851 mehrere Monate in der Kaiserswerther Diakonie hospitierte. Am Ende der Kreuzbergstraße biegen wir vor den Straßenbahnschienen nach links ab und gelangen nach weiteren 150 Metern wieder zur Straßenbahnhaltestelle Klemensplatz – dem Endpunkt unserer Wanderung.

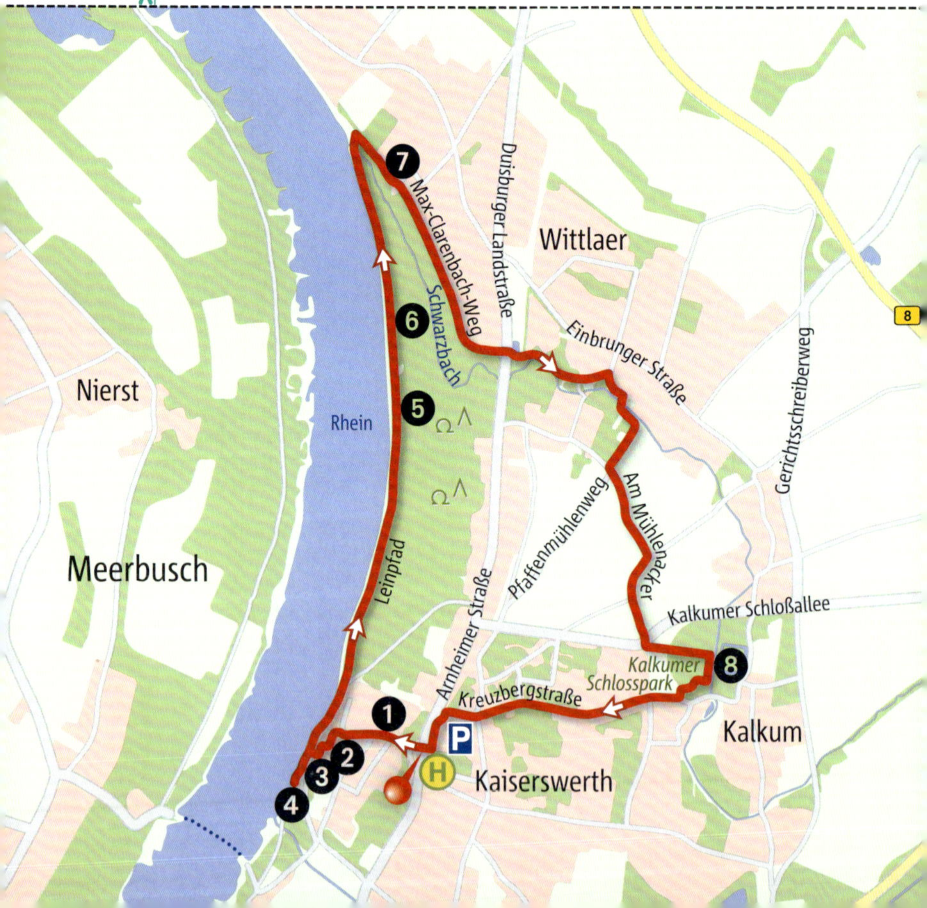

Alles auf einen Blick

WIE & WANN:
Die Wanderung führt zu einem Großteil über Asphalt- und Schotterwege; ganzjährig möglich, besonders schön von April bis Oktober

HIN & WEG:
Auto: Parkplatz an der Ecke Arnheimer Straße/Kreuzbergstraße, Kaiserswerth, 40489 Düsseldorf (GPS 51.30330000552622, 6.740836379969328)
ÖPNV: U79 bis Klemensplatz

ESSEN & ENTSPANNEN:
Galerie Burghof ❹ Burgallee 1, 40489 Düsseldorf, Tel. (02 11) 40 14 23, www.galerie-burghof.de
Brands Jupp ❼ Kalkstraße 49, 40489 Düsseldorf, Tel. (02 11) 40 40 40, www.brandsjupp.de

Entspannung ✸✸✸✸ (4 von 5)
Genuss ✸✸✸✸✸
Romantik ✸✸✸✸✸

ENTDECKEN & ERLEBEN:
Marktplatz Kaiserswerth ❶
Suitbertus Stiftsplatz ❷
Kaiserpfalz Kaiserswerth ❸
Haus Werth ❺
Myriameterstein Wittlaer ❻
Schloss Kalkum ❽ Oberdorfstraße 10, 40489 Düsseldorf

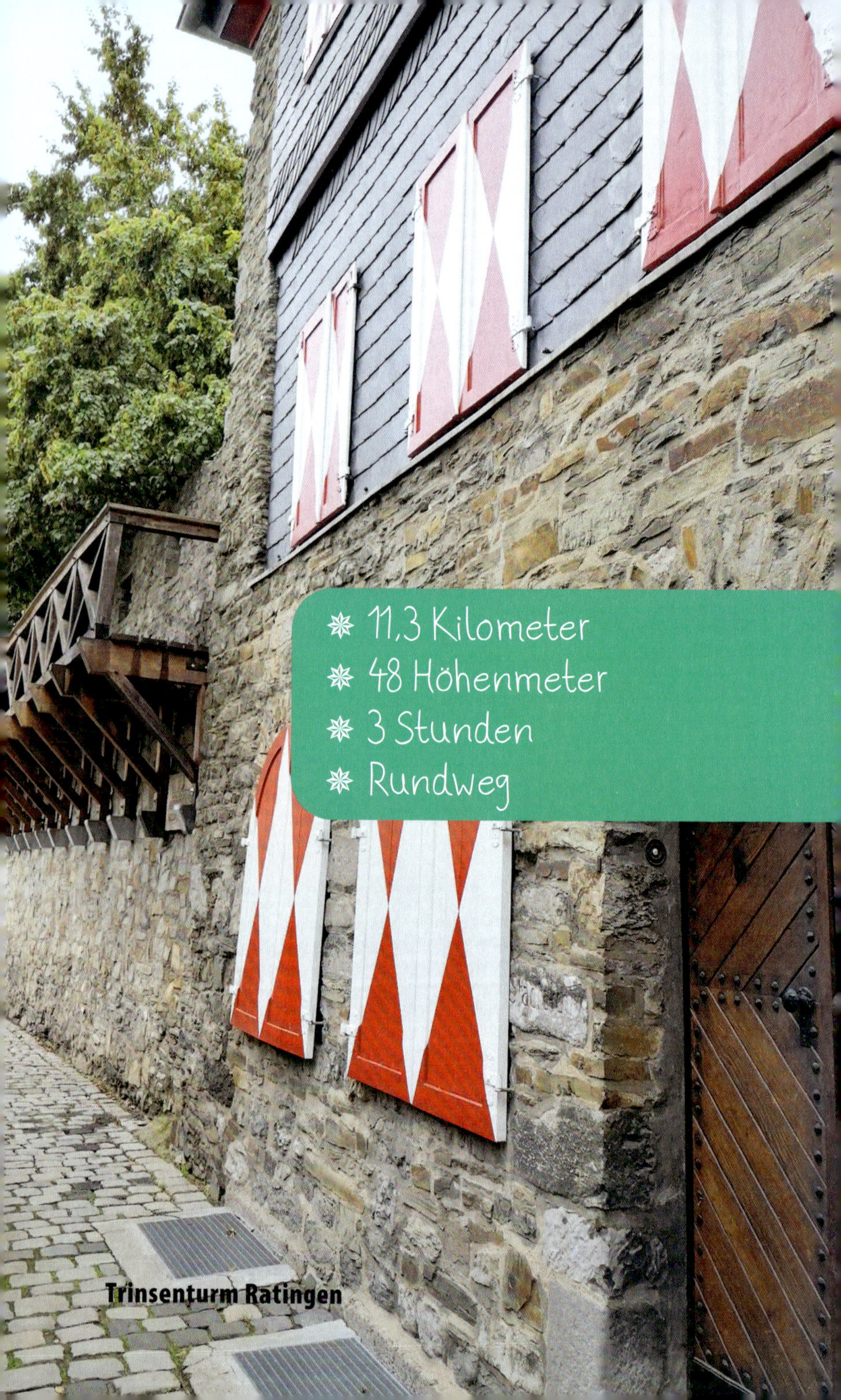

- 11,3 Kilometer
- 48 Höhenmeter
- 3 Stunden
- Rundweg

Trinsenturm Ratingen

links (markiert mit Neanderlandsteig, Kreis, Balken, Dreieck) und erfreuen uns an der idyllischen Wiesen- und Weidelandschaft, die uns hier schon umgibt. Unten angekommen, führt uns die Straße über eine kleine Brücke, dann sehen wir auch schon rechts das **Haus zum Haus ②**, eine aus dem 13. Jahrhundert stammende mittelalterliche Burganlage und die eigentliche „Keimzelle“ Ratingens.

Der Weg durch die Vorburg und der Burginnenhof sind öffentlich zugänglich, eine Besichtigung lohnt sich! Dort befindet sich auch das **Restaurant Wasserburg ③**. Unser Weg führt geradeaus weiter mit den bekannten Markierungen, aus der Straße wird ein geschotterter Weg, der in einem Bogen um die Wasserburg herumführt und auf eine kopfsteingepflasterte

Für die Seele

Unter freiem Himmel, dennoch umgeben von schützenden Mauern – in der mittelalterlichen Burg Haus zum Haus spüren wir, warum Begrenzungen wichtig sind.

Straße stößt. Dort gehen wir nach links und gleich wieder rechts, überqueren ein Bahngleis und halten uns danach wiederum rechts. Wir befinden uns nun auf einem schönen Waldweg, wandern an einem allein gelegenen Anwesen vorbei und gehen an der Kreuzung danach, Dreieck, Kreis und A 3 folgend, geradeaus weiter. Wir laufen auf diesem markierten Hauptweg auch an den Gabelungen. Wo wir auf einen breiteren geschotterten Querweg stoßen, laufen wir nach links (A 3, Neanderlandsteig), kurz danach geradeaus (Markierungen X, A 4, Kreis, Dreieck). Wir wandern über eine kleine Hochfläche mit wenig Bäumen, danach geht es wieder etwas bergab. Unser Weg macht eine deutliche Rechts- und anschließend eine

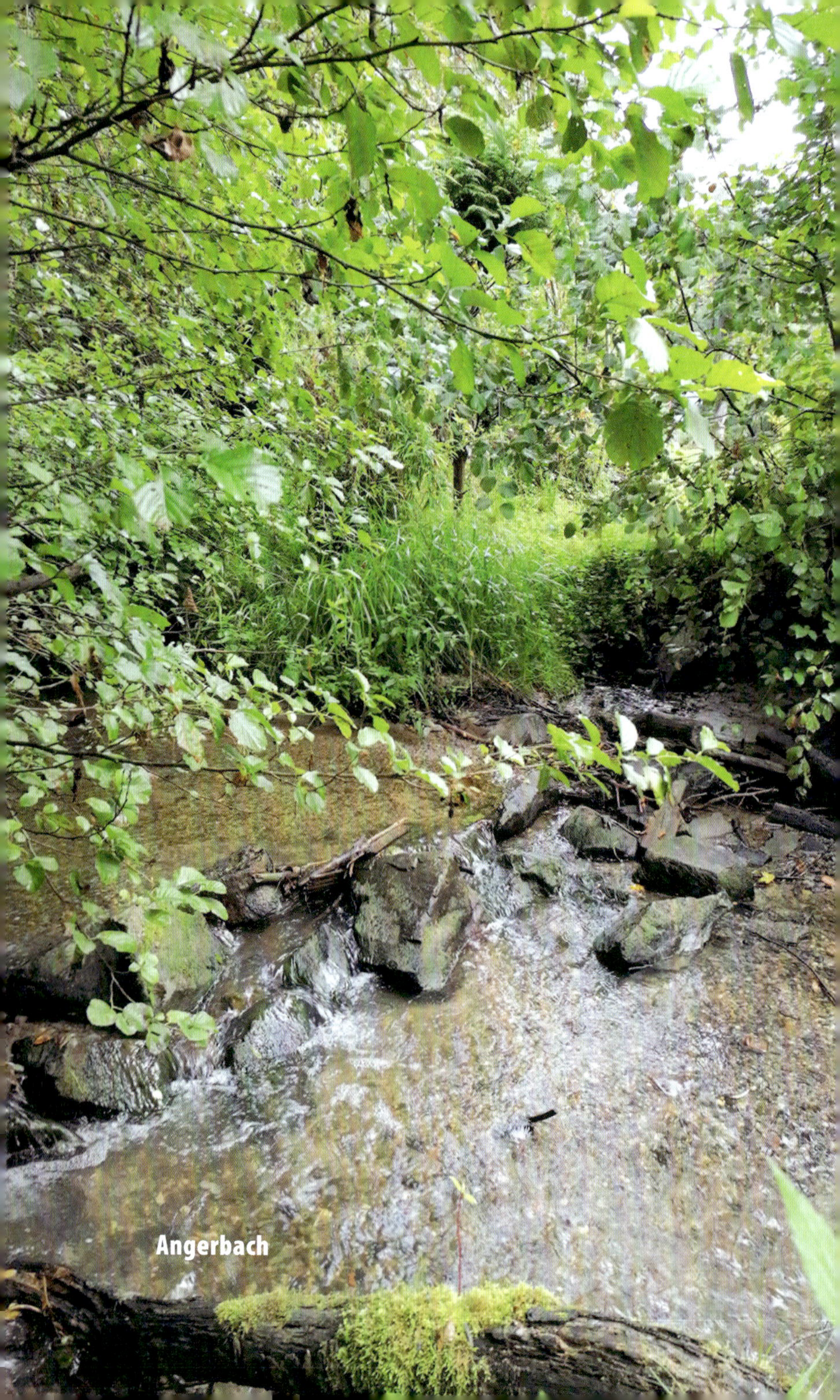
Angerbach

Linkskurve, überquert den **Hinkesforstgraben.** An der nächsten Kreuzung laufen wir mit dem Kreis/A 5 nach rechts. Wir sind hier mitten im **Rather Stadtwald** – ein Laubmischwald, wir sehen Birken, Eichen, Buchen, Schwarzkiefern, immer wieder unterbrochen von Freiflächen, auf denen Farn wächst. An der nächsten Kreuzung laufen wir geradeaus weiter auf den mit A 8 markierten Weg, dem wir folgen – auch am nächsten Querweg, dort biegen wir nach rechts ab. Wo wir auf die Mülheimer Straße treffen, folgen wir ebenfalls dem A 8, gehen etwas nach links versetzt geradeaus weiter, in Fahrtrichtung entlang des Radwegs auf unserer Seite der Mülheimer Straße. Nach einem kurzen Stück wechseln wir an einem mit A 8 markierten Übergang die Straßenseite und wandern wieder in den Wald hinein, vorbei am Schild „Märchenzoo Blauer See“. Hier wird es schnell wieder wohltuend still um uns. Wir folgen dem A 8, rechts unterhalb liegt der Blaue See. An der nächsten Gabelung halten wir uns rechts, an der darauffolgenden Kreuzung geradeaus (A 8). Links liegt ein kleines Haus im Wald. Wir passieren eine Pferdekoppel, gehen durch eine rot-weiße Schranke. An dieser Kreuzung biegt der A 8 nach links ab, aber wir laufen weiter geradeaus mit Kreis und Balken über einen beschrankten Bahnübergang hinweg. Danach passieren wir das Gelände einer Ranch, gehen weiter auf einem asphaltierten Wirtschaftsweg, durch eine weitere Schranke. Danach sehen wir die Zeichen Doppelbalken und N und folgen diesem Wegweiser nach rechts auf einen kleinen Fußweg. Der kleine idyllische Waldweg führt zunächst noch an einer Pferdekoppel vorbei, dann in einem großen Linksbogen in den Wald hinein. Nach kurzer Zeit sehen wir unten rechts die

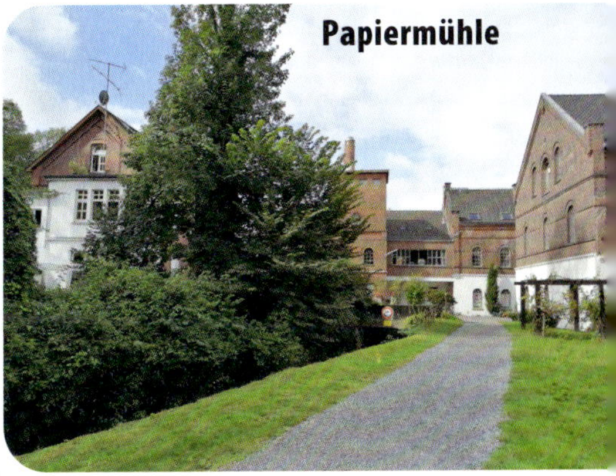

Papiermühle

Papiermühle liegen. Der Weg geht nun etwas steiler bergab – ein sandiger, schmaler Fußpfad. Unten angekommen, fließt rechts von uns der Angerbach. Wir folgen dann dem N geradeaus und nach rechts über eine kleine Brücke über den **Angerbach** und gelangen auf das Gelände der Papiermühle – ein eindrucksvolles Ensemble, in dem sich ein noch älterer Bau verbirgt: die Getreidemühle der Stadt Ratingen beim Hof zum Anger. Wir gehen unter den beiden roten Übergängen zwischen den Gebäuden hindurch und biegen danach (hinter dem Haus, mit „Wanderweg“ markiert) nach links ab. Der Weg führt uns über ein kleines Brückchen, macht danach eine Rechtskurve, immer am Angerbach entlang. Wir erreichen das Restaurant und den Biergarten des **Liebevoll! in der Auermühle 4**, einer ehemaligen Wassermühle.

Im Liebevoll! in der Auermühle ist der Name Programm. Ob im umfangreichen Außenbereich mit seinen lauschigen Sitzplätzen, auf der Speisekarte mit den regionalen und frisch zubereiteten Spezialitäten oder bei der Eventorganisation: Dass die Menschen hier ihren Job mit Liebe machen, spürt man sofort.

Wir halten uns rechts, gehen durch den Außenbereich mit seinen verschiedenen Sitzplätzen und am Spielplatz vorbei. Wir kommen über eine kleine Brücke, laufen über den Parkplatz. An dessen Ende halten

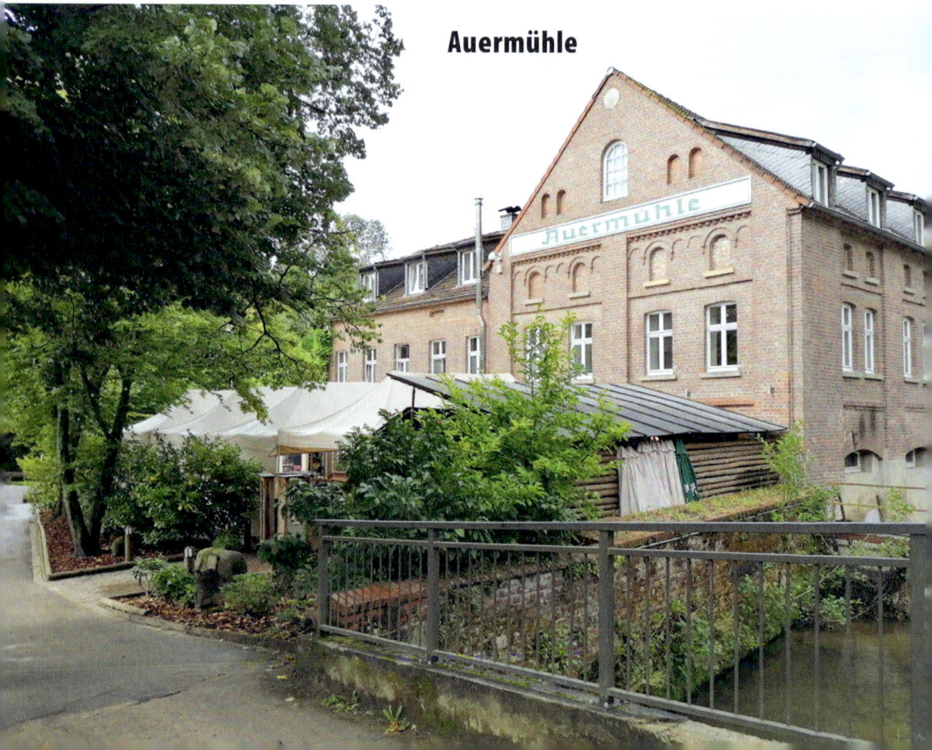

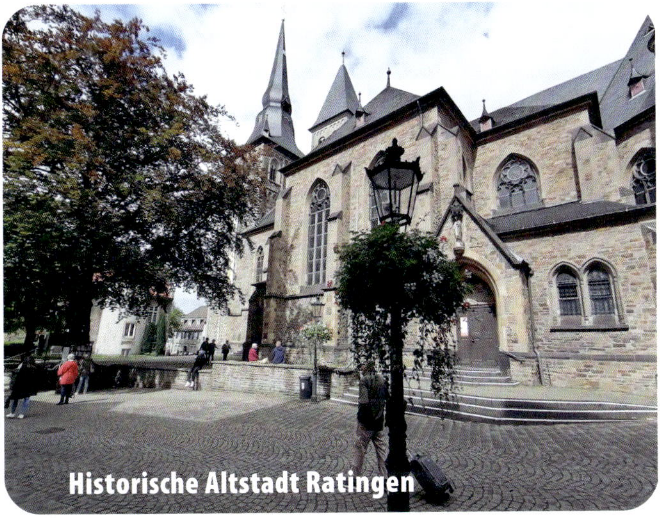

wir uns rechts, folgen der Straße, die sich in einer leichten Kurve den Hang hinaufzieht. Wir überqueren die Bahngleise, folgen der Straße durch eine Serpentine hindurch. Oben auf der Höhe kommen wir zu einer Wegspinne, wir halten uns hier rechts, gelangen aus dem Wald hinaus und gehen nun die (ruhige Wohn-)Straße **Auf der Aue** entlang – für etwa 850 Meter. Wir kommen an einen Bahnübergang, überqueren ihn, folgen der Linkskurve, die die Straße hier macht. Nach weiteren 280 Metern biegen wir an der **Herz-Jesu-Kirche** nach rechts in die **Hubertusstraße** ein und folgen ihrem Verlauf, bis wir kurz vor der Mündung der Kreuzstraße rechts die kleine Kreuzkapelle liegen sehen, das sogenannte **Heiligenhäuschen.** Wir gehen weiter die Straße entlang (die jetzt **Brückstraße** heißt), sehen an einem Baum die Markierungen Kreis und Doppelbalken, überqueren den etwas größeren **Maubeuger Ring** an der Fußgängerampel. Danach laufen wir weiter geradeaus. Wo wir in einer Kurve auf die **Bahnstraße** treffen, halten wir uns kurz nach links, wechseln an dem Zebrastreifen die Straßenseite, gehen auf der anderen Seite kurz nach rechts, dann gleich wieder nach links in die **Oberstraße.** Kurz danach wird sie zur Fußgängerzone, wir folgen ihr bis zum **Marktplatz.** Wir sind hier nun in der hübschen **historischen Altstadt von Ratingen** **5**, genießen das beschauliche Leben auf dem Platz und das Urlaubsgefühl, das sich in uns breitmacht. Rechts von uns erhebt sich die **katholische Kirche St. Peter und Paul.** Es gibt einige Restaurants und Cafés in den Häusern um den Platz herum. Wir lassen die Kirche rechts liegen, gehen weiter geradeaus über den Marktplatz und dann die **Düsseldorfer Straße** hinunter, immer noch in der Fußgängerzone. An deren Ende erkennen wir den Punkt, an dem wir zu Beginn der Tour in den Wehrgang eingebogen sind, gehen an der Fußgängerampel über die Grabenstraße und so lange geradeaus, bis wir links die U-Bahn-Haltestelle sehen – das Ende unserer Tour.

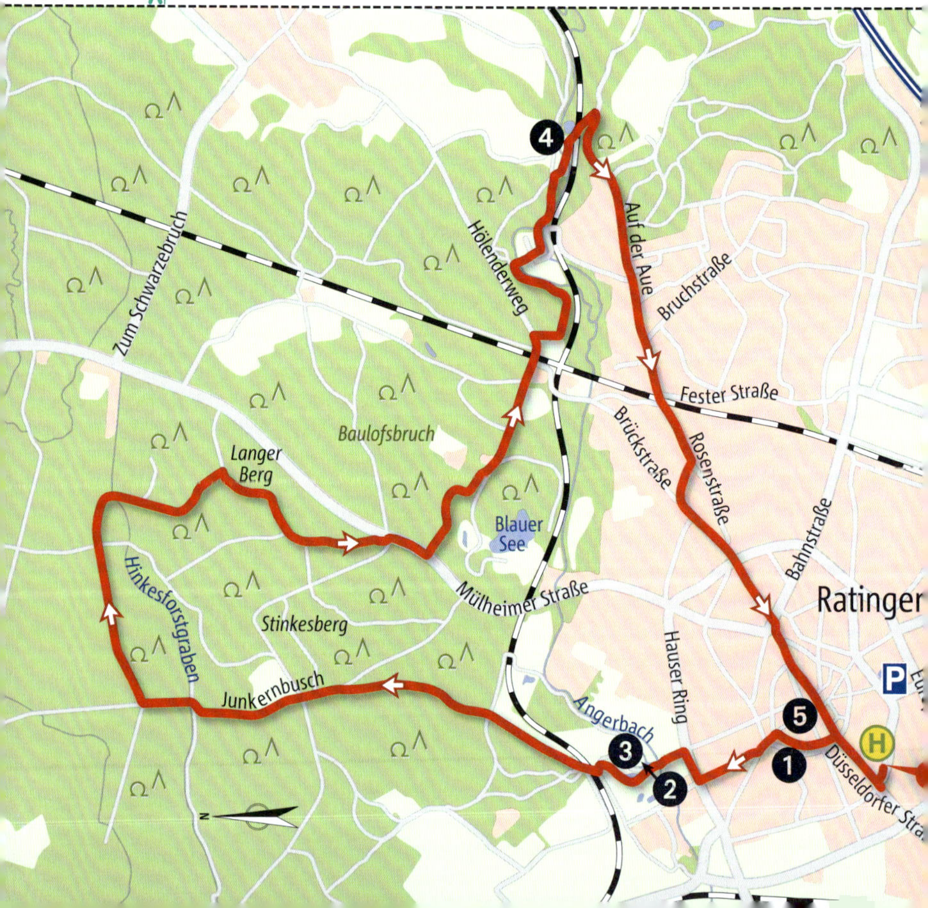

Alles auf einen Blick

WIE & WANN:
Der größte Teil der Tour verläuft auf Pfaden, Natur- und Schotterwegen; ganzjährig möglich, schönste Zeit April bis Oktober

HIN & WEG:
Auto: Parkplatz an der Stadthalle, Hans-Böckler-Straße 3, 40878 Ratingen (GPS 51.294625345945555, 6.8508541745370115)
ÖPNV: U72 bis Ratingen-Mitte

ESSEN & ENTSPANNEN:
Restaurant Wasserburg ❸ Haus zum Haus 8, 40878 Ratingen, Tel. (0 21 02) 2 25 86, www.wasserburg-restaurant.de
Liebevoll! in der Auermühle ❹ Auermühle 1, 40882 Ratingen, Tel. (0 21 02) 89 29 80, www.liebevoll.de

Entspannung ✱✱✱✱✱
Genuss ✱✱✱✱✱
Romantik ✱✱✱✱✱

ENTDECKEN & ERLEBEN:
Trinsenturm ❶ mit Spielzeugmuseum, Wehrgang 1, 40878 Ratingen
Haus zum Haus ❷ Haus zum Haus 8, 40878 Ratingen, www.hauszumhaus.de
Historische Altstadt von Ratingen ❺ Marktplatz, 40878 Ratingen

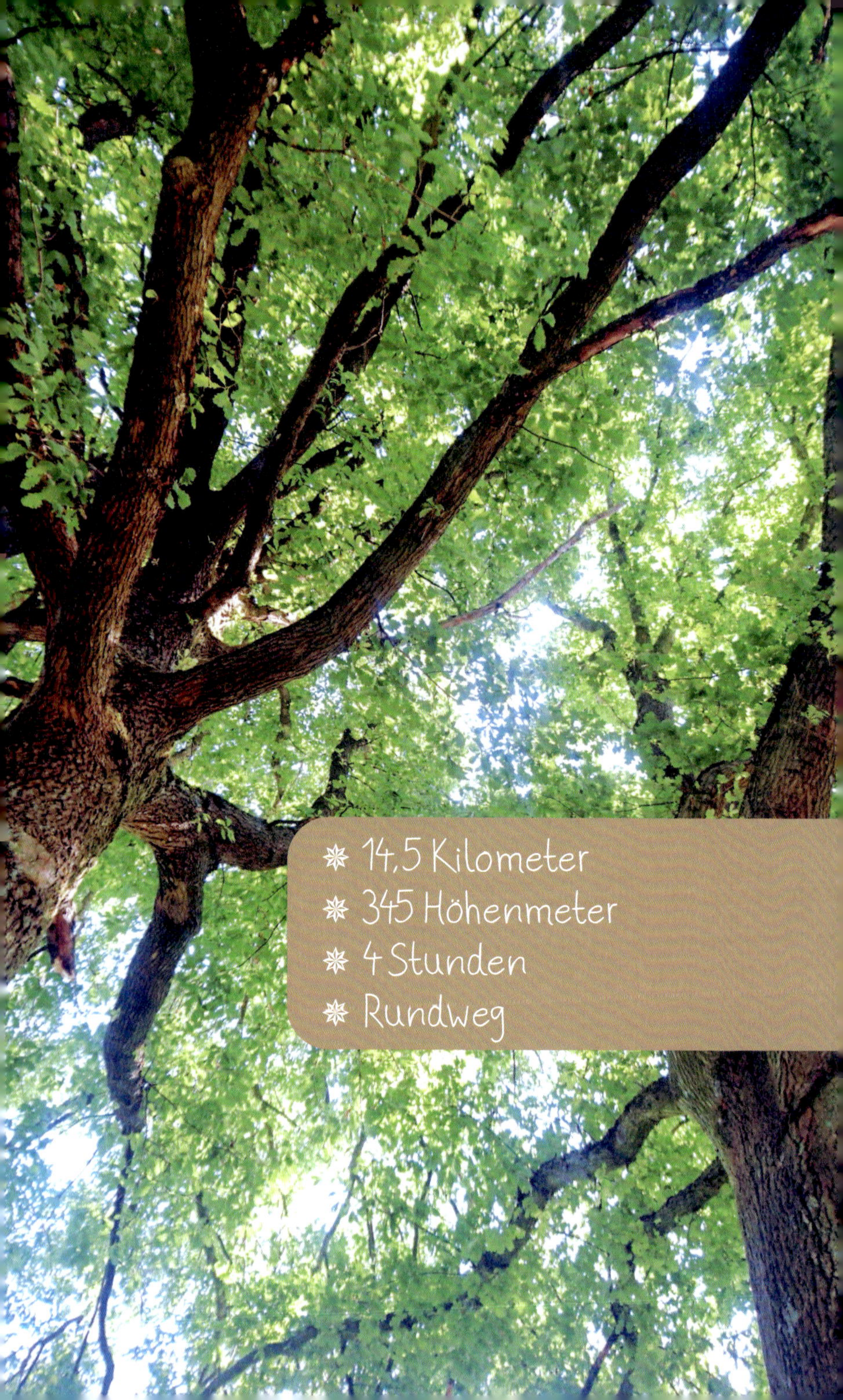

- 14,5 Kilometer
- 345 Höhenmeter
- 4 Stunden
- Rundweg

Wir verlassen aus Richtung Düsseldorf kommend an **der S-Bahn-Station Gerresheim** die S-Bahn, wenden uns nach links, gehen geradeaus die Treppen hinunter, nach links durch die Unterführung und nach rechts die Treppe wieder hinauf und am Ende des Bahnhofgebäudes erneut nach links. An der Fußgängerampel überqueren wir die Straße **Im Brühl** und laufen sie nach rechts entlang. Sie führt aufwärts und oben angekommen, bevor wir über die Bahngleise kommen, biegen wir nach links ab. Die Straße führt uns in einem großen Linksbogen zur **Morper Straße,** dort gehen wir nach rechts. Ungefähr 50 Meter vor einer Unterführung laufen wir nach links über die Straße und in die hier deutlich schmalere Fortführung der Morper Straße hinein, ausgeschildert als Sackgasse und mit Wegweisern zum **Naturfreundehaus** und Heinrich-Tschokke-Haus. Am Haus Nr. 122 macht die Straße eine Linkskurve, es geht nun leicht bergauf. In einer Rechtskurve liegt das Naturfreundehaus. An der nächsten Kreuzung wandern wir nach links den Berg hoch – durch den schönen Buchenwald, in dem wir

Alte Wege

Durch das Rotthäuser Bachtal

uns auf dieser Wanderung sehr oft befinden. Schon hier merken wir, wie wir tiefer atmen und unsere Lungen sich mit Sauerstoff füllen. Oben angekommen, wenden wir uns nach rechts und erreichen kurz danach den links von uns liegenden Eingang zum **Waldfriedhof Gerresheim,** den wir durch das Tor betreten. Im

Friedhof selbst wählen wir den zweiten Weg nach rechts. Sobald wir auf ihm die Hügelkuppe hinter uns gelassen haben, sehen wir halb links ein weiteres Friedhofstor liegen, durch das wir den Friedhof wieder verlassen. Wir gehen geradeaus weiter und biegen nach 50 Metern nach links durch ein weiteres Friedhofstor ab. Der kleine Fußpfad führt uns an einem Zaun entlang, links geht es in ein steiles Tal hinunter. Wo wir aus dem Wald herauskommen, biegen wir nach rechts und laufen immer am Rand der kleinen Lichtung entlang. Gleich danach sehen wir schräg rechts vor uns den **Gerresheimer Sendemast** und gehen an der Gabelung nach links. Wir passieren eine Bank, an der darauffolgenden Weggabelung halten wir uns nach links unten und tauchen wieder in den Wald ein. In einer Rechtskurve zweigen wir ab und laufen geradeaus steil nach unten in eine Senke. Bevor der Weg wieder ansteigt, halten wir uns links und gehen rechts an der sich vor uns ausbreitenden **Hasenwiese** entlang. Hier haben wir einen schönen Blick auf den Turm der

Der Name des Düsseldorfer Stadtteils Gerresheim geht zurück auf Gerricus (Gerrich), einen fränkischen Edelmann aus dem 9. Jahrhundert. Er pflegte gute Beziehungen zum Papst und wurde deshalb in der Kirche als Seliger bezeichnet. Seine Gebeine liegen in einem Sarkophag aus dem 14. Jahrhundert in der Basilika St. Margareta.

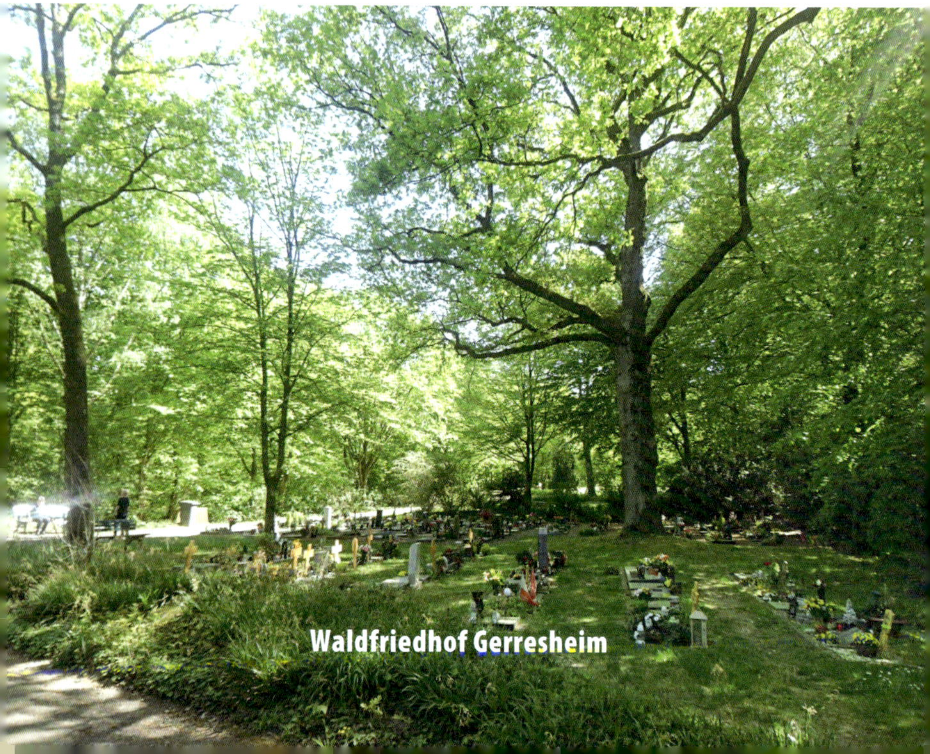

Waldfriedhof Gerresheim

Gerresheimer **Basilika St. Margareta.** Am Ende der Hasenwiese laufen wir nach rechts und kommen am **Gerricus Pützchen** vorbei, einer kleinen Kapelle.

Wo der Weg in eine Asphaltstraße mündet, gehen wir nach links und überqueren den **Pillebach.** Gleich nach der Brücke laufen wir wieder nach rechts und am Pillebach entlang, links von uns befinden sich Kleingärten. Der Weg endet an einem rot-weißen Pfosten, hier gehen wir nach rechts über die Brücke, wechseln die Straßenseite und laufen auf der anderen Seite weiter auf dem Fußweg am Pillebach entlang. Der Bach fließt nun links von uns. Es gibt immer wieder Sitzbänke, und wir sehen hier die ersten Kopfweiden. Der parallel verlaufende Reiterweg kreuzt unseren Weg, wir gehen geradeaus weiter, kurz

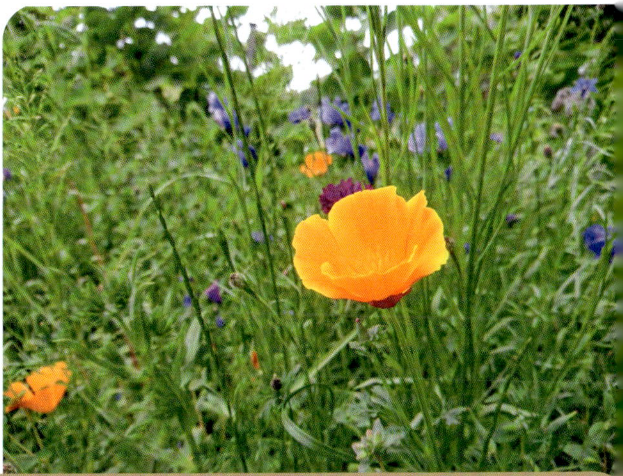

Für die Seele

Schnell raus aus der Stadt, losgehen, Grün atmen, die ewig kreisenden Gedanken loslassen – und auf einmal sind wir mittendrin im Hier und Jetzt.

danach jedoch in einer Haarnadelkurve nach rechts. Wir sind hier nun auf dem **Düsseldorfer Weg,** der mit einem D markiert ist, dem wir nun für einen großen Teil der Wanderung folgen.

An der nächsten Weggabelung gehen wir nach links und an einer Kreuzung geradeaus – hier wird aus dem etwas breiteren Weg ein schmaler Fußpfad, der nach einer links liegenden Wiesenfläche mit Gebäuderuinen in den Wald führt. Bei der nächsten Gabelung laufen wir nicht auf dem Reiterweg weiter, sondern halten uns rechts. Der Weg zieht sich dann recht steil nach links unter wunderschönen hohen alten Buchen entlang bergauf. Oben angekommen, gehen wir nach der Holzschranke nach rechts, immer weiter auf dem Düsseldorfer Weg. Der Weg führt aus dem Wald hinaus, rechts öffnet sich eine Wiese, und wir können den Blick schweifen lassen. Wir kreuzen eine kleine Straße und laufen geradeaus weiter auf den Feldweg mit dem Sackgassenschild. Nach kurzer Zeit kommen wir an einer Infotafel über das **Rotthäuser Bachtal** ① vorbei, die uns auf unseren nächsten Wegabschnitt vorbereitet.

Seit 2010 gibt es den Düsseldorfer Weg, einen 71 Kilometer langen Wanderweg, durchgängig mit einem D markiert. Er führt in sechs Etappen vom Hofgarten in der Düsseldorfer Innenstadt zuerst am Rhein nach Kaiserswerth und dann in einem weiten Bogen im Osten der Stadt bis zum Schloss Benrath. Dabei verbindet er alle Waldgebiete der Stadt miteinander.

Wir gelangen danach auf einen intakten **mittelalterlichen Hohlweg** ② – ein besonderes Bodendenkmal. Auf ihm erreichen wir immer geradeaus den **Schäpershof** ③, gehen zwischen den Gebäuden hindurch, nach einer Rechts- und einer Linkskurve des Wegs (wieder eine kleine Anhöhe hinauf) erreichen wir **Gut Sauerhof.**

Dort laufen wir nach rechts, der Weg zieht sich am Gut vorbei, und dort, wo wir scheinbar in einer Sack-

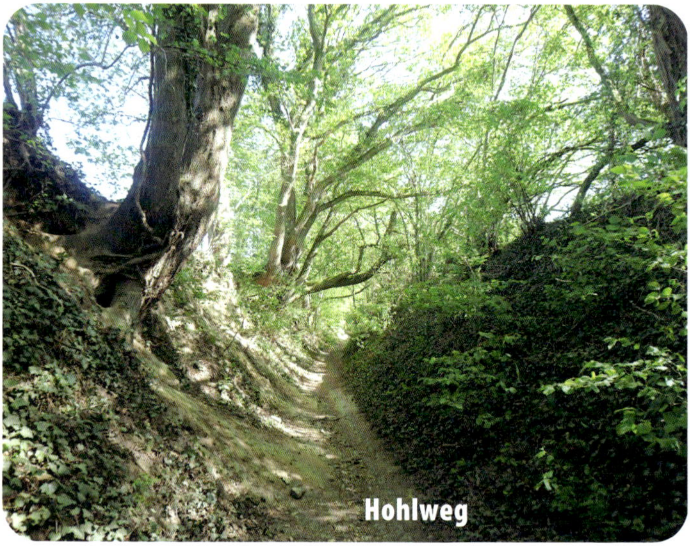

Hohlweg

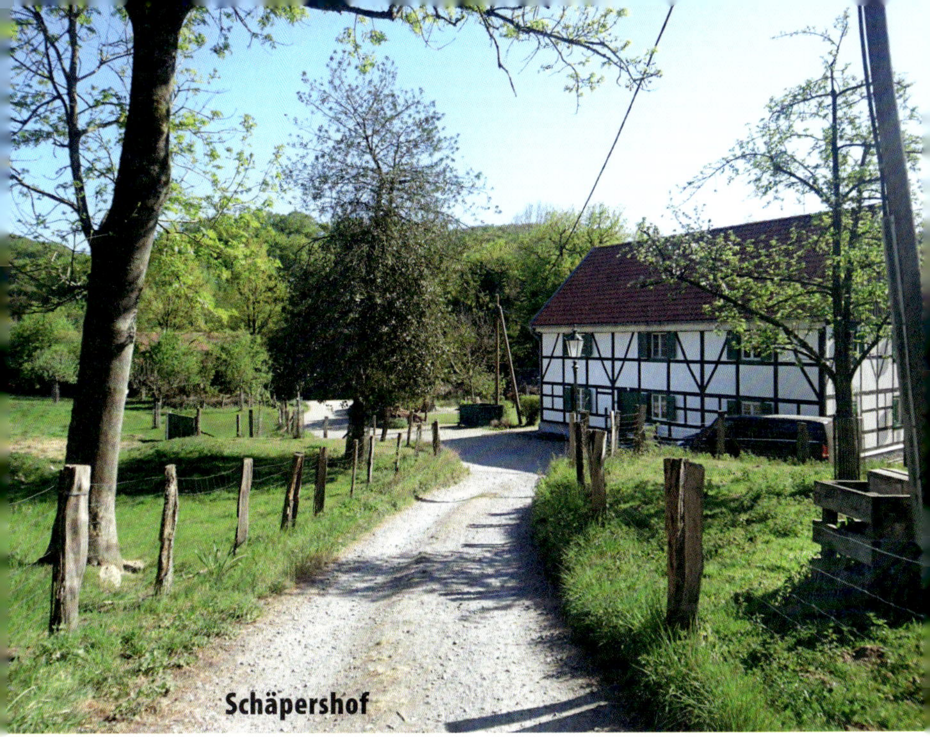

gasse enden (und den Briefkasten mit dem Schriftzug Sauerweg 33 sehen), gehen wir auf dem mit D markierten Weg nach rechts – hier wieder ein schmaler Fußpfad. Der Pfad führt auf einem kleinen Lehmdamm (Vorsicht bei Nässe, es kann richtig rutschig werden!) über den **Rotthäuser Bach** hinweg und durch sumpfiges Gelände wieder hinaus aus diesem buschigen Abschnitt. Nun befinden wir uns in freiem Wiesen- und Weidengelände, es gibt etliche Kopfweiden hier, und das idyllische Landschaftsbild, das sich vor uns ausbreitet, lässt uns wieder einmal vergessen, dass wir uns in der Nähe einer Großstadt befinden. Wir erkennen unser Zeichen D an einem Baum und gehen nach einer Haarnadelkurve über den Wiesenweg einen Hügel hinauf. Links am Wegesrand liegt zuerst eine Bank, dann sogar – an der Stelle mit der schönsten Aussicht auf die hügelige Landschaft – eine Bank mit einem Picknicktisch: der perfekte Rastplatz. Anschließend führt uns der Weg wieder bergab, unten gehen wir nach links, folgen weiter dem Düsseldorfer Weg.

!

Der Wanderweg Richtung Schäpershof führt durch einen Hohlweg mit teilweise bis zu 5 Meter hohen Wänden links und rechts des Weges. Dieser Weg wurde schon vor vielen Hundert Jahren genutzt – als Zuweg zum Schäpershof, der selbst schon Ende des 15. Jahrhunderts schriftlich erwähnt wurde.

Der kleine Weg, der nun wieder unter Bäumen verläuft, ist besonders nach viel Regen sehr matschig, stellenweise sind Baumstämme in die Senken verlegt, auf denen man sie hoffentlich trockenen Fußes überwinden kann. Wir folgen weiter dem Verlauf des Rotthäuser Bachtals, rechts von uns liegen nacheinander mehrere **Teiche.** Die Wegmarkierung ist nach wie vor das D. Ab dem zweiten Teich laufen hier zwei Wege parallel, der obere ist ein Reiterweg, wir bleiben immer auf dem unteren. Kurz nach dem letzten Teich macht unser Weg eine 90-Grad-Kurve nach links, dann eine S-Kurve nach rechts oben. Wir folgen weiter dem D, ignorieren sämtliche Abzweigungen. Erst an der Stelle, wo ein mit dem D markierter Baum quasi mitten auf dem Weg steht, biegen wir nach rechts ab. (Geradeaus gelangen wir zum **Restaurant Kaisershaus** ④.) Zunächst geht es noch eben durch den Wald, dann hinunter in Richtung des **Guts Papendelle** ⑤, das wir auf den Wiesen und zwischen seinen beiden Teichen vor uns schon liegen sehen – auch wieder ein friedlicher und idyllischer Anblick, der uns Ruhe und Freude schenkt. Nach einer

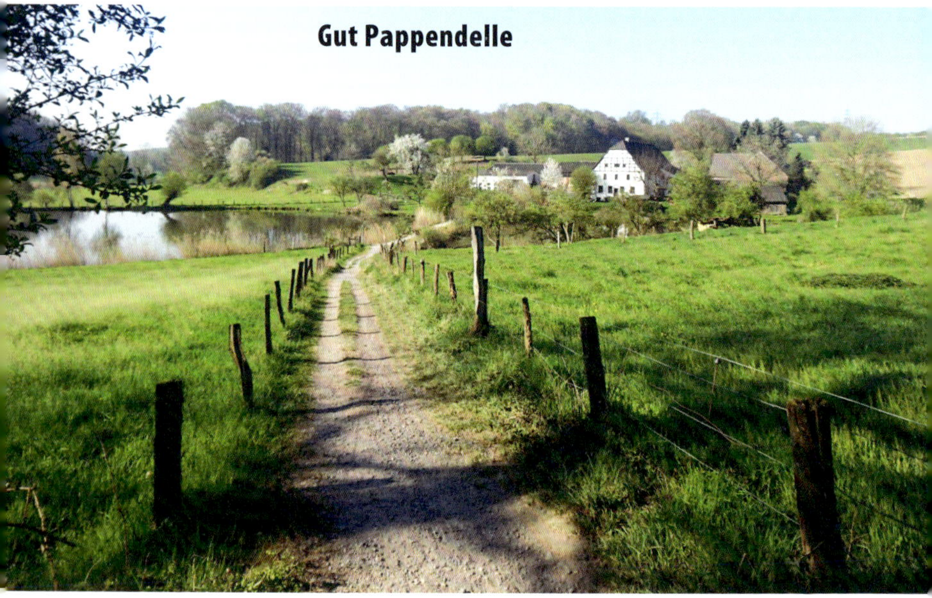

Gut Pappendelle

scharfen Rechtskurve des Wegs gehen wir jedoch nicht weiter auf das Gut zu, sondern biegen davor, noch am Waldrand, nach links ab und folgen nun der Markierung des Neanderlandsteigs (N). Der Weg mäandert unter den Bäumen dahin, steigt auch wieder aufwärts. An der nächsten Weggabelung verlassen wir jedoch den Neanderlandsteig schon wieder, der hier nach links abzweigt, und folgen unserem breiteren Weg weiter; er ist mit einem Doppelbalken und einem Vollquadrat markiert. Ihnen folgen wir durch mehrere Schwünge und Kurven hindurch, ignorieren die Abzweigungen, bis wir wieder unten im Rotthäuser Bachtal und zurück auf dem Neanderlandsteig sind. Dort (auf dem breiten geschotterten Weg) gehen wir nach links. An dieser Stelle befindet sich auf der anderen Seite des Bachlaufs ein schönes Wiesenplätzchen, bestens geeignet für ein Picknick. Wir folgen nun dem Neanderlandsteig, der uns unter der Bahnstrecke hindurchführt und gleich danach eine Linkskurve macht. Wo er dann allerdings geradeaus an der Bahnstrecke weiter entlangläuft, biegen wir mit dem D des Düsseldorfer Wegs nach rechts ab, passieren das **Haus Morp** und überqueren die **Düsseldorfer Straße**, gehen kurz nach links an ihr entlang, biegen aber gleich wieder nach rechts auf einen asphaltierten Wirtschaftsweg ab (D). Wir sind nun auf dem **Gödinghover Weg**, überqueren die Düssel, folgen dem Weg in seiner Rechtskurve, passieren ein weiteres Anwesen und überqueren auf einer Überführung die Bahngleise. Am unteren Ende der Brückenrampe laufen wir nicht nach rechts, sondern geradeaus weiter. Hier verlassen wir den Neanderlandsteig und den Düsseldorfer Weg und folgen stattdessen dem Gödinghover Weg durch die

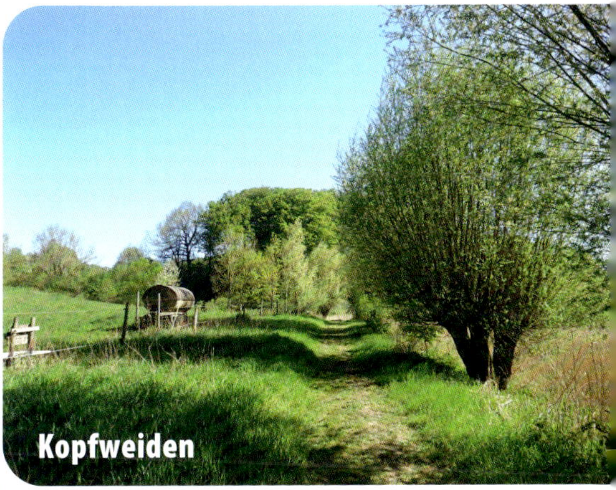
Kopfweiden

Düsselaue hindurch. Wir gehen durch das offene Wiesen- und Weidegelände, vor uns sehen wir Gerresheim – und sogar in der Ferne den Rheinturm. Unser Weg führt bald wieder am Waldrand entlang, vorbei an den Schaf- und Pferdeweiden des **Guts Klein-Düssel,** und dann auch noch ein Stück durch den Wald. Aus dem Schotterweg wird bald eine kleine Asphaltstraße, wir laufen weiter geradeaus, passieren ein Backsteinhaus und biegen kurz danach nach rechts in die Glashüttenstraße ein. Nach der Bushaltestelle wechseln wir an der Fußgängerampel auf die andere Straßenseite und gehen die **Glashüttenstraße** entlang. Bevor sie eine Rechtskurve macht, biegen wir nach links in die **Höherhofstraße** ab und stehen kurz danach wieder an der S-Bahn-Station Gerresheim, dem Endpunkt unserer Tour.

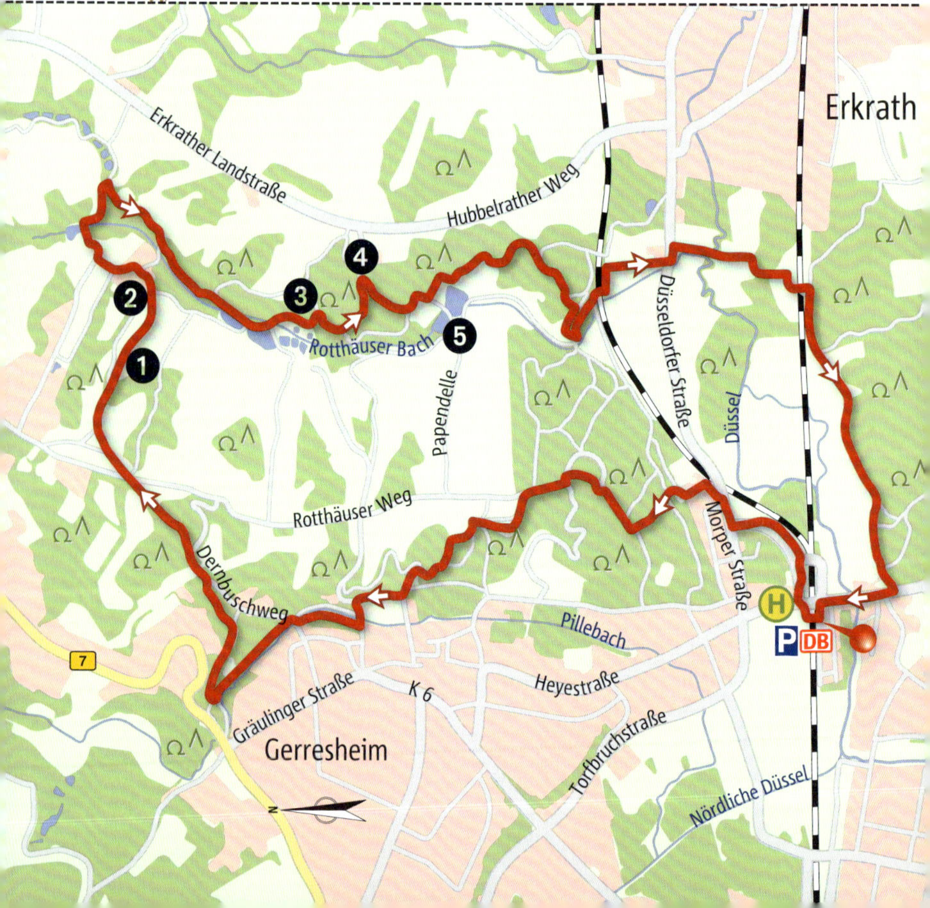

Alles auf einen Blick

WIE & WANN:

Die Wanderung führt über viele Pfade und Naturwege, aber immer wieder auch über asphaltierte Teilstücke; ganzjährig möglich, wenn es viel geregnet hat, können die Wege im Rotthäuser Bachtal sehr matschig sein, schönste Zeit von April bis Oktober

HIN & WEG:

Auto: Parkplätze am Alten Bahnhof Gerresheim, Heyestraße 194, 40625 Düsseldorf (GPS 51.22060355218274, 6.8649032796417115)
ÖPNV: S8, S28, U73 bis Gerresheim

ESSEN & ENTSPANNEN:

Restaurant Kaisershaus ❹ Erkrather Landstraße 82, 40629 Düsseldorf, Tel. (02 11) 4 33 20, https://kaisershaus.business.site

ENTDECKEN & ERLEBEN:

Rotthäuser Bachtal ❶
Mittelalterlicher Hohlweg ❷
Schäpershof ❸ Schäpershof 3, 40629 Düsseldorf
Gut Papendelle ❺ Papendelle 19, 40699 Erkrath

Entspannung ✱✱✱✱✱
Genuss ✱✱✱✱✱
Romantik ✱✱✱✱✱

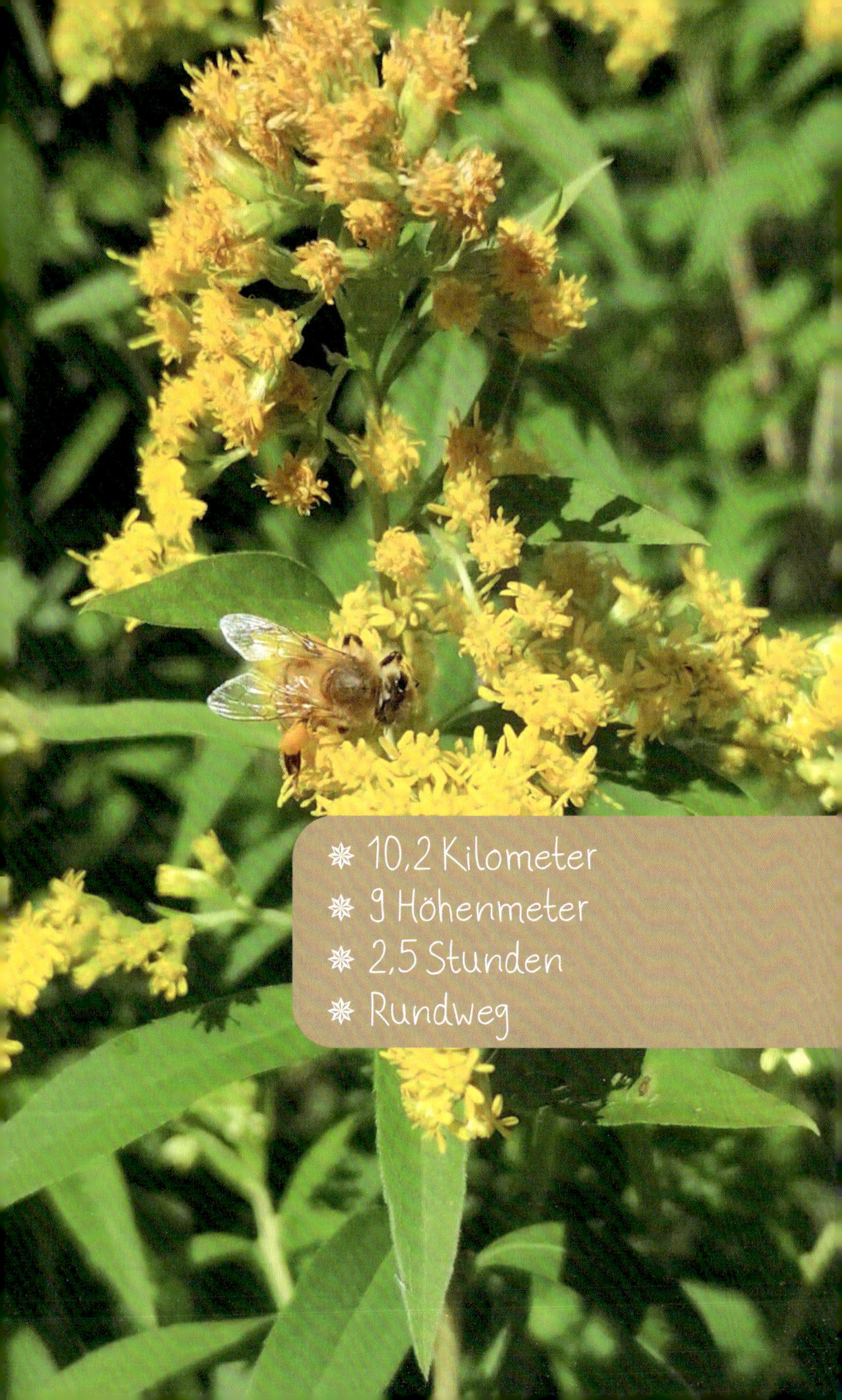

- 10,2 Kilometer
- 9 Höhenmeter
- 2,5 Stunden
- Rundweg

Wir verlassen den Bahnsteig der **S-Bahn-Station Düsseldorf-Garath,** gehen die Treppe hinunter in die Fußgängerzone und dort nach rechts – so lange, bis wir rechts zwischen dem **Braustübchen** und der **Pizzeria Il Ponte** eine rot-weiße Schranke sehen. Durch diese laufen wir hindurch, dann ein kleines Stück geradeaus, und an der nächsten Hausecke biegen wir nach links ab und gehen bis zur **Frankfurter Straße.** Diese überqueren wir an den beiden Fußgängerampeln und laufen dann geradeaus in die **Carl-Friedrich-Goerdeler-Straße** hinein. Ihr folgen wir in ihrem langen

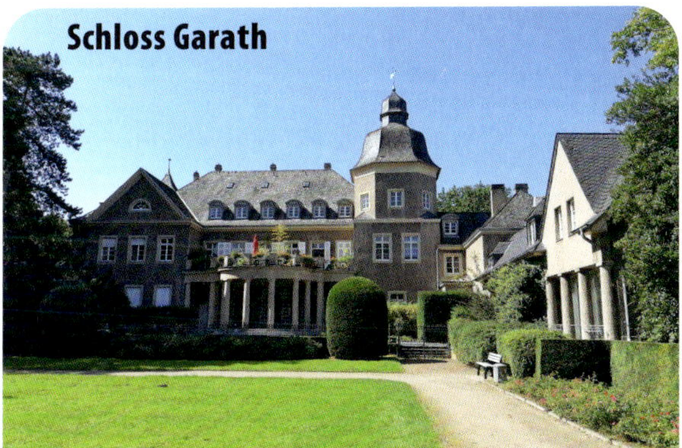
Schloss Garath

Schloss Garath existierte wohl schon im 9. Jahrhundert. Anfang des 20. Jahrhunderts wurde es jedoch fast gänzlich abgerissen und 1912/1913 nach Plänen des Architekten Max Wöhler neu errichtet. Der Park ist seit knapp 25 Jahren für die Öffentlichkeit zugänglich, das Gebäude selbst beherbergt heute das Management Center Schloss Garath.

Kontraste

Rund um den Garather Forst

Rechtsbogen für ungefähr 850 Meter und bleiben dabei immer auf dem Gehweg bzw. Fußgängerweg auf der linken Seite der Straße. Nach ungefähr 500 Metern wird aus der Carl-Friedrich-Goerdeler-Straße die **Straße Am Kapeller Feld,** ihr folgen wir so lange, unterwegs mit X und D markiert, bis die Garather Schlossallee nach links abzweigt (D). Diese laufen wir

Den 240 Kilometer langen Rundwanderweg Neanderlandsteig gibt es seit 2013/2014. Er besteht aus 17 Etappen im Niederbergischen Land, markiert von einem weißen N auf rotem Hintergrund. Der Name verweist auf die wichtigste Sehenswürdigkeit entlang der Strecke: das Neandertal.

ein kurzes Stück entlang und stehen unmittelbar vor **Schloss Garath** ①. Wir gehen wiederum mit dem D nach rechts und sind mitten im **Schlosspark Garath** ② mit seinen schönen alten Bäumen – ein echtes Kontrastprogramm zur Szenerie am Garather Bahnhof! Hier genießen wir das viele Grün, kleine Bachläufe mit plätscherndem Wasser und die Wiesenflächen, die immer wieder überraschende Landschaftsbilder eröffnen. Entworfen wurde er im 18. Jahrhundert von Nicolas de Pigage, einem lothringischen Baumeister.

An der nächsten Gabelung, noch an der Ecke des Schlosses, gehen wir nach rechts. Hier zweigt der Viehbach ab. Der Weg macht eine Linkskurve, wir kommen an der neobarocken **Schlosskapelle** vorbei, die aber leider nicht zugänglich ist. Bevor der Weg dann eine deutliche Linkskurve macht, gehen wir auf dem mit dem D markierten Weg aus dem Schlosspark hinaus und biegen gleich danach nach links ab. Ab hier folgen wir bis fast zum Ende der Wanderung dem mit einem roten N markierten **Neanderlandsteig.**

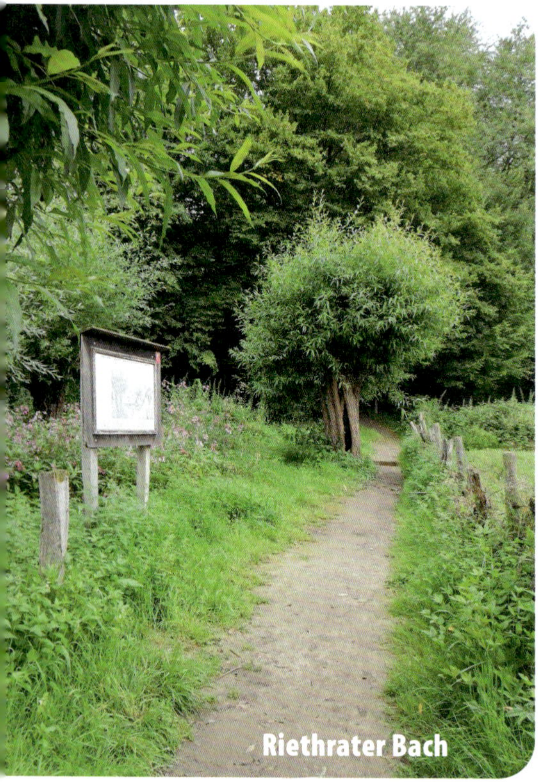
Riethrater Bach

Wir wandern zunächst durch eine parkähnliche Grün- und Wohnanlage, halten uns an einer großen Gabelung nach links und folgen dann dem gepflasterten Weg immer am Waldrand entlang, auch da, wo ein weiterer Weg von rechts einmündet. Der Weg führt uns um einen kleinen **Spielplatz** herum, danach geht es am Waldrand entlang weiter. Auch an einem zweiten Spielplatz entlang bleiben wir auf unserem Weg, er macht danach eine deutliche

Kurve nach rechts. Kurz danach zweigt nach links ein Weg mit einer Brücke ab – diesen wählen wir und überqueren auf der Brücke den Langforter Bach (der auch **Galkhauser Bach** heißt) und folgen dann der Linkskurve unseres Wegs. Wir laufen in den Wald, links unterhalb von uns fließt der Bach. Wo wir aus dem Wald kommen, gehen wir nach links über eine Brücke und direkt danach wieder nach links in den Wald hinein – alles markiert mit dem N des Neanderlandsteigs. Diesem folgen wir auf dem Waldweg, erkennen

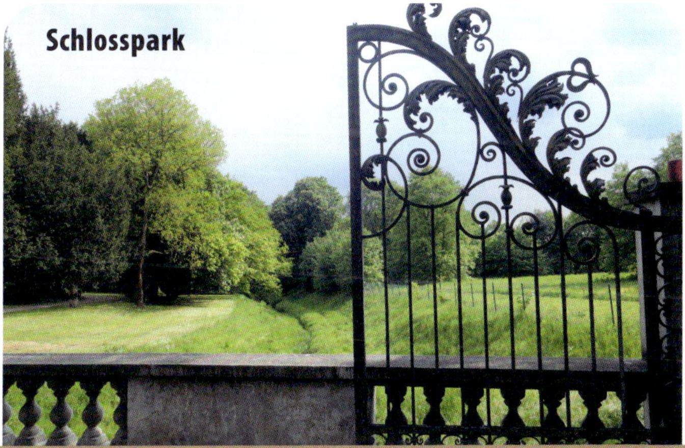

Für die Seele

Dort, wo menschengemachte Architektur einen starken Kontrast zur Natur bildet, erkennen wir: Die Schattenseiten gehören zum großen Ganzen dazu. Sie sind da.

das Zeichen in relativ kurzem Abstand nacheinander auf zwei Bäumen, folgen dem Zeichen dann nach rechts. Wir wandern hier auf einem sandigen kleinen Waldpfad, der uns entlang des links von uns laufenden Burbachs führt. Wir sind von großen Eichen und Ahornen umgeben. Gut 200 Meter nach der letzten Markierung gehen wir nach rechts – an diesem Ab-

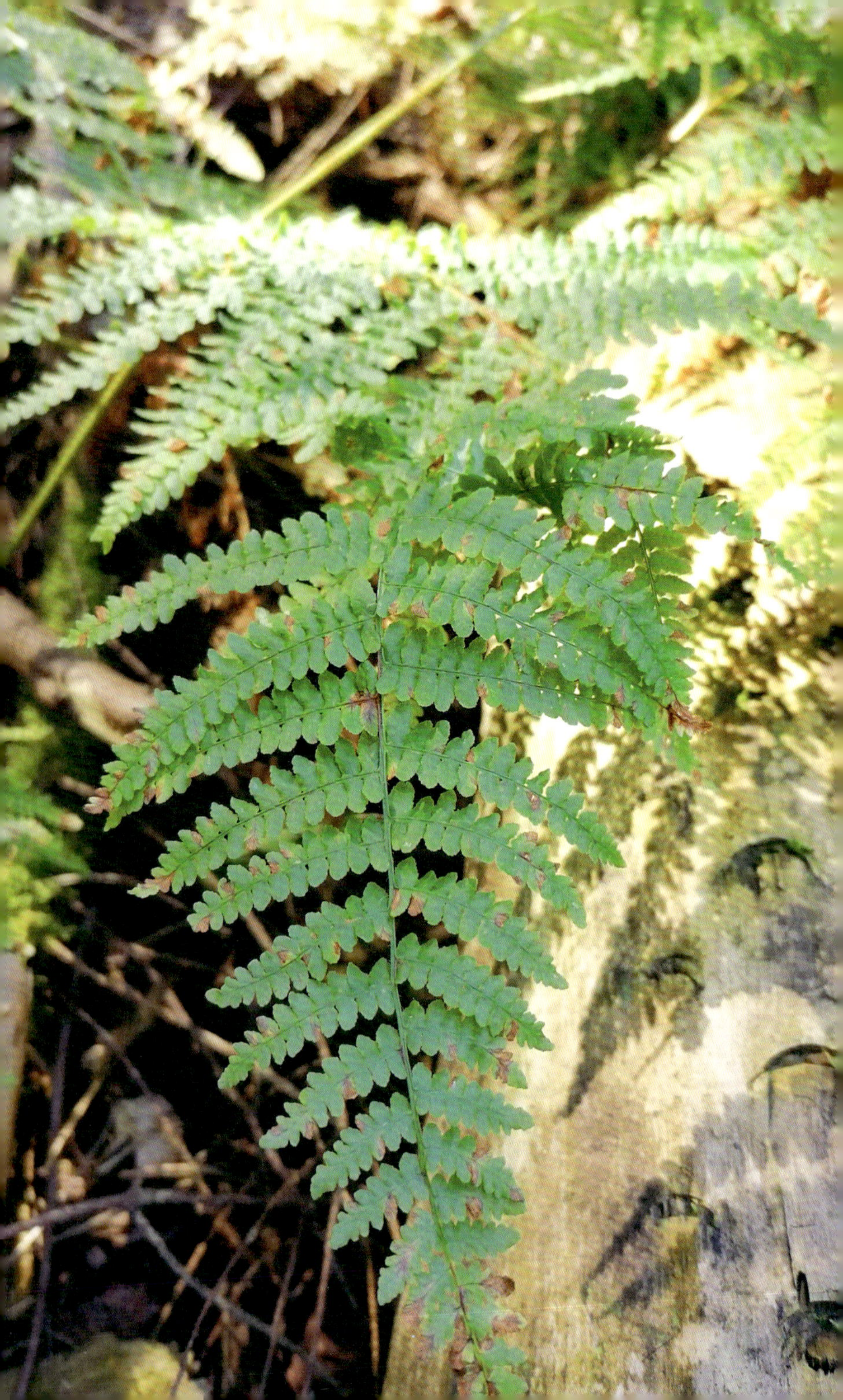

zweig ist allerdings kein Zeichen des Neanderlandsteigs erkennbar! – und verlassen den Wald. Am Waldrand folgen wir geradeaus der schnurgerade vor uns liegenden Asphaltstraße, die auf die Strommasten und den Funkmast zuhält. Wir laufen zwischen Feldern hindurch. Der Neanderlandsteig und damit unser Weg macht hier ein großes U, um uns später wieder in den Wald zurückzuführen; dieses U ließe sich abkürzen, dafür wäre jedoch eine Bachüberquerung an einer kleinen Furt nötig, die nicht zu jeder Jahreszeit sicher zu begehen ist. Wir folgen also der Asphaltstraße bis zu einer T-Kreuzung, gehen dort links und unmittelbar nach der Brücke über einen kleinen Graben wieder nach links. Dies ist jetzt ein kleiner Fußpfad am Feldrand, immer noch mit dem N markiert. Wo wir auf ein umzäuntes Grundstück treffen, wandern wir geradeaus weiter, lassen das Grundstück rechts liegen, laufen unter den Strommasten hindurch und tauchen dann ins Dickicht des Waldes ein. An den nächsten drei Gabelungen gehen wir mit dem Neanderlandsteig nach rechts. Unser Weg schlängelt sich in Kurven durch einen Waldsaum. Rechts von uns sehen wir durch die Bäume Felder liegen. Wo wir auf eine Asphaltstraße treffen (die kurz danach aber wieder geschottert ist), gehen wir nach links, nun über freies Feld. Der breite Weg macht dann zwei 90-Grad-Kurven, eine nach rechts, eine nach links (hier aufpassen und nicht geradeaus weiter auf den Strommast zugehen, sondern wirklich nach links abbiegen). An der nächsten Rechtskurve des Weges stoßen wir auf die **Vogelbeobachtungsstation am Oerkhaussee** ❸. Hier haben wir einen guten Blick über den unter Naturschutz stehenden Baggersee und können mit etwas Glück Graureiher, Kormorane und Haubentaucher beobachten.

Kurz danach macht unser Weg eine Linkskurve, der wir folgen, anschließend gehen wir so lange geradeaus, bis wir auf eine T-Kreuzung stoßen und mit dem Neanderlandsteig nach links abbiegen (Richtung Erkrath, Benrath und Oerkhaussee). Nun geht es schnurgerade durch den Wald, links sehen wir den Oerkhaussee durch die Bäume schimmern, er ist jedoch von einem Zaun umgeben. Wir passieren eine Schutzhütte und gehen an einer Kreuzung geradeaus durch das Tor. Nach der nächsten Brücke über den Garather Mühlenbach laufen wir mit dem Neanderlandsteig und dem D nach rechts. Dies ist ein sehr ruhiger Waldabschnitt des **Garather Forsts** (4), wo wir uns ganz der Präsenz der Bäume hingeben können. Wenn wir hier alle Sinne öffnen, auf die Vogelstimmen hören, den Duft der Erde oder frischer Blätter und Triebe riechen, kommen wir zur Ruhe. Wo ein Weg von links einmündet und wir keine Markierung sehen, laufen wir weiter geradeaus und erst an der nächsten T-Kreuzung mit dem N und D nach links. Wir kommen durch eine Drehtür und über eine kleine Brücke, und an der nächsten Kreuzung verlassen wir den Neanderlandsteig – dieser biegt zusammen mit dem D nach rechts, wir gehen hier jedoch nach links. Unser Weg ist mit einem H markiert, wir folgen ihm geradeaus und an der nächsten T-Kreuzung nach halb links. An der nächsten Kreuzung – wir sehen zwei halbhohe, rot-weiße Pfosten und die ersten Häuser von Garath – biegen wir nach rechts ab. Wir laufen geradeaus weiter, auch da, wo von links eine Straße einmündet und aus dem Waldweg ein gepflasterter Weg wird. Wir folgen dem Linksknick, den er macht, und weiter nach rechts zwischen einem **Spielplatz** und einem **Bolzplatz** hindurch. Wir passieren eine kleine Grünfläche, eine Kita, gehen immer weiter geradeaus. Wo wir vor einem

Seit 1950 gibt es den Oerkhaussee auf Hildener Stadtgebiet – er entstand durch Kiesgewinnung in einem trockengelegten Sumpfgebiet. Bis in die 1970er-Jahre wurde hier Kies abgegraben. Seit 1984 ist der Oerkhaussee Naturschutzgebiet und bietet vielen seltenen Tier- und Pflanzenarten Rückzug und Lebensraum.

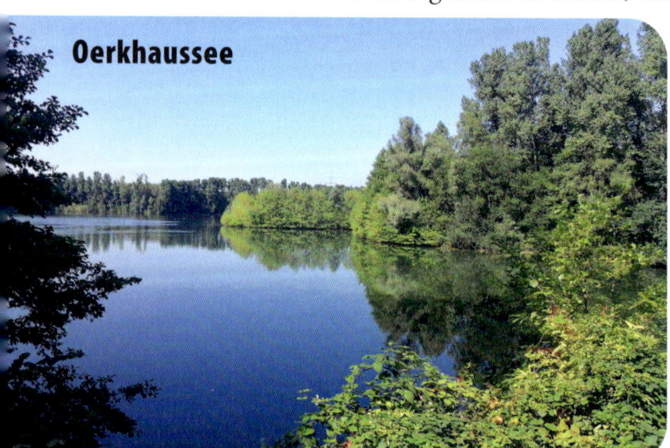
Oerkhaussee

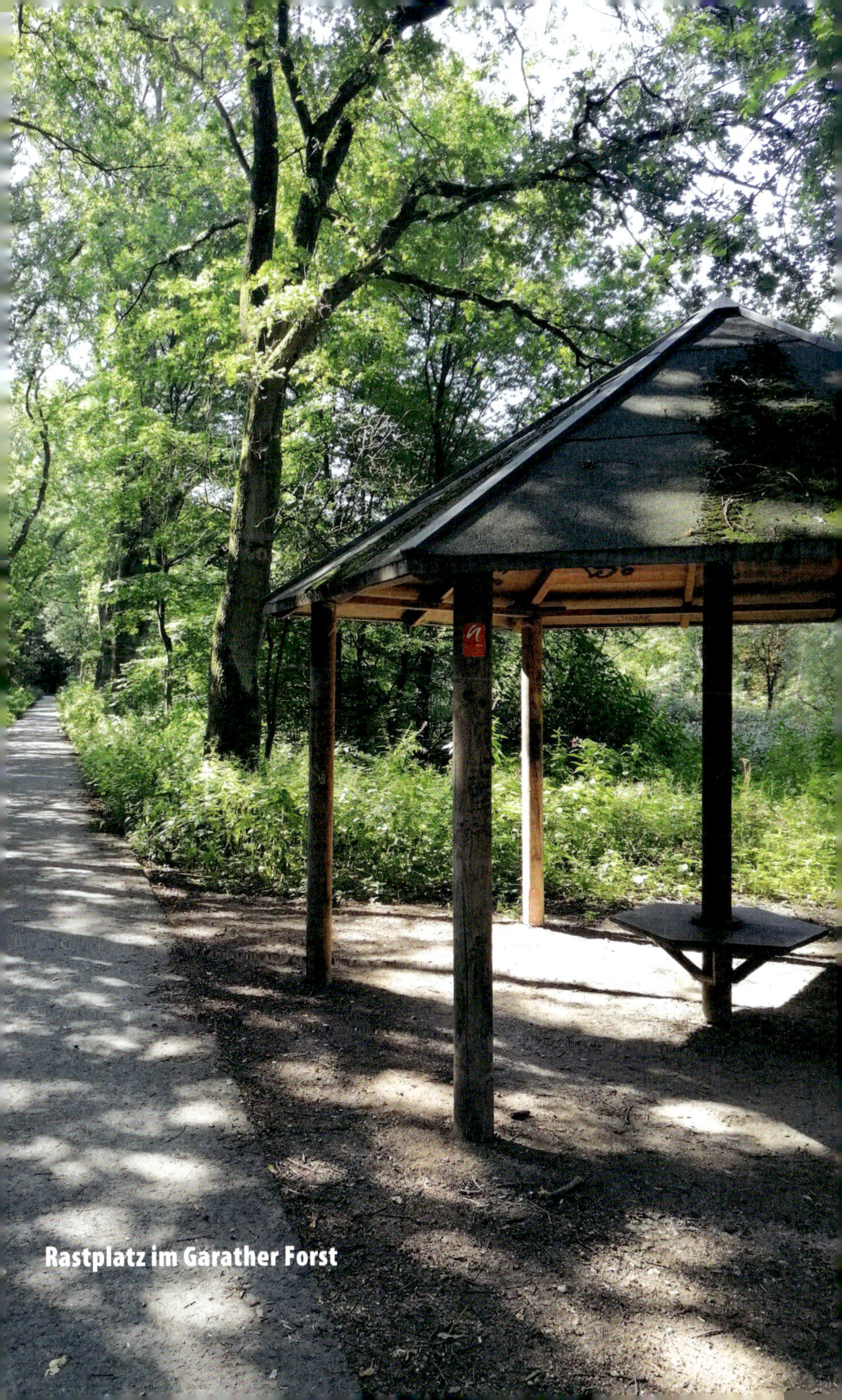

Rastplatz im Garather Forst

Zaun bzw. einem vierstöckigen Backsteinhaus stehen, laufen wir nach links in die **Fritz-Erler-Straße,** dann nach zwei rot-weißen Pfosten wieder nach rechts. Wir bewegen uns hier im Fußgängerbereich, haben keinen Kontakt zum Straßenverkehr. Wo wir auf einen etwas größeren Platz kommen, gehen wir halb links, sind nun schon in der **Einkaufszone** rund um die S-Bahn-Station Garath. Wir kommen auf einen breiten Fußgängerüberweg über die **Frankfurter Straße,** gelangen an deren Ende auf einen größeren Platz und sehen links das Braustübchen und das Il Ponte, halten darauf zu und biegen davor nach rechts ab, gehen unter der Autobahn durch und befinden uns wieder am Aufgang zum S-Bahn-Gleis der Haltestelle Düsseldorf-Garath und damit am Tourende.

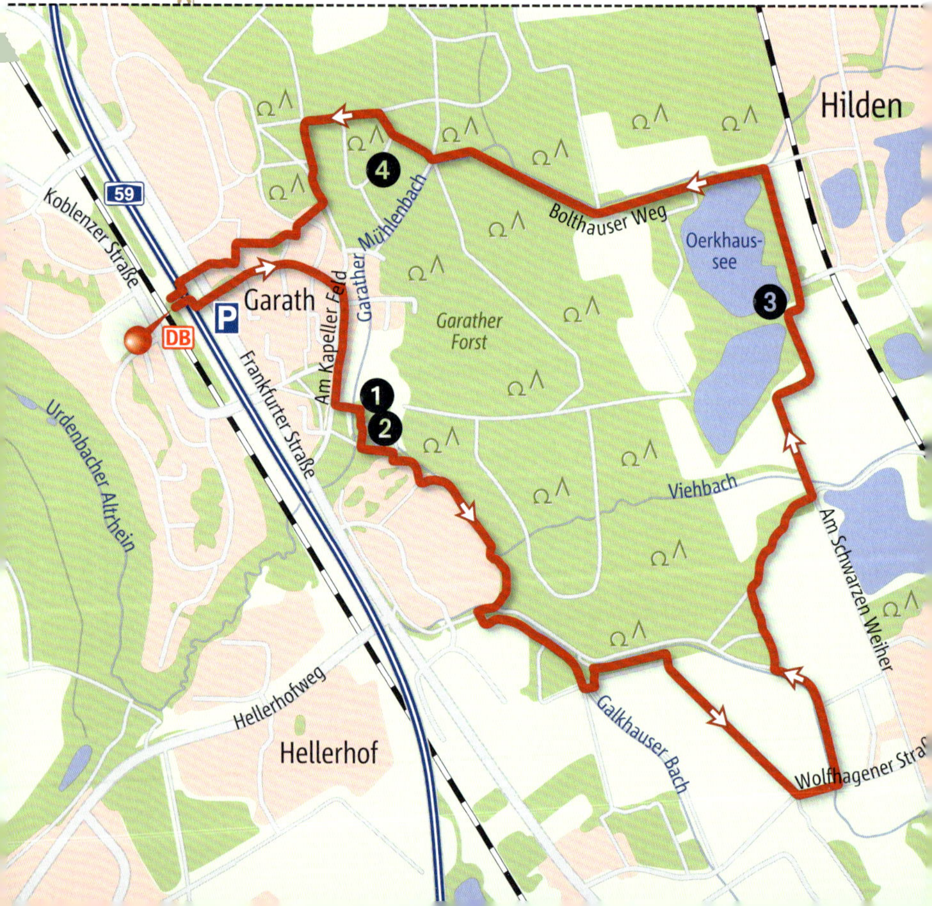

Alles auf einen Blick

WIE & WANN:
Mehr als die Hälfte der Tour führt über Naturwege und Pfade; ganzjährig möglich, schönste Zeit März bis Oktober

HIN & WEG:
Auto: Parkplatz gegenüber der Frankfurter Straße 231, 40595 Düsseldorf (GPS 51.143624203555376, 6.899741502318778)
ÖPNV: S6, S11, S68 bis Garath

ESSEN & ENTSPANNEN:
Viele Imbissmöglichkeiten in der Fußgängerzone an der S-Bahn-Station

ENTDECKEN & ERLEBEN:
Schloss Garath ❶ Garather Schlossallee 19, 40595 Düsseldorf
Schlosspark Garath ❷
Vogelbeobachtungsstation am Oerkhaussee ❸
Garather Forst ❹

Entspannung ✱✱✱✱✱
Genuss ✱✱✱✱✱
Romantik ✱✱✱✱✱

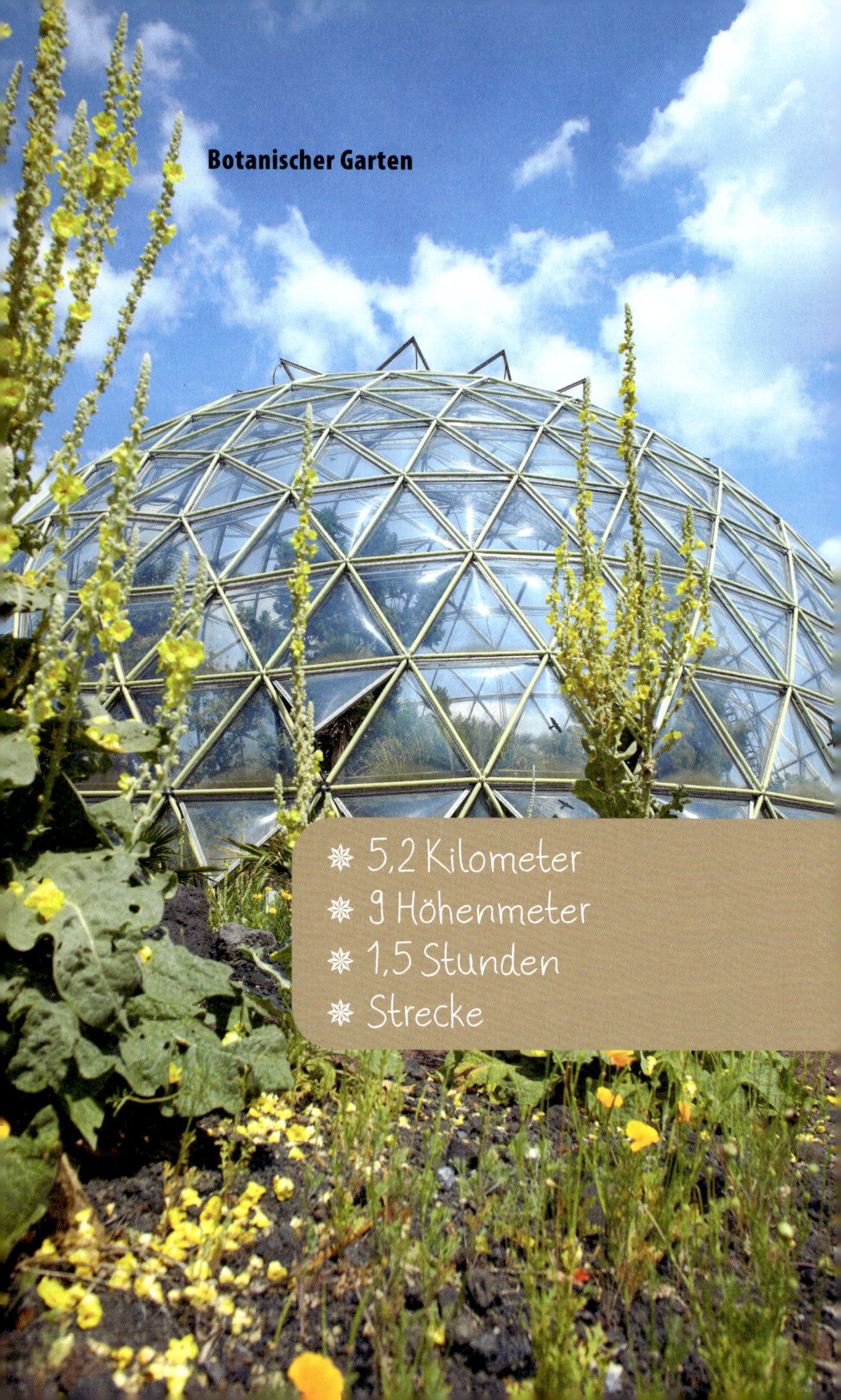

Botanischer Garten

- 5,2 Kilometer
- 9 Höhenmeter
- 1,5 Stunden
- Strecke

Von der **S-Bahn-Station** oder der **Straßenbahnhaltestelle Volksgarten** kommend überqueren wir die Straße **Auf'm Hennekamp.** Am Eingang zum **Volksgarten** ❶ sehen wir das **„Zeitfeld"** ❷ – eine Installation des Künstlers Klaus Rinke, bestehend aus 24 Uhren.

Die Straße im Rücken folgen wir dem breiten Weg in den Volksgarten hinein. An der ersten Kreuzung geht es links zum **Restaurant Kurhaus** ❸, wir setzen unseren Weg jedoch geradeaus weiter fort. Wir stehen hier schon mitten in der weitläufigen Parklandschaft des Volksgartens, spüren beim Anblick der großen schö-

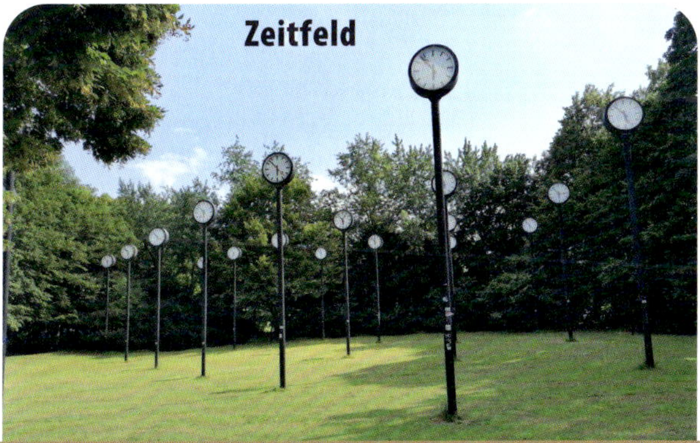
Zeitfeld

Der Volksgarten ist der älteste Teil des Südparks – er besteht schon seit 1895. Mit seinen Alleen, kleinen Seen, hohen Bäumen und weiten Wiesen ist er eine der beliebtesten Stadtoasen der Düsseldorfer. Das Wegenetz des gesamten Parks umfasst 30 Kilometer inmitten der erholsamsten Natur.

Stadtnatur

Südpark und Botanischer Garten

nen Bäume direkt, wie wir aufatmen können. Anschließend wählen wir den zweiten Weg nach rechts, er ist mit einem ausgefüllten Dreieck auf einem Laternenpfahl markiert. Dem Dreieck folgen wir nun ein ganzes Stück durch den Park hindurch, verlassen es erst kurz vor dem Streichelzoo wieder. An der nächsten Kreuzung gehen wir geradeaus, dann aber gleich nach

Natur und Kultur in schönster Form vereint: Im Südpark finden sich viele Skulpturen internationaler Künstler. Das „Zeitfeld" von Klaus Rinke aus dem Jahr 1986 ist sicherlich das bekannteste. Eine klassische Skulptur ist beispielsweise das Feuerbach-Denkmal schräg gegenüber dem „Zeitfeld" im Eingangsbereich des Parks.

links. Rechts von uns liegt der Eingang zum Friedhof Stoffeln, links sehen wir hinter einigen Bäumen einen Pavillon und davor eine flache Betonbank. Dort befindet sich im Boden eingelassen eine Gedenkplatte, die an die **Hundsburg** ④ erinnert, ein ehemaliges kurpfälzisches Jagdschloss in dem kleinen Weiler Hunsdorf. Hier lebte Heinrich Heines erste Jugendliebe; später befand sich dort das Düsseldorfer Armenhaus.

An der übernächsten Kreuzung biegen wir nach rechts ab. Der Weg ist nun deutlich schmaler, er führt in sanften Schwüngen zwischen Bäumen und Gehölzen hindurch. Hier sind merklich weniger Fußgänger und Radfahrer unterwegs als auf dem Hauptweg – die Stille lässt uns Energie tanken. An einer Kreuzung passieren wir ein weiteres Kunstwerk, die bunten **„Stahlelemente"** von Erwin Reusch, hier gehen wir weiter geradeaus. Nach links würde der Weg nach kurzer Zeit zum Restaurant, Café und Biergarten der **Vereinsgaststätte TG 1881** ⑤ führen.

Nach den Stahlelementen ist der Weg wieder etwas breiter, rechts von uns liegt hinter einem Zaun der Friedhof, links die Kleingärten des Kleingartenvereins Düssel e. V. Kurz danach biegt links ein kleiner Weg ab, er führt zu einigen lauschig gestalteten kleinen Nischen und Parkräumen, die sich für eine

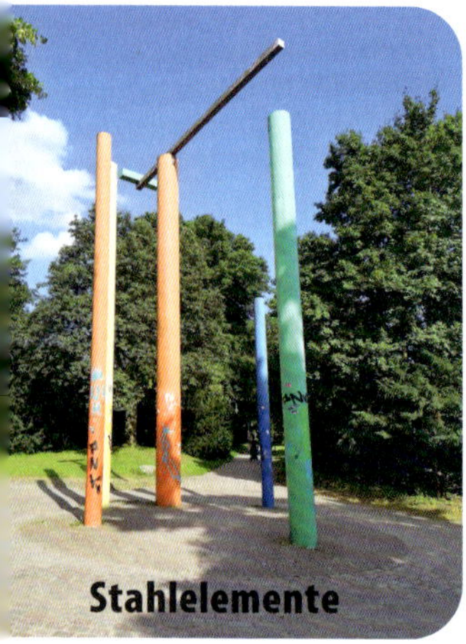

Stahlelemente

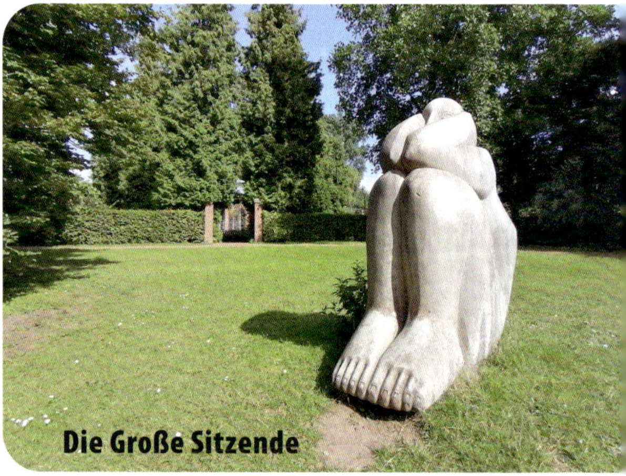

Die Große Sitzende

Rast abseits des Trubels anbieten. Zurück auf unserem Weg folgen wir dessen Mündung in einen breiteren Asphaltweg nach rechts. Auch an der nächsten Gabelung halten wir uns rechts und folgen dem Weg, der sich zunächst noch an der in einem Becken aufgestauten Düssel und dann in weiten Schwüngen an einer großen Wiese entlangzieht. Wir haben hier den Volksgarten schon verlassen und befinden uns im Südpark. Nach ungefähr 300 Metern sehen wir links ein ganzes Stück neben dem Weg eine große Zeder und darunter ein weiteres Kunstwerk: **„Die Große Sitzende“** von Hannelore Köhler, ein gepflasterter Weg führt

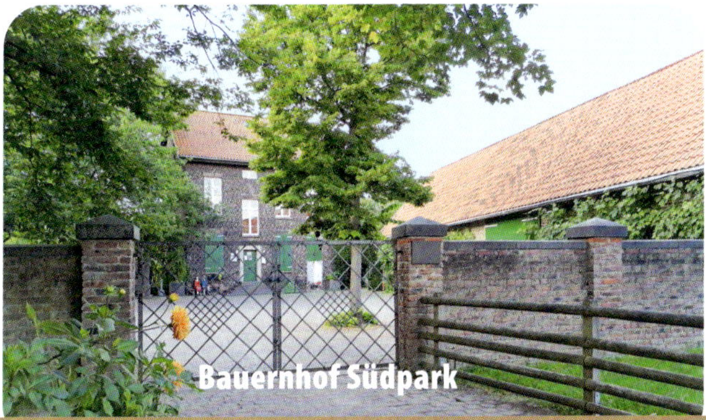

Bauernhof Südpark

Für die Seele

Wo Natur und Kunst sich verbinden, finden wir verloren geglaubte Zeit, machen unseren Horizont ganz weit und denken über uns selbst hinaus.

dorthin. Dahinter erkennen wir die Bäume und Gehölze der Wasserachse und die aneinandergereihten Themengärten des Bereichs „In den Gärten“ – ein Teil des Südparks, der 1987 zur Bundesgartenschau angelegt wurde. Wir setzen jedoch unseren Weg fort, bis wir nach weiteren 350 Metern links von uns einen Deich sehen. An dieser Stelle macht unser Weg eine

Rechtskurve leicht bergauf, dieser Erhöhung folgen wir. Auf der Deichkrone angekommen, weist das Dreieck nach links unten, wir verlassen hier jedoch die Markierung und bleiben weiter auf dem asphaltierten Weg. Vor uns sehen wir schon den **Bauernhof mit Streichelzoo** ❻, den wir gleich darauf im Linksknick des Weges erreichen. Das **Café Südpark** ❼, ein **Spielplatz** und eine **Minigolfanlage** folgen unmittelbar daran anschließend. Wir setzen unsere Tour fort und bleiben auf dem Sandweg. Unser Blick schweift nach links über eine weite Wiese und den von Bäumen umstandenen **Deichsee.** An der Weggabelung mit der großen Weide bleiben wir auf dem breiten Hauptweg und gehen in einer weiten Links- und anschließend einer Rechtskurve die kleine Anhöhe hinauf. Oben angekommen, erwartet uns ein weiteres Kunstwerk: das imposante **„Tor aus Basaltlava"** von Erwin Heerich. Wir laufen daran vorbei und überqueren auf einer Brücke die B 8 und direkt im Anschluss auf einer zweiten Brücke die A 46. Am Ende dieser zweiten Brücke laufen wir an der rechten Seite einer halbrunden, halbhohen Mauer vorbei nach unten. Durch die Bäume hindurch sehen wir den **Unisee** schimmern, der allerdings leider an keiner Stelle öffentlich zugänglich ist. Unten angekommen, sehen wir ein Schild „Botanischer Garten", dem wir nach rechts folgen. Unser Weg zieht sich am Seeufer entlang, rechts des Weges kommen zuerst Tennisplätze, dann ein Sportplatz. An der Gabelung halten wir uns nach links und passieren ein Gittertor. Wir sind nun auf einem schmalen Fußpfad, der um den Unisee herumführt, rechts von uns sehen wir Kleingärten. Nach einem weiteren Gatter mündet der Fußpfad auf die Straße **Am Gansbruch,** diese führt eine kleine Steigung hinauf. Das Schild „Botanischer Garten" weist zwar nach rechts, wir gehen jedoch halb links

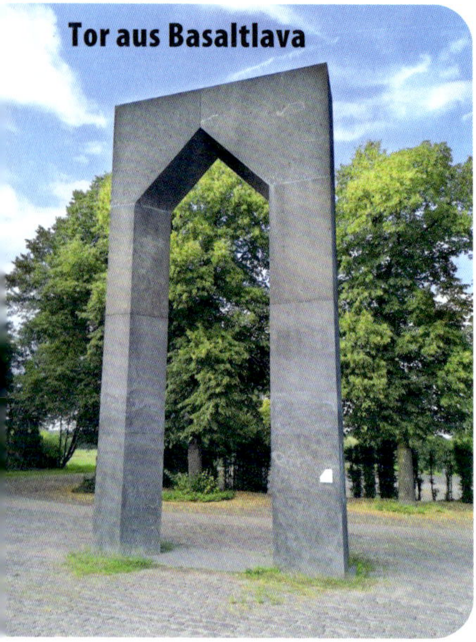

Tor aus Basaltlava

auf den Deich hinauf, der hier vor uns aufragt. Oben auf dem Deich wenden wir uns nach rechts und laufen immer entlang des Brückerbachs, der links unterhalb von uns fließt. Rechts erkennen wir schon den **Botanischen Garten 8**.

Nach ungefähr 650 Metern auf dem Deich biegen wir nach rechts ab – hier weist uns ein Fahrradwegschild den Weg zum Botanischen Garten. An der Wegkreuzung kurz danach halten wir uns rechts und lassen uns von dem Weg in einem weiten Rechtsbogen sowie an einer Gabelung geradeaus immer entlang des Zauns bzw. der Mauern des Botanischen Gartens führen. Nach einer Kurve liegt der Eingang zum Botanischen Garten rechts von uns. Eine Besichtigung empfiehlt sich sehr! Anschließend verlassen wir den Botanischen Garten entweder durch den Nebenausgang an seinem nördlichen Ende (und sind dann schon ganz in der Nähe der Straßenbahnhaltestelle, die den Endpunkt unserer Tour markiert) oder wir kehren hierher zurück, gehen am Eingang vorbei nach links, biegen auf dem Fahrweg nach rechts ein und laufen an den mehrstöckigen Gebäuden vorbei, die zum Institut für Mikrobiologie der Heinrich-Heine-Universität gehören.

Der Botanische Garten Düsseldorf liegt im Süden der Stadt und gehört zum Institut für Botanik der Heinrich-Heine-Universität Düsseldorf. 6000 Pflanzenarten, überwiegend aus gemäßigten Klimazonen, werden hier gezeigt. Allein in den 1000 Quadratmetern der Kalthalle wachsen 400 Pflanzenarten aus Asien, Südafrika und dem Mittelmeergebiet.

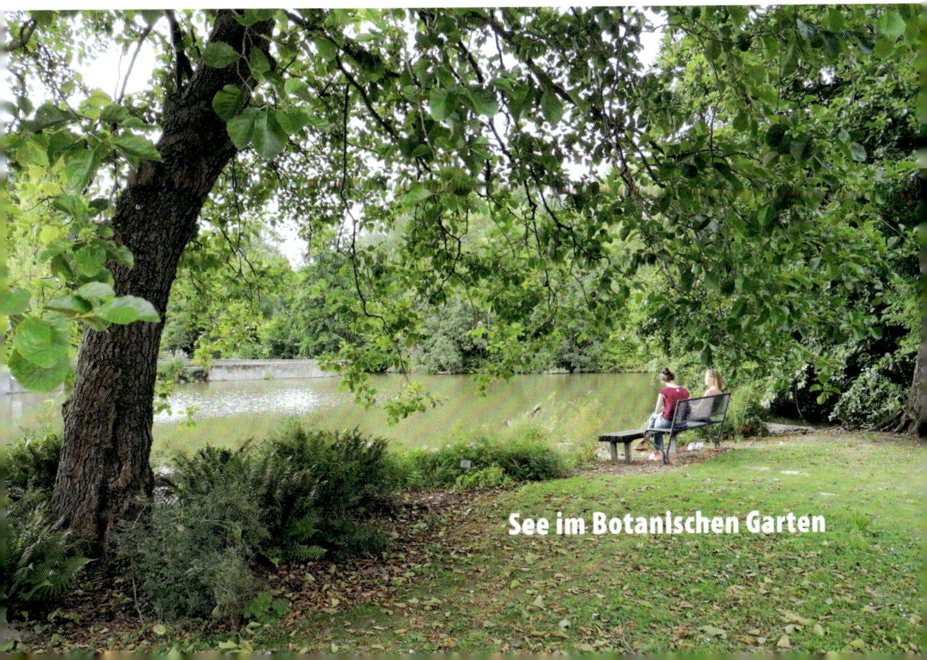

See im Botanischen Garten

Nach den Gebäuden passieren wir einige halbhohe Begrenzungspfosten (an dieser Stelle schwenkt von rechts der Weg vom Nebeneingang des Botanischen Gartens ein), halten uns danach rechts, bis wir die **U-Bahn-Haltestelle Uni-Ost/Botanischer Garten** und damit den Endpunkt unserer Tour erreichen. Von dort geht es mit der U-Bahn bis Auf'm Hennekamp und von dort mit der Straßenbahn zum Volksgarten.

Wer die Tour verlängern möchte, hängt entweder die Tour nach Himmelgeist an (s. Tour 2) oder überquert die U-Bahn-Gleise, folgt auf der anderen Seite dem Weg nach links und durch eine Rechtskurve und gelangt wieder auf den uns bekannten Weg am Unisee entlang. Von dort geht es zurück in den Südpark und zum Ausgangspunkt.

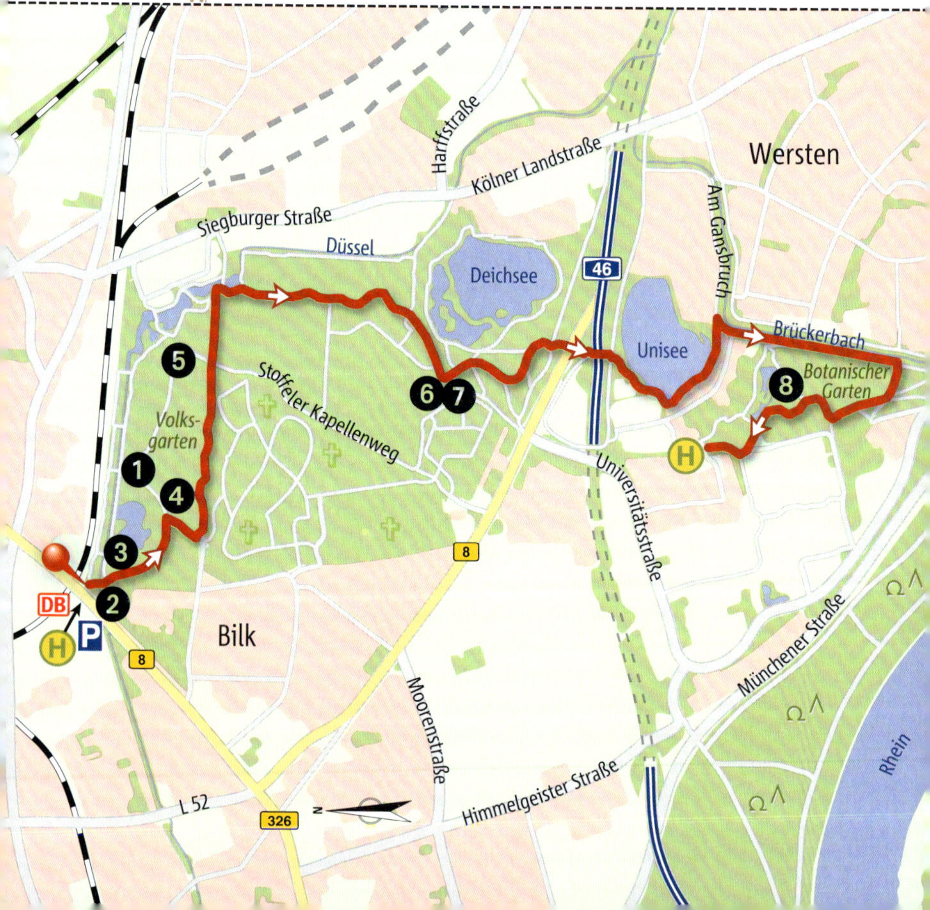

Alles auf einen Blick

WIE & WANN:

Asphaltierte Wege und Straßen, überwiegend für Fußgänger und Radfahrer, teilweise aber auch kleine Fußpfade; ganzjährig möglich, am schönsten jedoch zwischen Mai und Oktober

HIN & WEG:

Auto: Parkplatz Sportanlage, Feuerbachstraße 82–80, 40223 Düsseldorf (GPS 51.20839011773203, 6.790535467470192)
ÖPNV: S1, S6, S68, Straßenbahn 706 bis Volksgarten
Rückkehr zum Ausgangspunkt: U73 bis Auf'm Hennekamp, dann Straßenbahn 706 bis Volksgarten

ESSEN & ENTSPANNEN:

Restaurant Kurhaus ❸ Auf'm Hennekamp 101, 40225 Düsseldorf, Tel. (02 11) 3 11 33 71, www.kurhaus-duesseldorf.de
Vereinsgaststätte TG 1881 ❺ Stoffeler Kapellenweg 65, 40225 Düsseldorf, Tel. (02 11) 78 47 79, www.tg-1881.de
Café Südpark ❼ In den Großen Banden 58, 40225 Düsseldorf, Tel. (02 11) 88 25 84 40 64

ENTDECKEN & ERLEBEN:

Volksgarten ❶
„Zeitfeld" ❷
Hundsburg ❹

Entspannung ★★★★★
Genuss ★★★★☆
Romantik ★★★★☆

Bauernhof mit Streichelzoo ❻ In den großen Banden 58–60, 40225 Düsseldorf, Tel. (02 11) 88 25 84 40 17
Botanischer Garten ❽ Universitätsstraße 1, 40225 Düsseldorf, www.botanischergarten.hhu.de

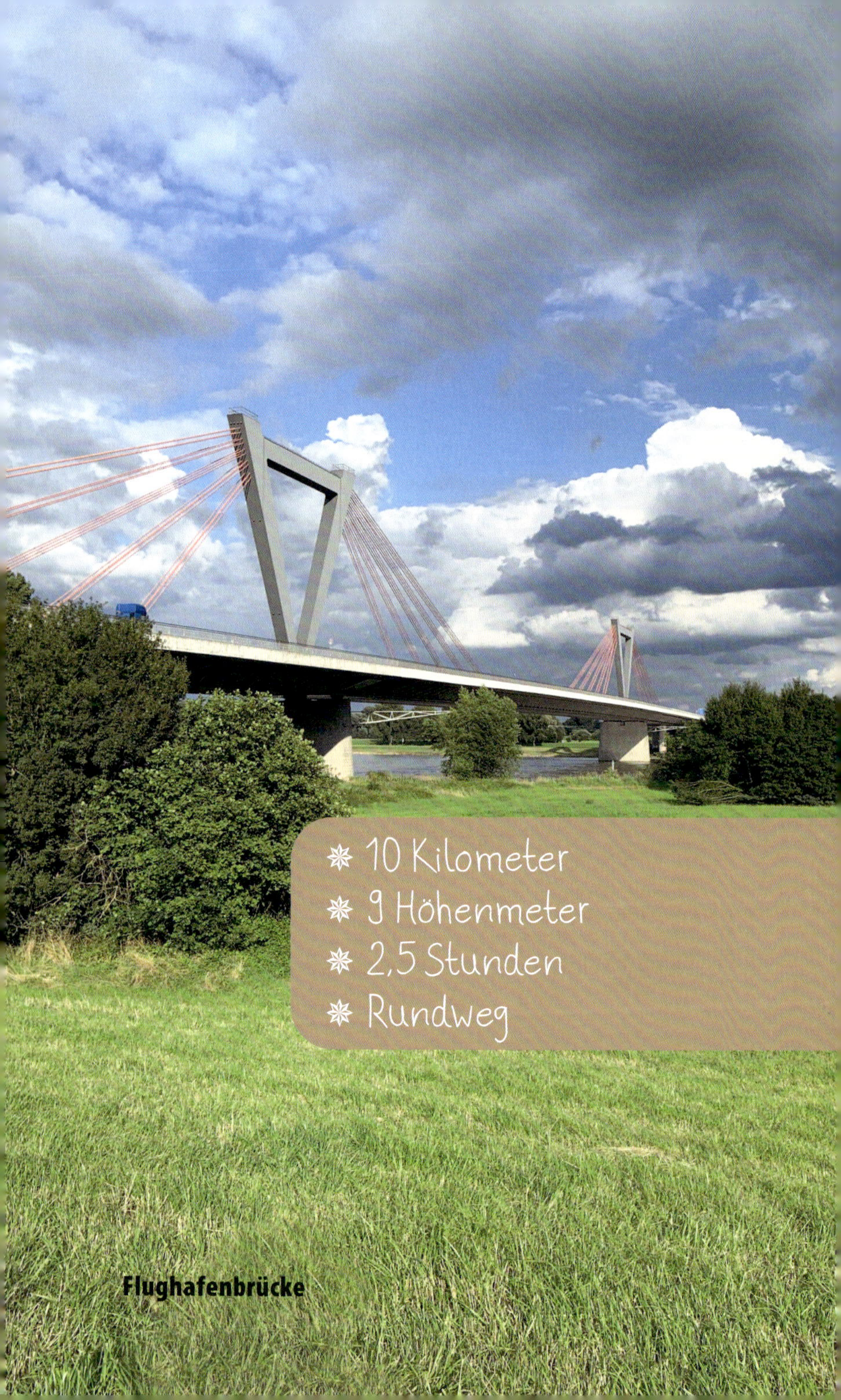

* 10 Kilometer
* 9 Höhenmeter
* 2,5 Stunden
* Rundweg

Flughafenbrücke

Wir verlassen die **U-Bahn-Haltestelle Haus Meer,** wenden uns auf dem P+R-Parkplatz nach rechts und gehen bis zur Moerser Straße. Wir überqueren diese und setzen auf der anderen Straßenseite unseren Weg nach rechts fort. Er zieht sich an der Mauer entlang, hinter der das **Haus Meer** ❶ und sein Park liegen.

An der Ecke, wo sich links von uns das **Teehäuschen** ❷ erhebt, biegen wir nach links ab. Wir gehen die Lindenallee hinunter und erreichen nach kurzer Zeit das Haus Meer. Nach einem Blick in den anheimelnden Innenhof des Wirtschaftsgebäudes – hier können wir erahnen, wie prächtig das Anwesen einmal gewesen sein muss – folgen wir der Straße noch ein kleines Stück und biegen an der nächsten Kreuzung nach links in die Straße Isseldyk ab. Sie macht gleich darauf eine Rechtskurve, und dann stehen wir auch schon mitten in dem dschungelartigen Wald des **Ilvericher Bruchs** ❸ mit dem charakteristischen Bruchwald und sumpfigen Gewässern.

Das Herrenhaus Haus Meer war ursprünglich ein 1166 von Gräfin Hildegundis von Meer gegründetes Prämonstratenserinnenkloster. Nach seiner Auflösung 1804 baute es der Krefelder Seidenfabrikant Friedrich Heinrich von der Leyen zu einem Schloss um. Heute sind davon nur noch die Wirtschaftsgebäude und der englische Landschaftsgarten erhalten.

Viele Tiere und Pflanzen leben in dem Naturschutzgebiet, das als eines der wertvollsten in der Re-

Auendschungel

Entlang des Ilvericher Bruchs

gion gilt. Nach einer weiteren Kurve gelangen wir wieder auf freies Feld, biegen nach links in die Straße **An der Issel** ein. Nachdem wir die ersten beiden Häuser passiert und kurz zuvor noch einen kleinen Bienenstand am Wegesrand erspäht haben, biegen wir erneut nach links ab. Der Weg ist mit A 2 und dem Zeichen für den Jakobspilgerweg markiert.

Der Ilvericher Bruch wird auch Ilvericher Altrheinschlinge genannt und ist ein Altarm des Rheins. Er entstand vor ungefähr 11.000 Jahren, als der Rhein während einer Warmphase viele Mäanderschlingen ausprägte. 4000 Jahre später wurde die Schlinge zu einem Nebenarm, der danach immer mehr verlandete und letztlich zu einem Niedermoor wurde.

Wir laufen nun zwischen Feldern hindurch, sehen am Horizont Wald und Pappelreihen. Wo wir den Waldsaum erreichen, gehen wir geradeaus weiter, links und rechts von uns erstreckt sich sumpfiger Bruchwald. Kurz bevor wir einen kleinen Parkplatz erreichen, biegen wir nach rechts auf einen kleinen Waldpfad, dem wir, alle Abzweigungen ignorierend, für 2,1 Kilometer folgen. Er führt uns immer entlang eines Altrheinarms – im Sommer ist Mückenschutz angeraten! Zunächst geht es noch durch ein kleines Waldstück, rechts von uns sehen wir aber Felder liegen. Anschließend ist der Wasserarm beiderseits von hohen Pappeln flankiert, die aber immer wieder den Blick auf die umliegenden Wiesen freigeben. Wir queren unmerklich die Autobahn – die hier unterirdisch verläuft. Nach einer lang gezogenen Rechtskurve stoßen wir auf eine Asphaltstraße (zum Restaurant **Ilvericher Hof** 4 geht es hier nach links) und eine Brücke nach rechts über den Altrheinarm, den wir hier überqueren. Nach der Brücke gehen wir direkt nach links, weiter entlang des Altrheinarms, er liegt nun auf unserer linken Seite. Hier haben wir einen ungehinderten Blick bis zum Horizont. Der Schotterweg macht einen Knick nach rechts, kurz danach überqueren wir wieder den Altrheinarm und folgen dem Weg nach rechts. Zu-

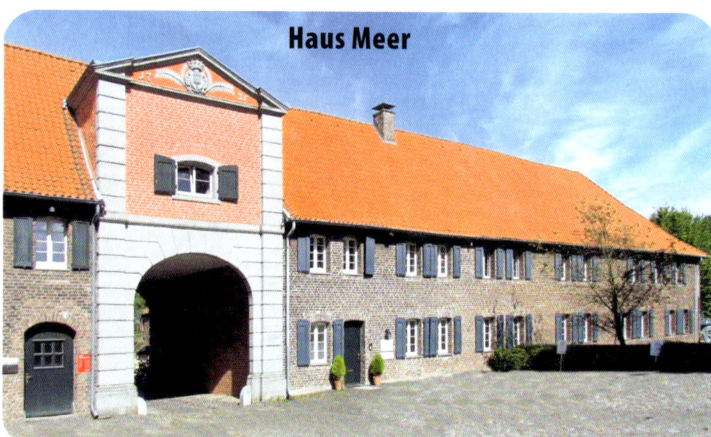

Haus Meer

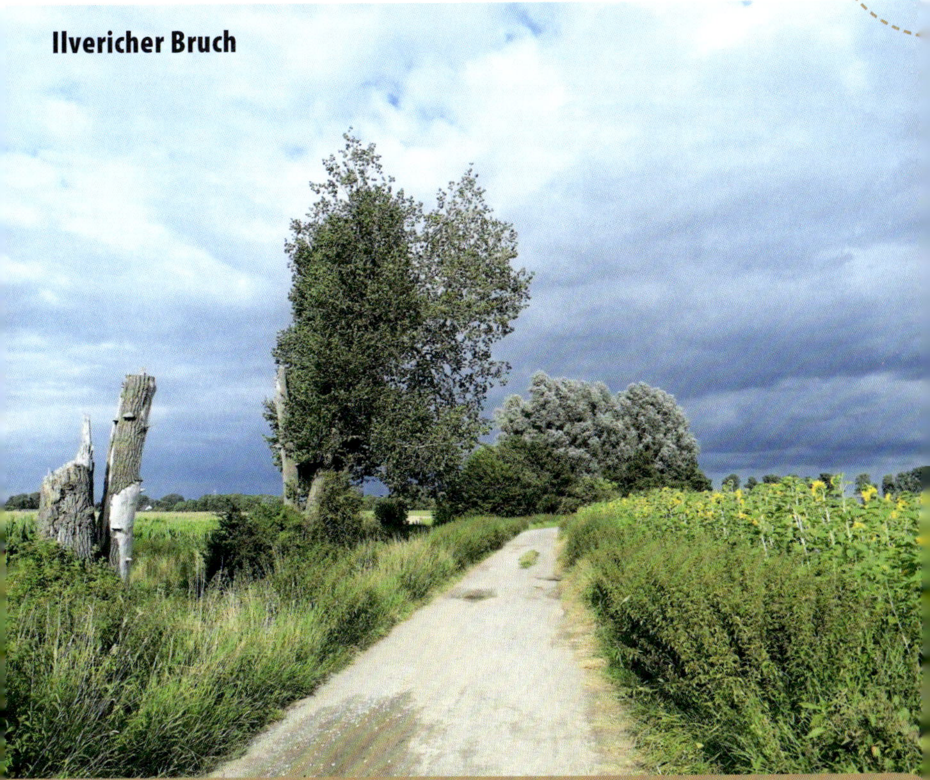

Für die Seele

Die wilden Auenwälder des Ilvericher Bruchs sind Fenster in längst vergangene Zeiten. Veränderung ist das einzig Beständige in unserem Kosmos.

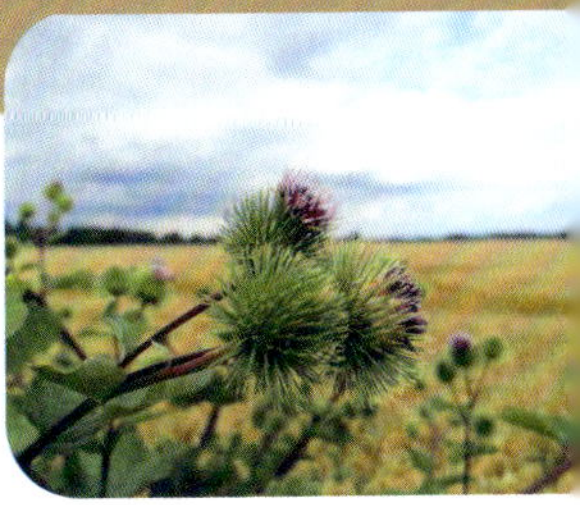

nächst gesäumt von Holunderbüschen und anderen Gehölzen, zieht er sich dann durch ein kleines Wäldchen hindurch und bringt uns entlang des Mühlenbachs nach kurzer Zeit direkt zum Deichkronenweg. Hier öffnet sich der Blick zur **Flughafenbrücke** ⑤. Wir erklimmen die Deichkrone, laufen nach rechts und folgen dem Deichverlauf für 1,5 Kilometer. Unter der

Flughafenbrücke hindurch, immer den Rhein im Blick, können wir kurz danach sogar den Rheinturm Düsseldorf sehen. An der Weggabelung nach dem links von uns liegenden **Dammloch,** einem kleinen Tümpel, halten wir uns rechts. An der nächsten Weggabelung halten wir uns abermals nach rechts, folgen weiter der erkennbaren Dammkrone und der Markierung A 2 für 1,5 Kilometer bis zum Ortsrand von Meerbusch. An der ersten Kreuzung – hier steht ein Haus, an dem lebensgroße Comicfiguren angebracht sind – nehmen wir die kleine Straße nach rechts und kommen in einer weiten Linkskurve wieder am Haus Meer vorbei, gehen die Lindenallee entlang nach rechts in die Moerser Straße und erreichen die U-Bahn-Haltestelle, den Endpunkt unserer Tour.

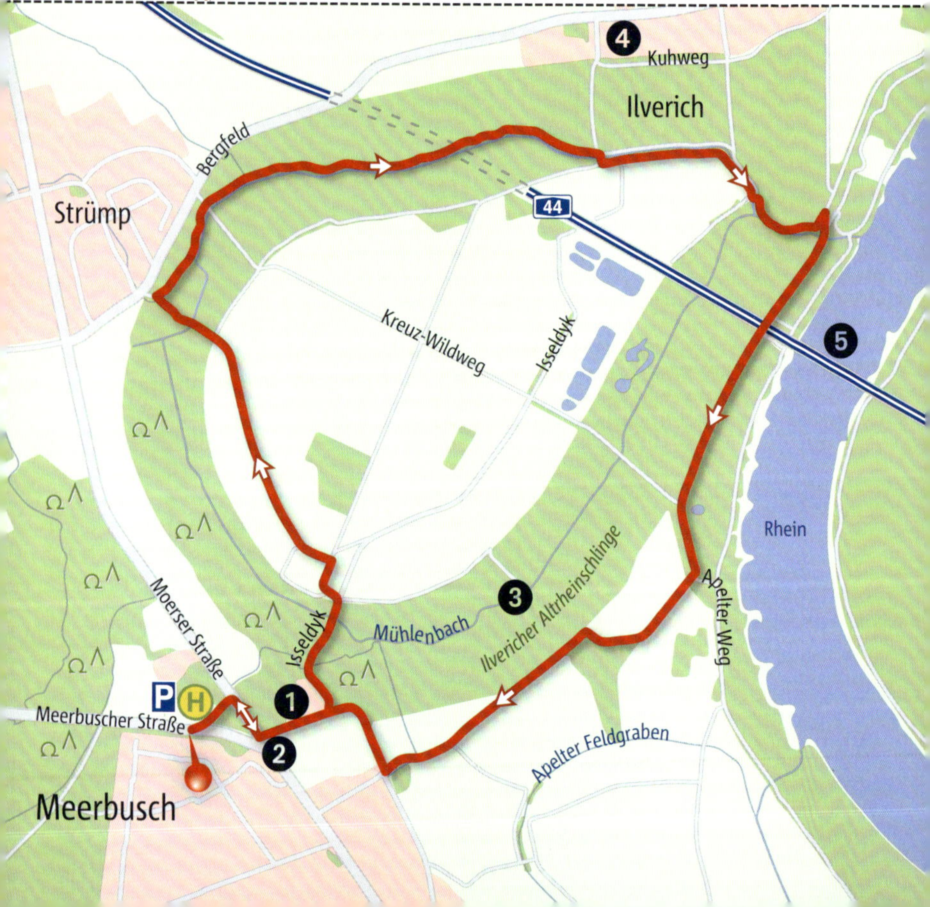

Alles auf einen Blick

WIE & WANN:
Kleine Straßen, asphaltierte Wirtschaftswege, aber auch kleine Waldpfade; ganzjährig möglich, bei Hochwasser möglicherweise schlammig, beste Zeit März bis Oktober

HIN & WEG:
Auto: P+R Haus Meer, Moerser Straße, 40667 Meerbusch
(GPS 51.26662633385196, 6.669049203541666)
ÖPNV: U70, U74, U75 bis Haus Meer

ESSEN & ENTSPANNEN:
Ilvericher Hof ❹ Obere Straße 50, 40668 Meerbusch,
Tel. (0 21 50) 7 07 46 86, www.ilvericher-hof.de

ENTDECKEN & ERLEBEN:
Haus Meer ❶
Teehäuschen ❷
Ilvericher Bruch ❸
Flughafenbrücke ❺

Entspannung ★★★★★
Genuss ★★☆☆☆
Romantik ★★★☆☆

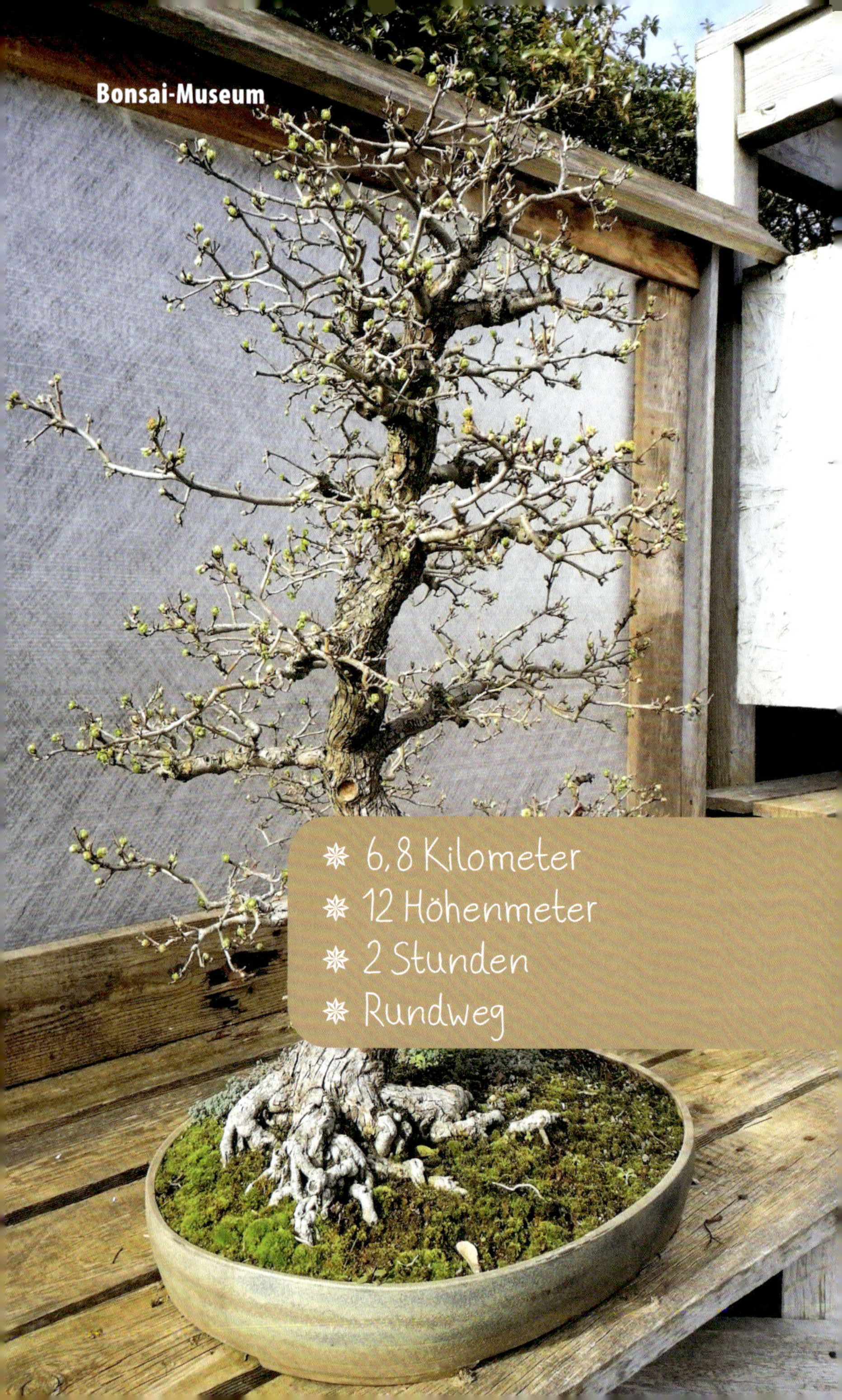

Bonsai-Museum

- 6,8 Kilometer
- 12 Höhenmeter
- 2 Stunden
- Rundweg

Aus Richtung Düsseldorf-Innenstadt kommend verlassen wir den Bahnsteig der **S-Bahn-Station Hamm,** gehen die Treppe nach links hinunter und dann nach rechts in die Einmündung der Straße **Auf den Kuhlen.** Hier fühlt es sich gar nicht mehr nach Stadt an – wir befinden uns direkt in der ländlichen Umgebung des kleinen Düsseldorfer Stadtteils Hamm: Rings um uns sehen wir landwirtschaftliche Anbauflächen, in geringer Entfernung ragt geradeaus der Turm der **Basilika St. Blasius** vor uns auf. Wir folgen der Straße, passieren die

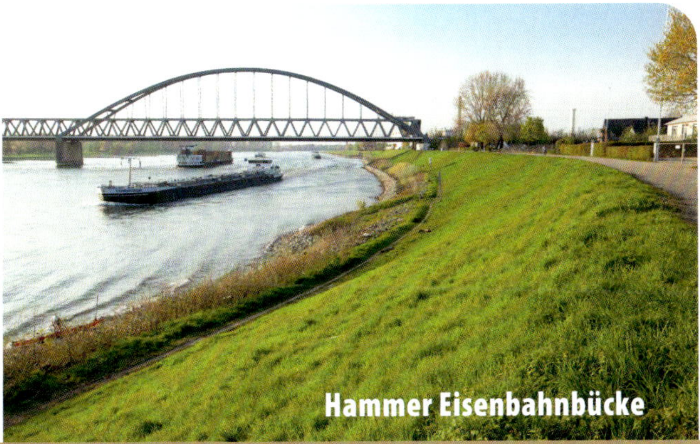

Hammer Eisenbahnbücke

Alles wächst

Kleine Runde um Hamm

Straßenbahnhaltestelle, kurz danach macht die Straße eine Linkskurve. Von hier aus sehen wir auch schon die **Hammer Eisenbahnbrücke** (1) mit ihrem hohen Bogen.

An Anbauflächen vorbei und zwischen Neubauten hindurch gelangen wir auf den Rad- und Fußweg auf dem Deich und genießen den weiten Blick über den Rhein. Die Brücke liegt rechts von uns, wir setzen

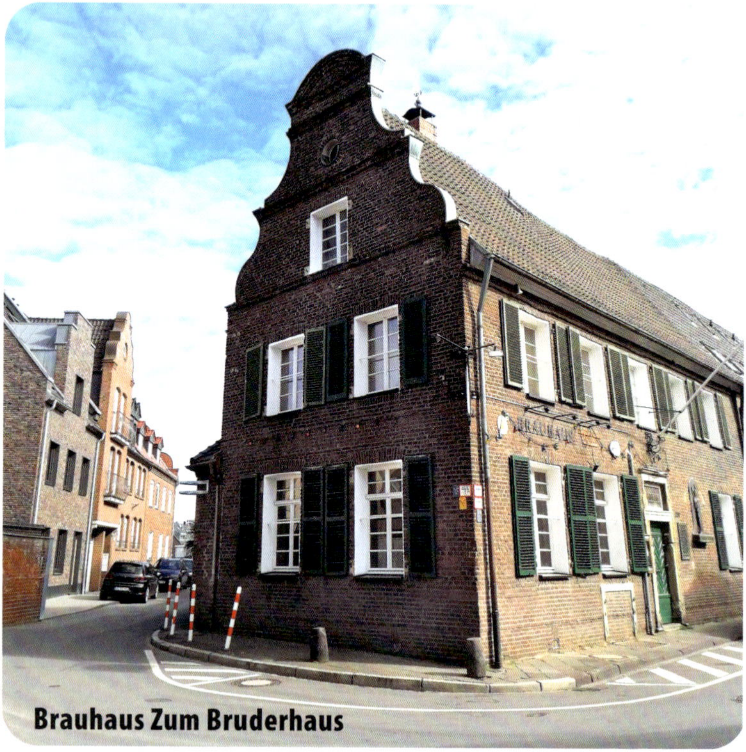

Brauhaus Zum Bruderhaus

Vor etwa 35 Jahren, als 18-Jähriger, gründete der aus Hamm stammende Werner M. Busch das Bonsai-Museum – aus Leidenschaft für die kleinen Bäume, die wundersamerweise aussehen, als seien sie groß und alt. Ein Lehrpfad gibt hilfreiche Einblicke in die Kunst, Minibäume zu züchten, und vermittelt auch die Grundlagen der dahinterstehenden Philosophie.

unseren Weg nach links fort. Kurz danach kommt eine Gabelung, hier halten wir uns links und entfernen uns vom Flussufer. Nachdem wir die Gewächshäuser links passiert haben, sehen wir links, unterhalb der Böschung, an einem Toreingang das große Schild **„Bonsai-Museum Düsseldorf"** ❷. Ein Besuch ist sehr zu empfehlen! Es führt ein kleiner Fußpfad hinunter. Wer in die stille und friedliche Atmosphäre des Museums eintaucht, hat fast das Gefühl, dass an diesem Ort – unter freiem Himmel und japanisch geradlinig-schlicht gestaltet – die Zeit stehen geblieben ist.

Nach dem Besuch des Bonsai-Museums setzen wir unseren Weg fort und gelangen auf die **Hammer Dorfstraße.** Hier gehen wir nach rechts, an der nächsten Straßenecke befinden sich in einem barocken Giebelhaus das Restaurant **Brauhaus zum goldenen Handwerk im**

Bruderhaus ❸ und die Gaststätte **Am Kapellchen** ❹. An dieser Kreuzung liegt auch die **Rochuskapelle** ❺. Sie stammt aus dem Jahr 1709, war die Grabkapelle der einflussreichen Familie des Hofrats Wilhelm Daniels und wird noch heute für Gottesdienste genutzt. Wir gehen über die Kreuzung und biegen in die Straße **Auf der Böck** ein, halten uns dann aber gleich rechts. Die Straße macht nach 150 Metern eine Linkskurve, auf ihrer rechten Seite läuft eine Mauer entlang, hinter der wir aber schon den Rhein sehen. Nach der Mauer liegen rechts unten einige schöne sandige Strandabschnitte, die zur Rast einladen. An der nächsten Gabelung halten wir uns wieder rechts und folgen dem Uferdamm. Wir laufen unter der **Josef-Kardinal-Frings-Brücke** hindurch und biegen danach nach links in

Rochuskapelle

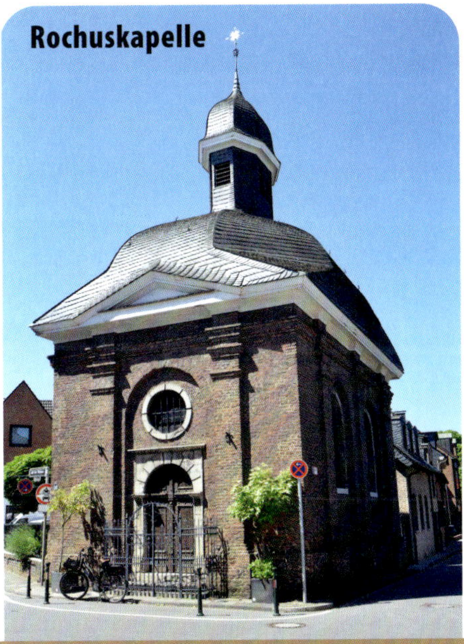

Für die Seele

Pflanzen wachsen und gedeihen zu sehen, verbindet uns mit dem Leben und dem Kreislauf der Natur, dem wir alle unterliegen. Wir fühlen uns zugehörig.

den **Batterieweg** ein. An dessen Ende stoßen wir auf den Viehfahrtsweg, überqueren ihn und gehen nach halb rechts auf den **Aderdamm.** Hier genießen wir die Ruhe, unser Blick reicht weit über Pferdekoppeln, Wiesenland und Anbauflächen, vor uns flankieren Büsche und Bäume den Weg. An einer Bank aus Metall zweigt ein gepflasterter Weg nach links ab, wir laufen auf ihm

Der Südfriedhof heißt so, weil er im „alten" Süden der Stadt lag. 1904 gab es die erste Beisetzung hier, er ist der viertälteste Friedhof der Stadt und mit 47 Hektar der zweitgrößte. Das heute parkähnliche Gelände ist von hohen einheimischen Bäumen geprägt – und von seiner weithin sichtbaren, unter Denkmalschutz stehenden Kapelle mit Leichenhaus.

entlang, genau auf den **Südfriedhof** 6 zu, der hinter der Mauer liegt. Hier können wir durch eine kleine Pforte in den Friedhof hineingehen und ihn – uns immer links haltend – durch den Haupteingang wieder verlassen.

Außen an der Friedhofsmauer setzen wir unseren Weg vor der Pforte nach links fort und laufen auf dem Weg immer geradeaus bis an die Ecke der Friedhofsmauer und folgen dieser nach rechts. Wir sehen links die Friedhofsgärtnerei, gehen danach gleich wieder links (der Haupteingang des Südfriedhofs liegt hier rechts von uns), erneut nach rechts und an der Straßenbahnhaltestelle vorbei bis zum **Südring.** Diesen überqueren wir an den Fußgängerampeln und gehen auf der anderen Seite in die Platanenallee. Dort folgen

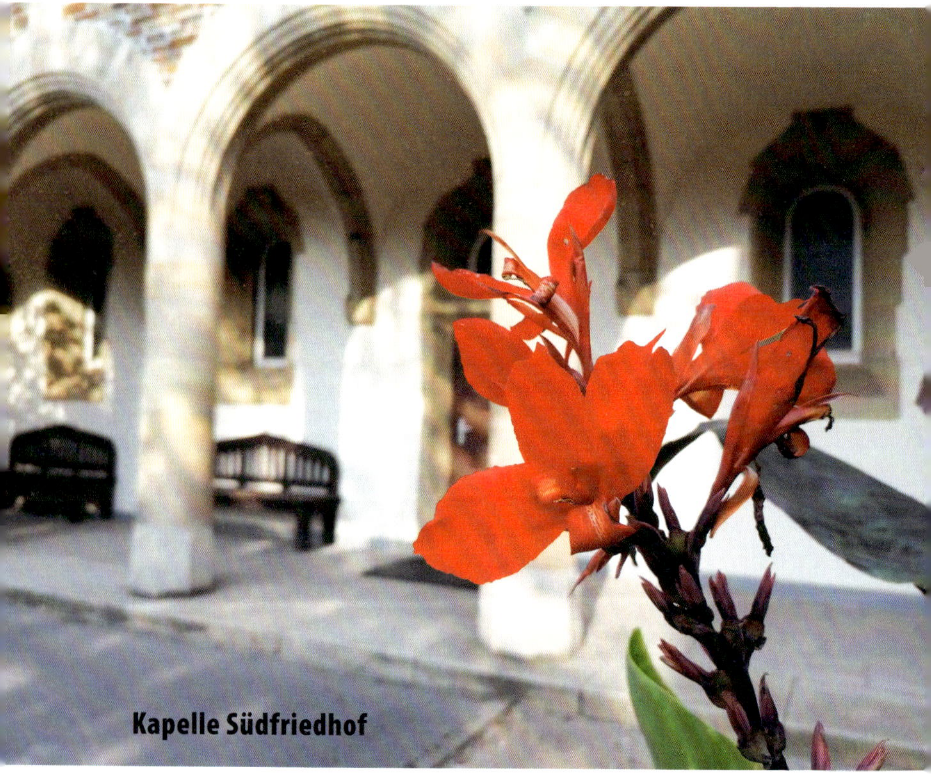

Kapelle Südfriedhof

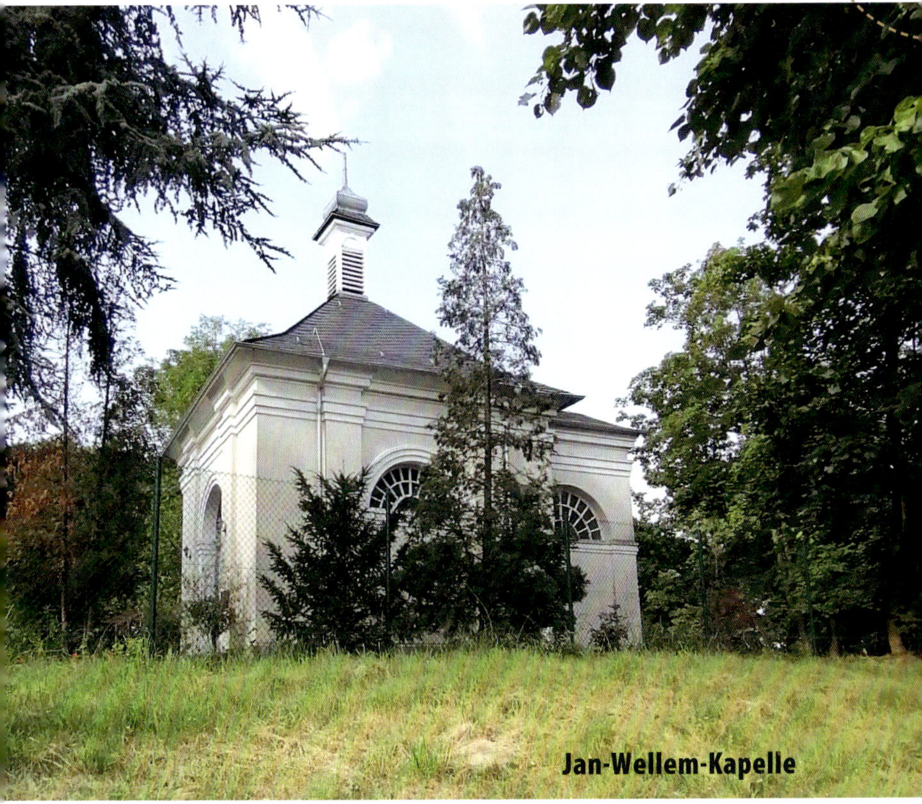

Jan-Wellem-Kapelle

wir dem Fußweg entlang der **Völklinger Straße** bis zu der Stelle, an der die **Fährstraße** quert. Wir überqueren sie nach links und laufen dann für ungefähr 500 Meter geradeaus die Fährstraße entlang. Der Gehsteig mündet in einen Fußgängerweg, links von uns liegen Felder, rechts ein Sportplatz. Nach der Bushaltestelle Kapellweg liegt rechts oben auf einer kleinen Böschung die **Jan-Wellem-Kapelle** 7.

Gleich danach biegen wir nach rechts in den **Kapellweg** ein und finden uns in der für dieses Stadtgebiet typischen Szenerie wieder: Wir sehen weitläufige landwirtschaftliche Anbauflächen, am Horizont die Basilika St. Blasius auf der einen und die Medienhafen Skyline auf der anderen Seite. Hier gibt es viele

Herzog Phillip Wilhelm freute sich 1658 so sehr über die Geburt seines Sohnes Johann Wilhelm – den die Düsseldorfer als Jan Wellem kennen –, dass er die Kreuz-Kapelle errichten ließ. Die Jan-Wellem-Kapelle, wie sie nun heißt, wird heute von der georgischen orthodoxen Kirchengemeinde genutzt und ist deshalb für die Öffentlichkeit nicht begehbar.

Brombeerhecken, und im Sommer können wir die Früchte direkt pflücken und genießen. Nach den Gebäuden des Oberlandesgerichts und des Landeskriminalamts, die auf unserer rechten Seite liegen, stößt unser asphaltierter Wirtschaftsweg auf die **Plockstraße.** Wir wenden uns nach links, folgen der Rechtskurve, überqueren zwischen den rot-weißen Schranken die Straßenbahngleise und biegen nach der Fußgängerampel nach links in die **Hammer Dorfstraße** ein. Nach 260 Metern gehen wir nach halb rechts in die Straße **In der Buhlack.** Sie führt uns zwischen Schrebergärten hindurch. Wo wir auf die Straße **Auf den Kuhlen** treffen, biegen wir nach rechts und gleich danach wieder nach rechts. Hier stehen wir am Aufgang zu den S-Bahn-Gleisen und beenden unsere Tour.

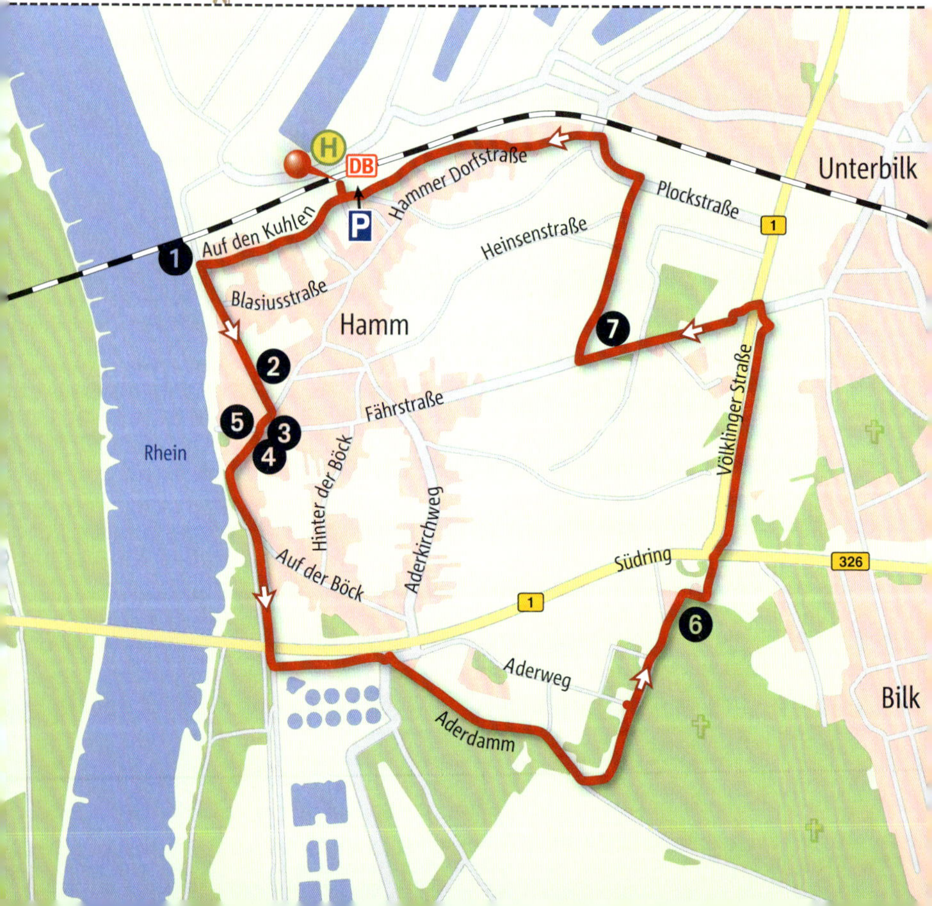

Alles auf einen Blick

WIE & WANN:
Asphaltierte Wege und Straßen, überwiegend für Fußgänger und Radfahrer; ganzjährig möglich, die Tour lohnt sich immer

HIN & WEG:
Auto: Parkplatz am Aufgang zur S-Bahn, gegenüber von Kuhstraße 28, 40221 Düsseldorf-Hamm (GPS 51.2102667500804, 6.739875301365758)
ÖPNV: S8, S11, Straßenbahn 706 bis Hamm

ESSEN & ENTSPANNEN:
Brauhaus zum goldenen Handwerk im Bruderhaus ❸ Fährstraße 237, 40221 Düsseldorf, Tel. (02 11) 15 81 54 40, www.brauhaus-bruderhaus.de
Am Kapellchen ❹ Auf den Steinen 2A, 40221 Düsseldorf, Tel. (02 11) 97 71 15 93, www.amkapellchen.com

ENTDECKEN & ERLEBEN:
Hammer Eisenbahnbrücke ❶
Bonsai-Museum Düsseldorf ❷ Hammer Dorfstraße 167, 40221 Düsseldorf, Tel. (02 11) 30 67 73, www.bonsai-museum.de
Rochuskapelle ❺ Auf den Steinen 1, 40221 Düsseldorf
Südfriedhof ❻ Am Südfriedhof 16, 40221 Düsseldorf, Tel. (02 11) 8 99 56 90
Jan-Wellem-Kapelle ❼ Fährstraße 95, 40221 Düsseldorf

Entspannung ✱✱✱✱✱
Genuss ✱✱✱
Romantik ✱✱✱✱

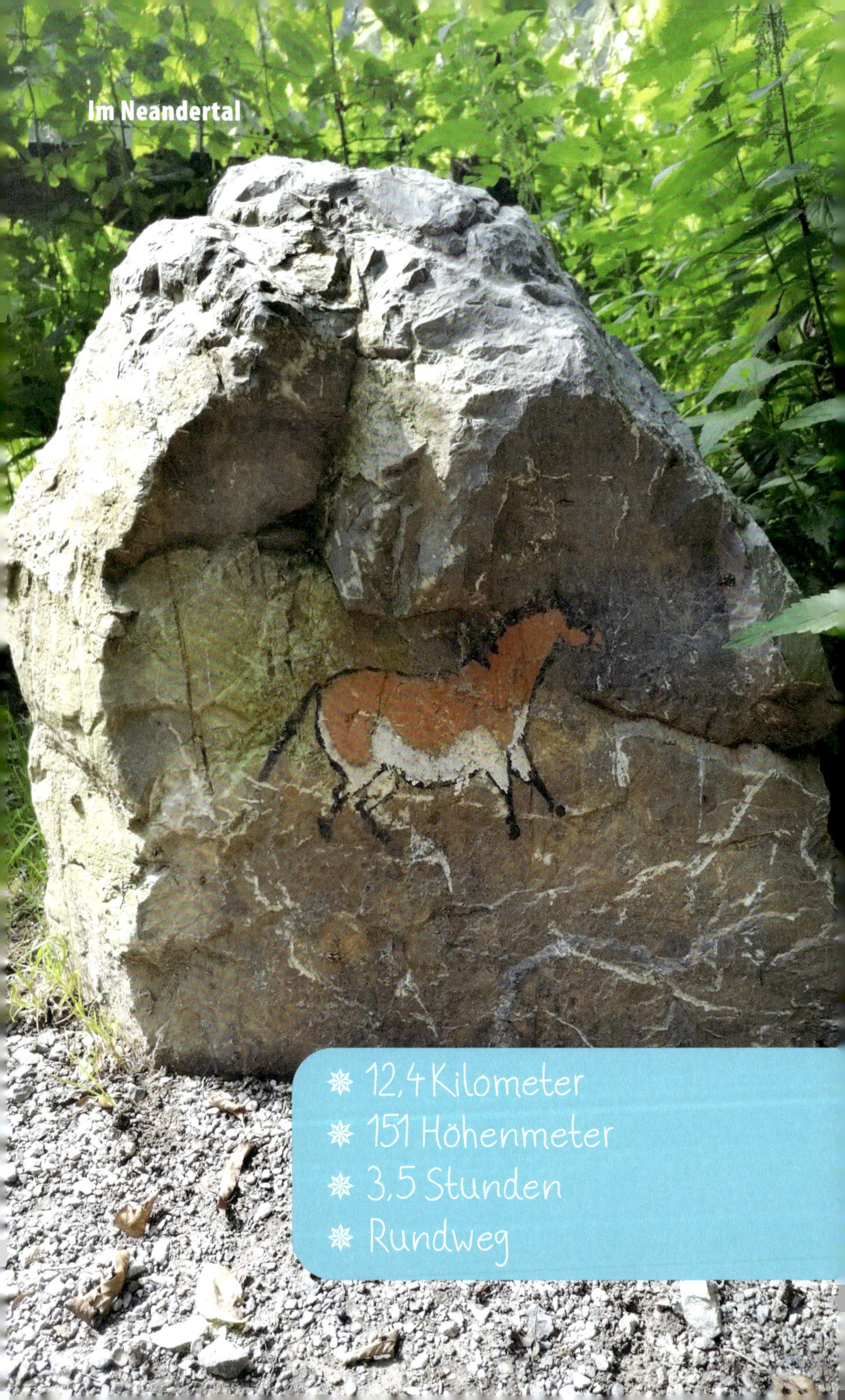

Im Neandertal

- 12,4 Kilometer
- 151 Höhenmeter
- 3,5 Stunden
- Rundweg

Wir starten die Tour mit der **S-Bahn-Station ME-Neanderthal** in unserem Rücken, gehen nach links, indem wir dem Schild „Neandertal Museum 300 Meter" bzw. ein kurzes Stück danach auch dem Schild „Eiszeitliches Wildgehege" folgen. Die Straße führt leicht bergab und in einer Kurve unter den Bahngleisen hindurch. Kurz nach dem Scheitelpunkt der Kurve zweigt ein kleiner Fußpfad nach links ab, hinunter in den Wald (Schild „Neanderthal-Museum"). An dessen Ende kommen wir direkt neben dem **Neanderthal-Museum** (1) (ein Besuch ist sehr zu empfehlen!) heraus, überqueren die Straße an den Fußgängerampeln, gehen kurz nach rechts und biegen gleich wieder nach links ein.

Wir passieren dann das Restaurant und **Café Neandertal No. 1** (2), sehen rechts die Bücken über den Mett-

!

Das Neandertal (früher mit th geschrieben) ist ein weitgehend unbebauter Talabschnitt der Düssel 10 Kilometer östlich von Düsseldorf. Es war bis ins 19. Jahrhundert hinein eine 50 Meter tiefe und sehr enge Schlucht aus Kalkstein. 1856 entdeckten hier Steinbrucharbeiter Knochenfragmente eines Urzeitmenschen – des Neandertalers.

Willkommen im Neandertal

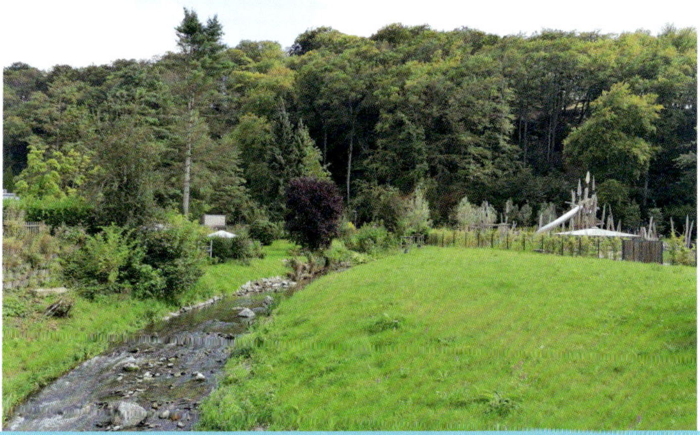

Vergangene Zeit

Unterwegs im Neandertal

40 Kilometer legt die Düssel auf ihrem Weg von der Quelle in Wülfrath bis zur Mündung in den Rhein in Düsseldorf zurück. Dabei fließt sie auch durch das Naturschutzgebiet Neandertal und mäandert in vielen Schlingen und Bögen durch die Talaue. Sie bietet Lebensraum für viele Wasserinsekten, aber auch Bachforellen, Eisvögel und sogar Gebirgsstelzen.

manner Bach und die Düssel sowie den neu angelegten Spielplatz und kommen an einem Parkplatz vorbei. An der nächsten Gabelung folgen wir unserem Weg nach links, ausgeschildert mit „Eiszeitliches Wildgehege“. Kurz danach liegt rechts das Kunstwerk **„Memoria Mundi“**, – mit dem die Künstler Anne und Patrick Poirier das kulturelle Gedächtnis der Welt und auch das Vergessen thematisieren. Wenn wir an den Felswänden des ehemaligen Steinbruchs dahinter hinaufschauen, bekommen wir eine Ahnung davon, wie tief das Tal eingeschnitten ist und wie außergewöhnlich schön es früher einmal ausgesehen haben muss. Wir gehen weiter geradeaus (X, Raute, A 1), passieren die **Steinzeitwerkstatt** und laufen auch hier geradeaus. Kurz danach sehen wir links von uns eine weitere Skulptur: **„Seele“** von Jaume Plensa. Sie gehört genau wie „Memoria Mundi“ zum **Skulpturenweg Menschenspuren** ③ mit Werken von elf Künstlern. Er beginnt direkt am Neanderthal-Mu-

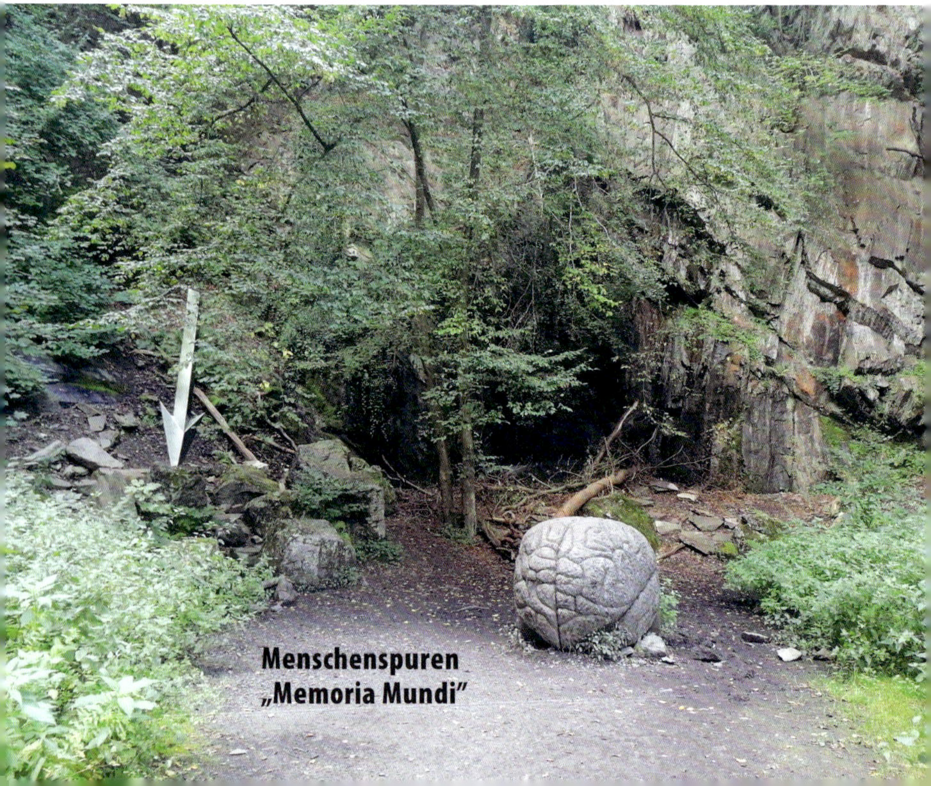

Menschenspuren „Memoria Mundi“

seum. Wir überqueren die Düssel und gehen danach nach rechts. Rechts von uns liegt das **Eiszeitliche Wildgehege** 4 am Wegesrand, und wenn wir Glück haben, sehen wir die Tarpane (Wildpferde), die hier leben. Wir wandern unter Bäumen weiter, lassen den Blick über die Wiese und hinüber zu den Pappeln schweifen. Der Zauber des Tals mit der munter dahinfließenden Düssel und seiner Stille erfasst uns schnell.

An der nächsten Gabelung folgen wir den Markierungen X, N und A 2 nach links. An der Stelle, wo der Rundweg Wildgehege nach rechts abzweigt, bleiben wir auf dem Neanderlandsteig geradeaus (Richtung Gruiten-Dorf und Mettmann). An der nächsten Kreuzung, nachdem wir eine kleine Steigung erklommen haben, gehen wir weiter geradeaus und wie auch an den nächsten beiden Gabelungen immer Richtung Gruiten. Wir passieren ein **Flößwehr** und einen mit Entengrütze zugewucherten Teich mit einer Weide in der Mitte. Nach dem Teich und vor der Zufahrt zu dem Hof, der dort steht, laufen wir nach rechts. Nach einer Kurve trifft der Weg auf eine querende Asphaltstraße, dort gehen wir links, nach ein paar Metern (der Hof, den wir umrundet haben, liegt nun links von uns) laufen

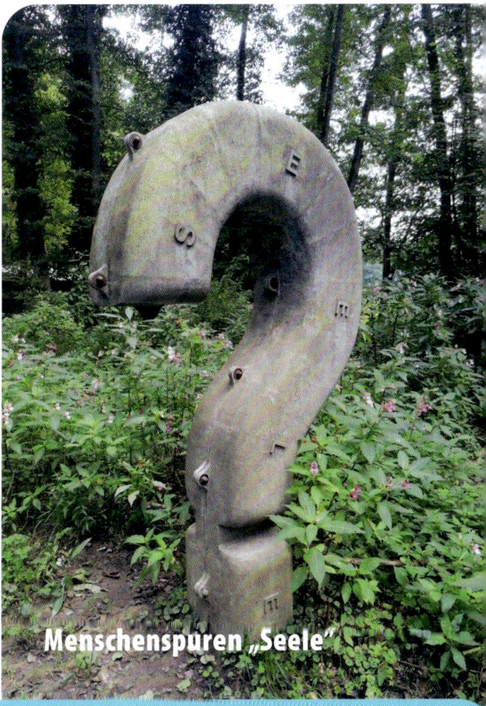
Menschenspuren „Seele"

Für die Seele

Im Neandertal reicht unser Blick weit zurück in die Vergangenheit – wir begegnen unseren Vorfahren, erkennen Trennendes und Verbindendes und sehen das große Ganze.

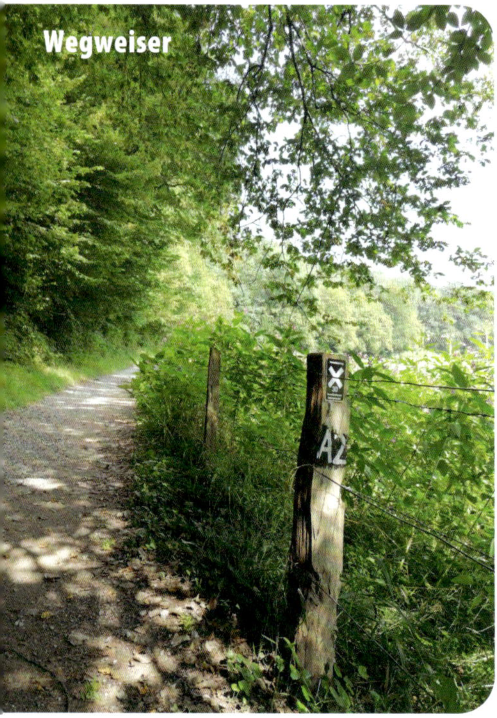
Wegweiser

wir mit dem Neanderlandsteig und dem Kreuz nach rechts. Ein weiterer idyllischer Talabschnitt liegt vor uns, an einer Weggabelung halten wir uns rechts. Wir gelangen zu einer Holzschranke, überqueren die Düssel auf einer Brücke und gehen in einem Linksbogen um die **Winkelsmühle** herum, passieren dabei eine **Schutzhütte.** Wir kommen an der Zufahrt zur Winkelsmühle heraus, laufen hier rechts, halten nach der Kurve an der Weggabelung nach links (Raute, A 6, A 5, Neanderlandsteig) und gehen zunächst am Mühlenteich und dann an der Düssel entlang, die hier links von uns liegen. An der nächsten Straßenkreuzung laufen wir nach rechts (A 6, N Richtung Gruiten-Dorf) auf einen asphaltierten Wirtschaftsweg und an der nächsten Gabelung nach links (Gruiten-Dorf). Auch hier begleitet uns das fröhliche Plätschern der Düssel. Wir kommen an einer **Kalkofen-Ruine** 5 vorbei.

Unser Weg wird zur Straße **Bracken,** und an der Kreuzung nach dem Haus Nr. 10 gehen wir nach links über die Düssel. Nach der Brücke macht die Straße einen Rechtsschwenk, und wir folgen ihr an der nächsten Gabelung Richtung Mettmann. Es geht jetzt bergauf durch den Wald, wir entfernen uns hier von der Düssel. Auf der Höhe kommen wir aus dem Wald hinaus, links und rechts liegen Felder. Nach kurzer Zeit erreichen wir einige Häuser, die rechts von uns liegen **(Am Schragen).** Wo wir auf einen querenden Weg stoßen, laufen wir nach links, ebenso an der Kreuzung (A 6 und A 5). Am **Gut Thunis** führt uns der Weg wieder bergab, taucht in den Wald und ins Naturschutzgebiet ein. Vor einem etwas größeren

Im Neandertal wurde intensiv Kalk abgebaut und in Kalköfen zu Branntkalk gebrannt (Calciumoxid). Gebrannter Kalk wird mit Wasser gelöscht und dann vor allem in der Bauindustrie eingesetzt – als Bestandteil von Mörtel, Putzen und um daraus Kalksandsteine zu fertigen.

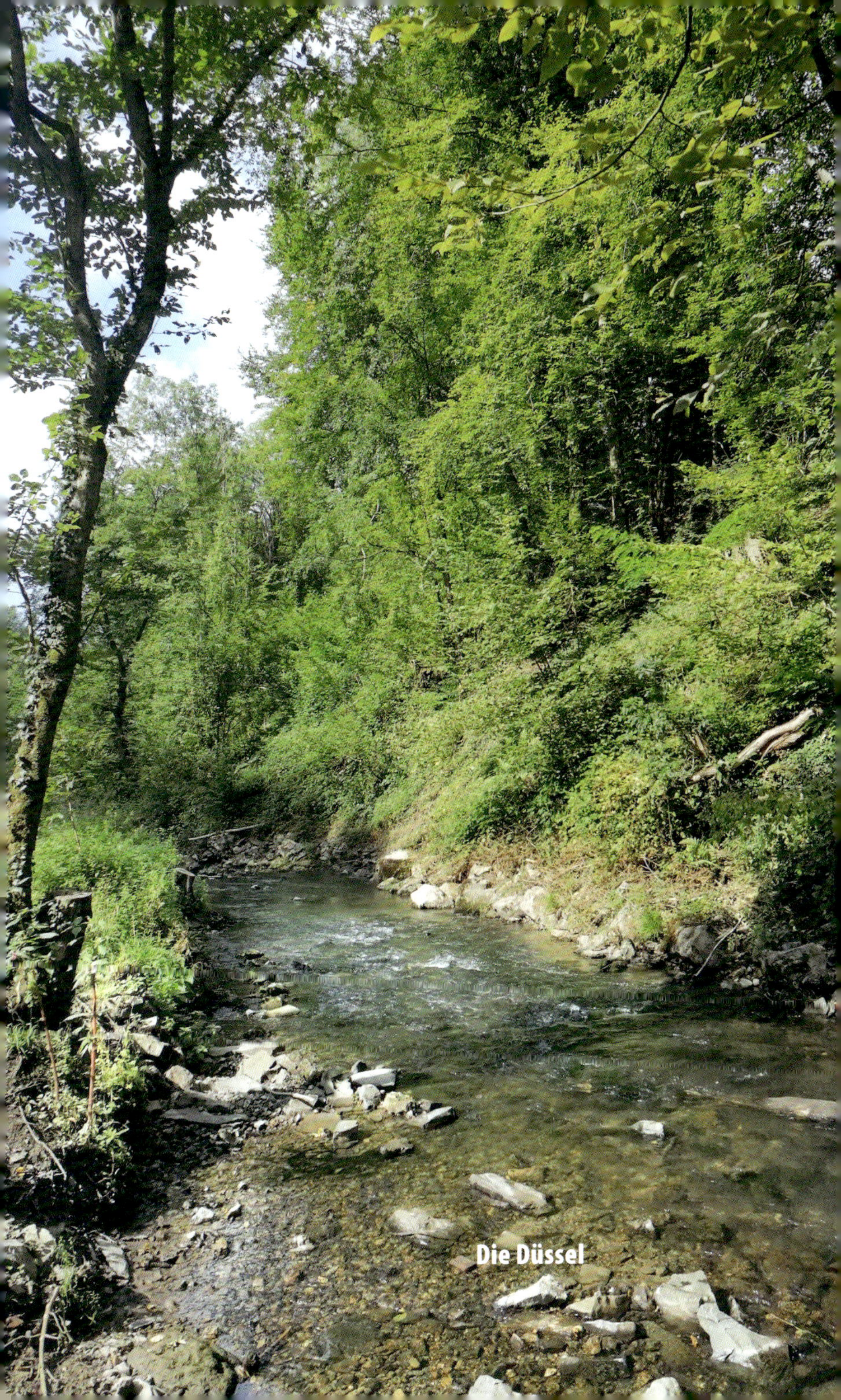

Die Düssel

Anwesen schwenkt der Weg nach rechts und führt uns wieder ins **Tal der Düssel.** Wir überqueren die Brücke und gehen danach mit A 5/A 6 nach rechts auf bekanntem Weg bis zur Winkelsmühle (an der Gabelung davor rechts halten, am Tor zur Winkelsmühle nach links), an der Schutzhütte vorbei, über die Düssel und weiter durch diesen Abschnitt des Düsseltals; an den Abzweigungen halten wir uns immer links. Wo wir das nächste Mal auf die Asphaltstraße stoßen, laufen wir nach links, folgen der Straße über die Düssel und am Talgrund entlang, bevor wir danach erneut in den Wald kommen und auf dem mit A 1 markierten Weg ein ganzes Stück bergauf gehen. An einer T-Kreuzung verlassen wir die Asphaltstraße und biegen nach rechts auf einen Waldweg ein, der

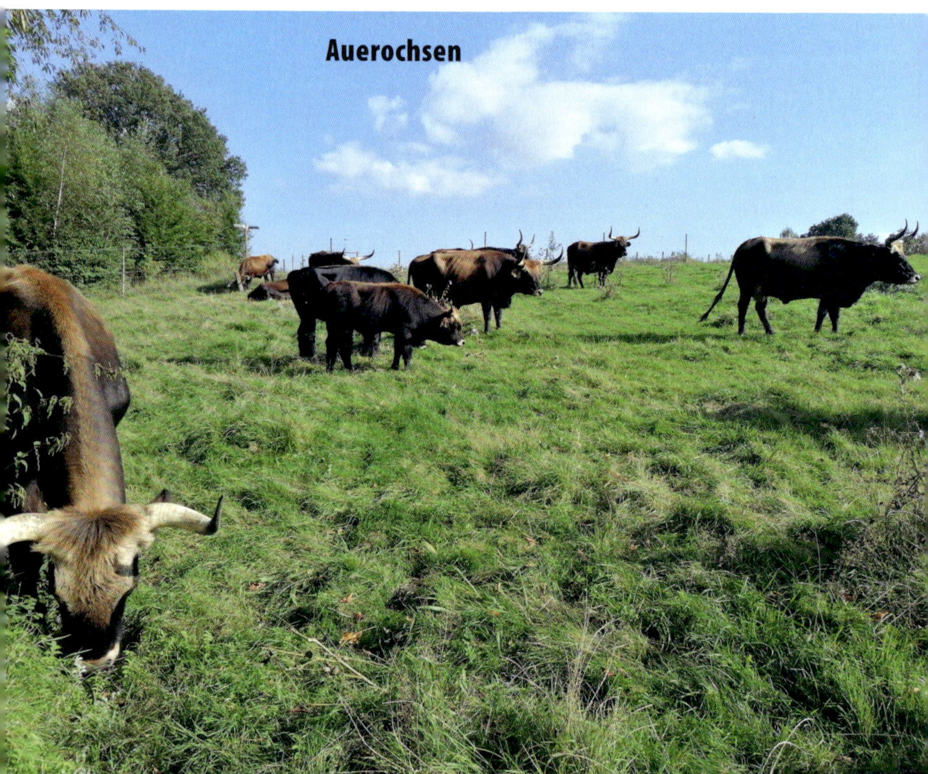

Auerochsen

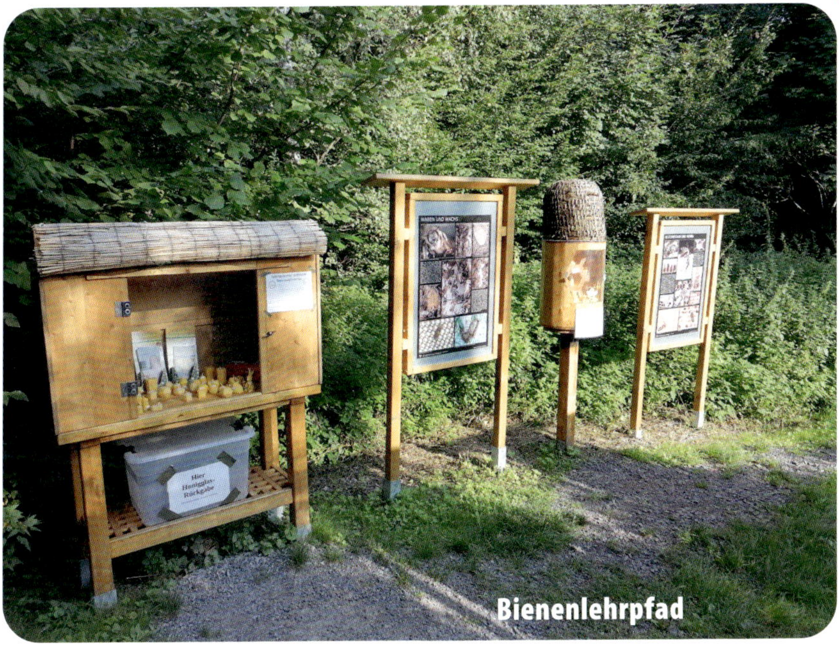

Bienenlehrpfad

uns alsbald wieder bergab bis zum Talboden führt. Die Düssel und ihre Wiesen liegen rechts. Es geht anschließend wieder bergauf, nach und nach gelangen wir aus dem Wald hinaus. Unser Weg zieht sich an einer Weide entlang, und da, wo wir auf das Eiszeitliche Wildgehege stoßen, biegen wir nach links. Hier lebt eine Herde Auerochsen, die wir mit etwas Glück auch zu Gesicht bekommen. Es geht dann am Gehege entlang, bald wieder in den Wald hinein (A 1), etliche Stufen hinunter und auf der anderen Seite eines kleinen Wasserlaufs wieder hinauf. Wir folgen dem Weg, der sich in Links- und Rechtskurven immer am Auerochsengehege entlangzieht, das stets rechts von uns liegt. Nachdem wir den Stall der Auerochsen und eine Infotafel zum Wildbienenhaus passiert haben, gehen wir weiter geradeaus in Richtung der Aussichtsplattform und der Linkskurve, die der Weg vor der Plattform macht (ausgeschildert mit Neandertal-Museum). Wir folgen dann den Schwün-

Im Neandertal No. 1 gibt es nicht nur unfassbar leckere Gerichte – von Frühstück über Kuchen bis zum steinzeitlichen Ursprung-Menü –, sondern mit der umgestalteten Höhle und dem Farnraum, dem Wintergarten und der Terrasse auch ein Ambiente, das modern, historisch und steinzeitlich zugleich ist.

gen und Kurven unseres Wegs entlang des Waldrandes und gelangen schließlich wieder in den Wald hinein. Auch an Abzweigungen halten wir uns immer an die Markierung A 1 (Rundweg Wildgehege und Beschilderung Neandertal-Museum). Kurz nachdem wir in den Wald hineingekommen sind, führt ein kleiner Abstecher nach links zum **Bienen-Lehrpfad** 6. Unser Weg mündet an der **Steinzeit-Werkstatt** wieder auf den etwas größeren Weg, den wir schon vom Touranfang her kennen.

Hier gehen wir nach links, kommen wieder am Neandertal No. 1 vorbei, laufen über die Straße und steigen rechts vom Museum den kleinen Fußweg hinauf zur S-Bahn-Station – dem Ende unserer Wanderung.

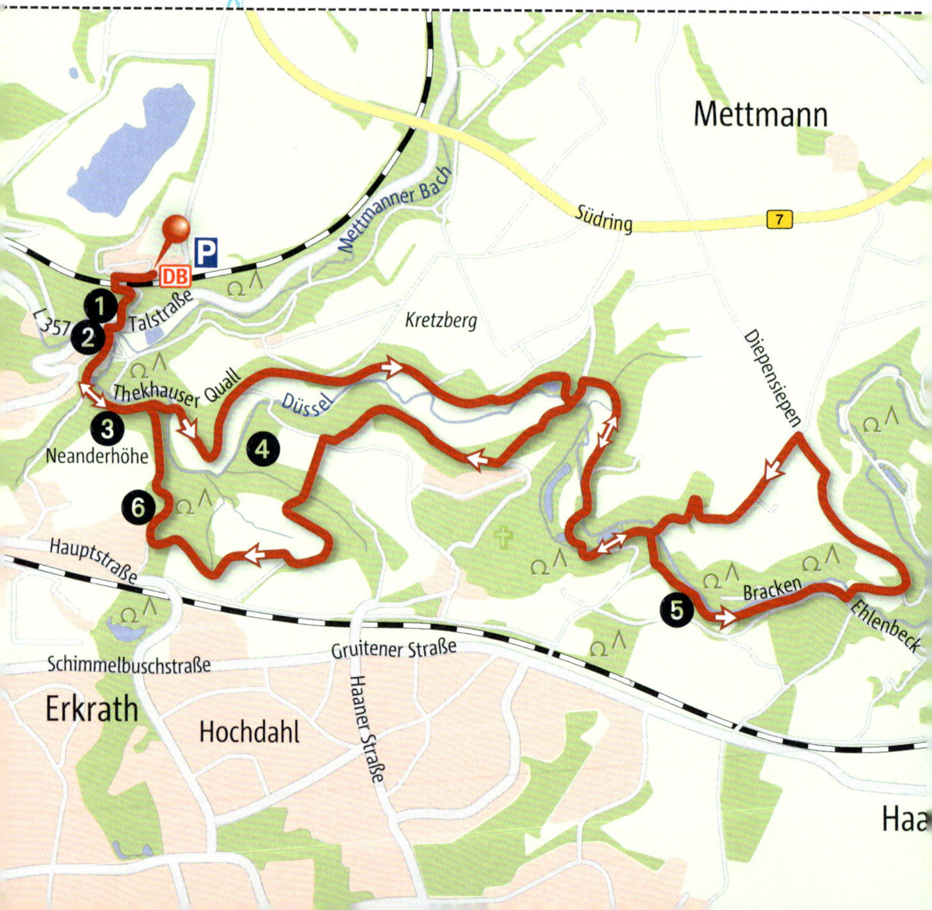

Alles auf einen Blick

WIE & WANN:
Drei Viertel der Wanderung verlaufen auf Pfaden und Naturwegen; ganzjährig möglich und empfehlenswert, schönste Zeit von April bis Oktober

HIN & WEG:
Auto: Parkplatz an der S-Bahn-Station, Eidamshauser Straße 202, 40822 Mettmann (GPS 51.22817913456833, 6.954419542776047)
ÖPNV: S28 bis ME-Neanderthal

ESSEN & ENTSPANNEN:
Café Neandertal No. 1 ❷ Neandertal 1, 40699 Erkrath, Tel. (0 21 04) 8 08 00 80, www.neandertal1.com

ENTDECKEN & ERLEBEN:
Neanderthal Museum ❶ Talstraße 300, 40822 Mettmann, Tel. (0 21 04) 9 79 70, www.neanderthal.de
Skulpturenweg Menschenspuren ❸
Eiszeitliches Wildgehege ❹
Kalkofen-Ruine ❺
Bienen-Lehrpfad ❻

Entspannung ✱✱✱✱✱
Genuss ✱✱✱✱✱
Romantik ✱✱✱✱✱

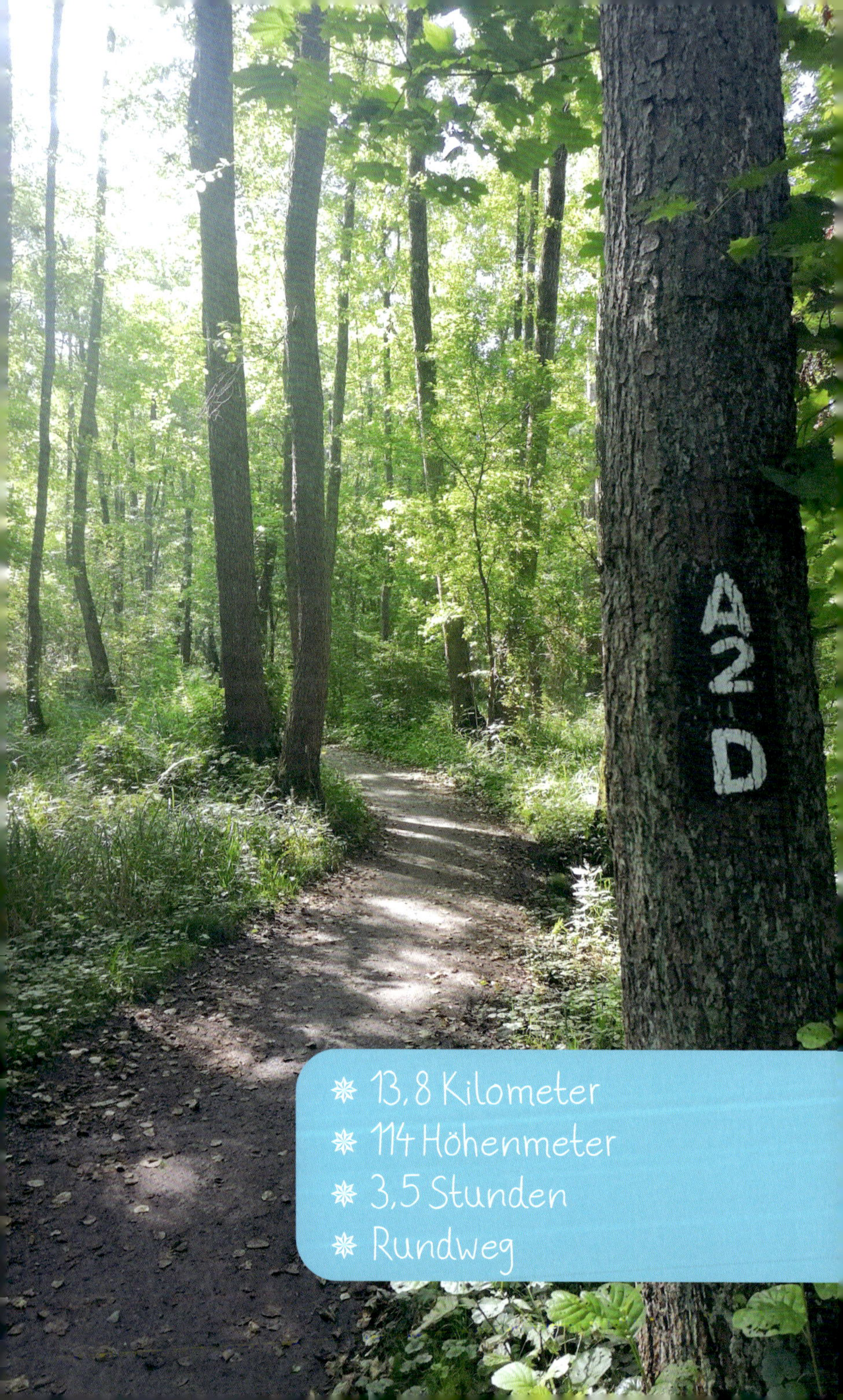

- 13,8 Kilometer
- 114 Höhenmeter
- 3,5 Stunden
- Rundweg

An der **S-Bahn-Station Gerresheim** verlassen wir die S-Bahn aus Richtung Düsseldorf kommend nach links, gehen bis zum Ende vom Bahnsteig. Dort nehmen wir nicht die Treppe geradeaus nach unten, sondern laufen nach rechts die Stufen hinunter auf die **Höherhofstraße.** Dort wenden wir uns nach links und 60 Meter weiter an der Einmündung der **Glashüttenstraße** nach rechts. Wir gehen die Glashüttenstraße rund 400 Meter entlang, bis kurz vor der Einmündung des **Kamper Wegs** von rechts. Hier wechseln wir über die Fußgängerampel auf die andere Straßenseite und setzen unseren Weg entlang der Glashüttenstraße noch für knapp 60 Meter fort. Nach der Bushaltestelle biegen wir nach links in den **Gödinghover Weg** ein, an einem Baum sehen wir die Markierungen Raute, Kreuz und Neanderlandsteig-Zuweg (rotes N auf weißem Grund). Gleich danach gehen wir nach rechts. Ein weißes X an einem Baum weist uns den Weg. An dem mit einem Sackgassenschild gekennzeichneten Weg laufen wir die kleine Straße geradeaus den Berg hinauf. Wir sind hier schon im Wald, die laute Glashüttenstraße ist kaum noch zu hören. An der nächsten Gabelung halten wir uns links und folgen weiter dem X. Nach der Schranke verlassen wir jedoch den markierten Weg und steigen an der Stelle, wo von links ein kleiner Fußpfad einbiegt, nach rechts ein paar Schritte einen kleinen lehmigen Abhang hinauf. An dieser Stelle ist nicht unbedingt ein Weg zu erkennen, aber am oberen Rand des Abhangs sehen wir ihn: den

Sumpfabenteuer

Rund um den Unterbacher See

Der Sieben-Brücken-Weg im Eller Forst führt durch ein wildromantisches Stück des Düsseldorfer Stadtwalds. Das Naturschutzgebiet zeigt uns, wie das vormalige Sumpfgebiet zwischen Rheinebene und Bergischem Land ausgesehen hat. Der hier im Überschwemmungsgebiet entstandene Erlenbruchwald bietet vielen Brutvögeln und Insekten wichtigen Lebensraum.

kleinen unmarkierten Waldpfad, der in einer Kurve erst nach links, dann nach rechts wegschwenkt. Er führt uns geradeaus unter einer Reihe Buchen entlang, es geht leicht bergauf. Kurz danach quert ein anderer Waldpfad. Hier laufen wir nach rechts, vorbei an einem orangefarbenen halbhohen Markierungspfosten, in Richtung der **Rothenbergstraße,** die rechts unterhalb von uns entlangführt. Das Stück bis zur Straße hinunter auf dem sandigen Pfad ist recht steil. Am Waldrand stoßen wir zuerst auf den Radweg, dann auf die Rothenbergstraße und sehen halb links gegenüber auf der anderen Straßenseite die mit einem Schild markierte Einmündungsstraße zu einem Wanderparkplatz – dort führt unser Weg weiter. Man kann an dieser Stelle die Straße überqueren, wenn jedoch zu viel Verkehr sein sollte, gehen wir 180 Meter nach links, dort gibt es eine Fußgängerampel. Wir überqueren also die Rothenbergstraße und laufen in Richtung des Wanderparkplatzes. Mit dem Einbahnstraßenschild biegen wir nach links, lassen den Parkplatz

Am Unterbacher See

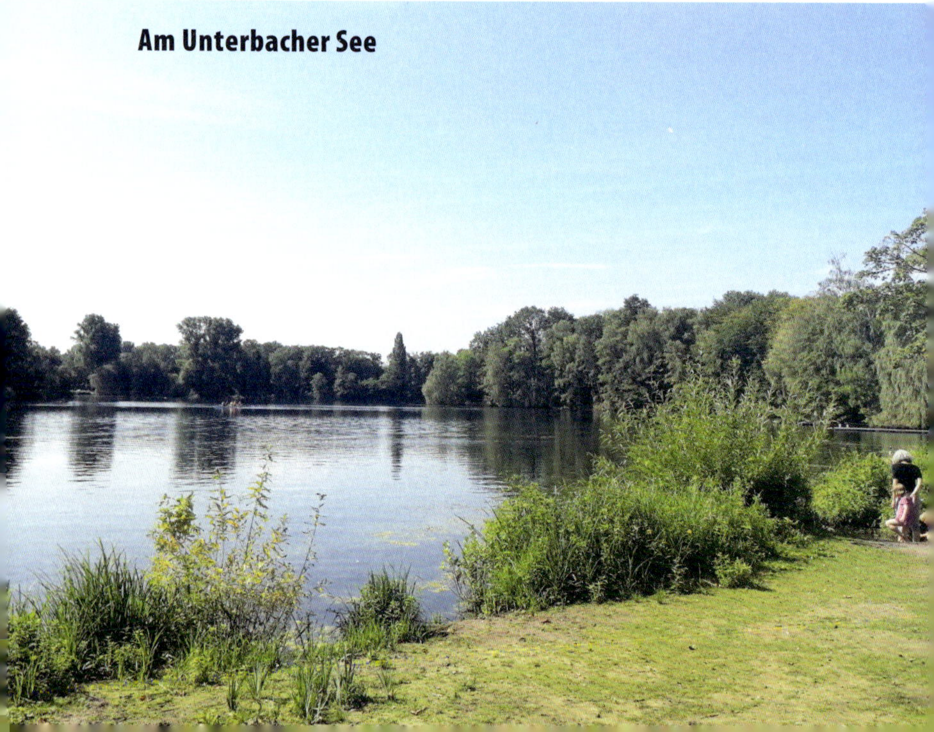

rechts liegen und folgen, uns links haltend, dem mit A 2 markierten Weg – ein schöner Waldweg. An der nächsten Gabelung halten wir geradeaus auf die Schutzhütte zu, die vor uns liegt, gehen dort dann nach links – ein etwas schmalerer, stillerer Weg. Wir gelangen anschließend an eine Wegkreuzung, an der die Straße wieder etwas lauter zu hören ist, dort folgen wir dem A 2 nach rechts durch den schattigen Wald. Rechts sehen wir, dass das Gelände etwas feuchter wird: kein trockener Waldboden mehr, sondern viele hohe Gräser. Der Weg passiert eine kleine Brücke über einen Wassergraben, wir queren den Schotterweg, direkt danach folgt die nächste Brücke – Markierungen sind A 2, D und das Zeichen für den Neanderlandsteig. Wir sind hier im Naturschutzgebiet Eller Forst, und an dieser Stelle beginnt der **Sieben-Brücken-Weg 1**, ein wildromantischer, durch ein Feuchtbiotop mäandernder Weg. Links und rechts des Weges ist es erkennbar sumpfig, der Erlenbruchwald hier ähnelt einem Dschungel. Es gibt zumindest im Sommer sehr viele Stechmücken, ein entsprechendes Gegenmittel ist dringend angeraten! Im Schatten der Bäume, zwischen Farnen und Gräsern hindurch, überqueren wir immer wieder kleine Holzbrücken über Wasserläufe hinweg. Fast könnten wir uns in der unberührten Wildnis wähnen.

Die nächsten beiden Kreuzungen überqueren wir jeweils geradeaus (Zeichen D und N). Wir passieren einen Parkplatz und stoßen kurz danach auf eine Asphaltstraße und auf den **Unterbacher See 2**.

Der Unterbacher See entstand zwischen 1926 und 1973 durch die Ausbaggerung von Kies und Sand. Er wird ausschließlich aus Grundwasser gespeist. Im See liegen vier Inseln, allesamt Vogelschutzgebiete. Durch die Wälder um den See führen zahlreiche Rad- und Wanderwege, am See selbst gibt es Campingplätze, Strandbäder, Segel- und Ruderboothäfen.

Für die Seele

Wenn unser Blick übers weite Wasser schweift, fühlen wir uns frei. Unsere Gedanken strömen ungehindert. Gleichzeitig beruhigt uns das Blau des Sees.

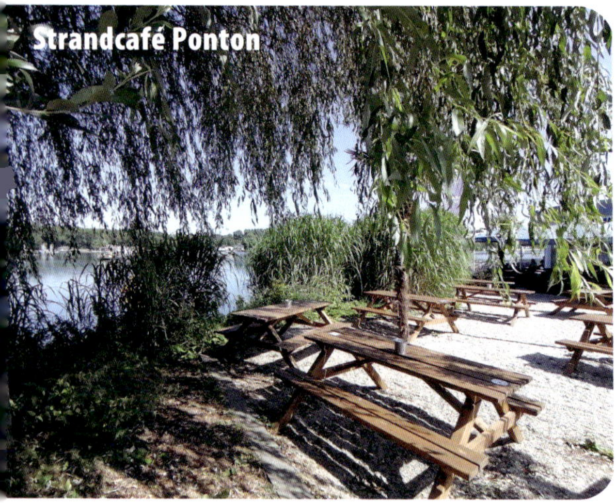

Gegenüber liegt ein Spielplatz. Wir gehen hier nach rechts, der See liegt nun links von uns, ebenso das **Restaurant Strandperle** ③, sehr nett am Wasser gelegen. Wir folgen der Asphaltstraße am See entlang und genießen den Blick übers Wasser und den Segelboothafen. Wir kommen an einem kleinen **Rastplatz** direkt am Wasser vorbei – hier gibt es Bänke und einen Unterstand –, und danach führt die Straße in den Wald hinein. Dort laufen wir an der ersten Kreuzung nach links und folgen dem Waldweg, bis wir quasi ans Seeufer stoßen, und halten uns dann nach rechts. Anschließend folgen wir immer dem Weg um einen Seearm herum und passieren das Angler-Haus **Haus Ur-Rhein.** Direkt danach gehen wir nach links und laufen nun quasi auf diesem ufernahen Weg das gesamte Süd-, das Ost- und das halbe Nordufer des Unterbacher Sees entlang – er ist durchgängig mit einem D, ab dem Ostufer auch mit dem N des Neanderlandsteigs markiert. Wir kommen an dem Gelände einer Surf- und Kite-Schule vorbei, direkt danach liegt das **Strandcafé Ponton** ④ links von uns am Seeufer.

Gegenüber liegt der **Hochseilgarten Düsseldorf** ⑤ und kurz danach links das **Strandbad Süd** ⑥. Dort gehen wir geradeaus über die weite Wegkreuzung und wählen den Weg, der mit einem hellblauen größeren Stein markiert ist. Danach führt der geschotterte Weg etwas weiter vom Seeufer zurückgesetzt weiter, an der **Optimistenbucht** mit ihrem schönen Blick über die im See liegenden Inseln sind wir jedoch wieder direkt am Wasser. Es folgen noch weitere dieser Buchten, an denen der Wald den Blick auf den See freigibt. Hier kann man

Im Strandcafé Ponton lässt es sich auf der schwimmenden Terrasse wunderbar entspannen, bei hausgemachtem Kuchen den Blick über den See genießen und den schnell fliegenden Schwalben zuschauen. Wer mit dem Boot kommen will, kann dies tun – und einfach am Ponton anlegen.

immer wieder auch viele Wasservögel beobachten. Wir bleiben stets auf dem Uferweg mit der Markierung D. Am Ostufer schwenkt an einer T-Kreuzung der Neanderlandsteig von rechts auf unseren Weg, wir folgen ihm nach links (Schilder weisen zum S-Bahnhof Gerresheim und nach Erkrath) und stoßen kurz danach auf einen etwas breiteren Weg. Hier folgen wir dem D und N nach links. An einer weiteren Aussichtsbucht mit einer Sitzbank, ungefähr an der Mitte des Nordufers, zweigt unser Weg nach rechts ab. Mit den Markierungen D und N verlassen wir nun den Unterbacher See. Wir gehen durch einen Auenwald, rechts neben uns ist ein Parkplatz. Der Weg führt uns nach kurzer Zeit zum Eingang des **Strandbades Nord** ⑦. Hier verlassen wir den Neanderlandsteig und den Düsseldorfer Weg und folgen der Fahrstraße in ihrer weiten Kurve nach rechts. Wir kommen an die Kreuzung mit der **Rothenbergstraße,** überqueren sie an der Fußgängerampel und gehen die Straße **Großer Torfbruch** entlang. Wir sind hier im Düsseldorfer Stadtteil Unterbach. Am Ende der Straße Großer Torfbruch biegen wir nach links in die **Vennstraße** und nehmen gleich die nächste Straße nach rechts – die **Dellestraße**. Sie führt uns in einer sanften Steigung bergauf. Oben angekommen, stoßen wir auf die querende **Gerresheimer Landstraße** und gehen nach links. Nach ungefähr 50 Metern sehen wir auf der gegenüberliegenden Straßenseite ein gelbes Haus, es trägt die Nr. 113. Hier überqueren wir die Gerresheimer Landstraße und nehmen den kleinen Fußgängerweg, der an der linken Seite des gelben Hauses vorbei ins Grüne führt. Dort, wo er sich gabelt und Treppenstufen nach rechts hinaufführen, gehen wir nach links – auf einen kleinen Fußpfad, der am Zaun des **Friedhofes** entlangläuft. Es ist ein sandiger Pfad, der sich zuerst leicht

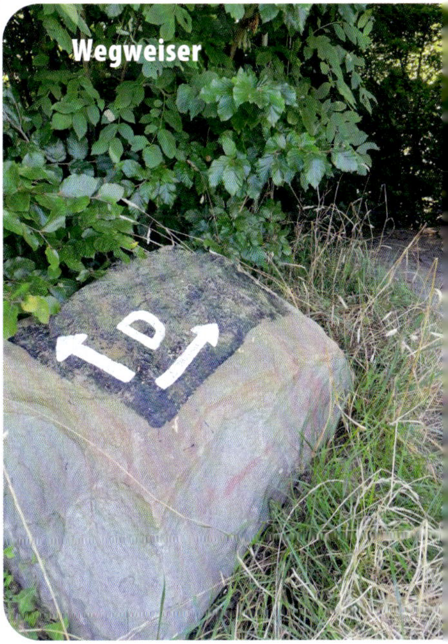

Wegweiser

bergauf, dann wieder bergab zieht, nach dem Ende des Friedhofs über eine Freifläche mit vielen Brombeerhecken und einzelnen Bäumen führt. Wo er eine Linkskurve macht, der wir folgen, umgibt uns wieder stiller Wald. Der Pfad endet dann an einem etwas breiteren Schotterweg, hier laufen wir nach rechts, aber gleich wieder nach links – auch wenn es auf den ersten Blick nicht so aussieht, als würde es dort weitergehen. Wir halten auf eine Betonmauer mit einem Metallzaun zu, und rechts daran vorbei führt der kleine Weg, dem wir geradeaus an der Mauer entlang nach unten folgen. Der Waldpfad verläuft zwischen Nadelbäumen und Brombeerhecken nach unten, eine Einmündung von links ignorieren wir. Kurz danach ziehen sich unmittelbar links von uns Zäune der anliegenden Gärten entlang. Der Weg mündet dann auf eine kleine Wohnstraße, die **Flachskampstraße.** Wir laufen nach rechts und biegen kurz danach mit der Markierung D wieder rechts in den Wald, und gleich danach ebenfalls mit der Markierung D wieder nach links. Wir folgen dem verwunschenen schmalen Waldpfad und hören – nichts. Nach dem doch deutlich wahrnehmbaren Verkehr rund um den Unterbacher See ist dies eine Wohltat. Der Pfad zieht sich anfangs sanft nach oben, zwischen vielen Brombeersträuchern hindurch. In einer

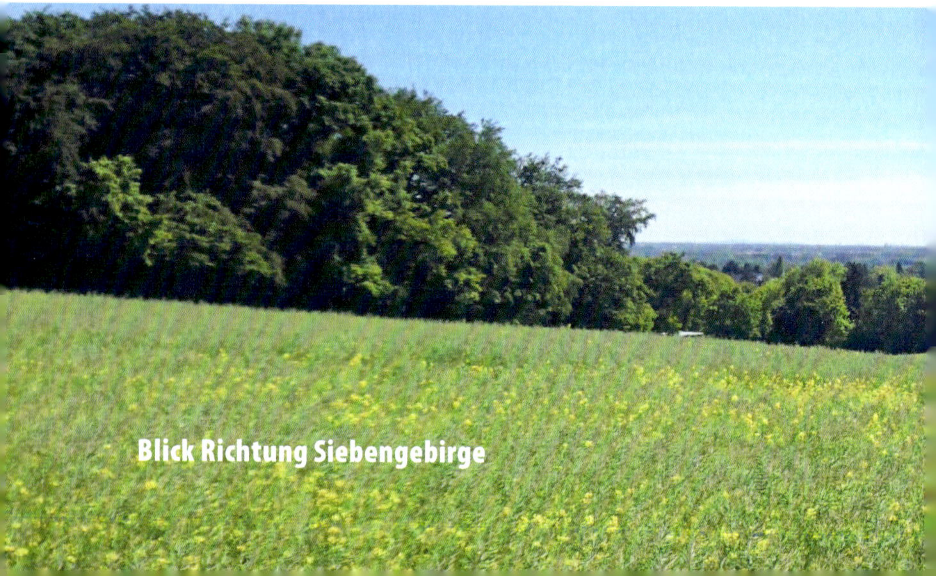

Blick Richtung Siebengebirge

deutlichen Rechtskurve wird er dann auch steiler. Oben halten wir uns kurz nach einem D-Zeichen an einer Buche an der Gabelung rechts und kommen dann aus dem Wald heraus. Hier liegt ein großer Stein, auf der das D markiert ist. Er weist nach rechts, wir gehen aber nach links. Dieser asphaltierte Wirtschaftsweg auf der Höhe ist der **Römerweg,** eine Verbindungsstraße mit jahrhundertealter Vergangenheit. Er führt zwischen Feldern hindurch.

Wir haben freie Sicht und erleben gleich eine große Überraschung: Links reicht der Blick bei guter Sicht bis nach Köln und sogar ins Siebengebirge! Kurz danach liegt rechts eine Bank, auf der wir rasten und diese spektakuläre **Aussicht 8** genießen können. Unser Weg zweigt kurz vor der Bank nach rechts ab – ein Feldweg. An einem Baum ist das N zu sehen. Der Weg führt zuerst am Feldrand entlang, macht dann einen Schwenk nach links unten und taucht in den Wald ein. Es ist still hier, Buchen ragen hoch über uns auf und spenden kühlenden Schatten an einem heißen Sommertag. Wir folgen diesem wunderschönen Weg hinunter bis in die **Düsselauen bei Gödinghoven.** Unten angekommen, gehen wir nicht mit dem N nach rechts, sondern nach links. Wir laufen am Waldrand entlang, rechts von uns befinden sich die Wiesen der Düssel-

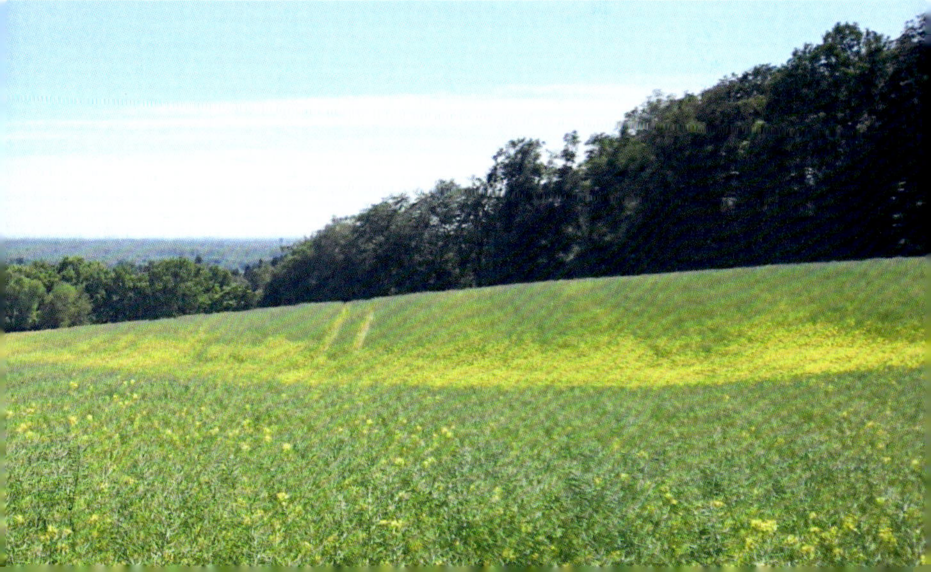

auen, vor uns sehen wir schon Gerresheim – und in der Ferne auch den Rheinturm. Vorbei an Schaf- und Pferdeweiden des **Guts Klein-Düssel** führt unser Weg noch durch ein Stück Wald. Aus dem Schotterweg wird bald Asphalt, wir laufen weiter geradeaus und gelangen an die Stelle, wo wir zu Beginn dieser Tour vorbeigekommen sind. Wir gehen geradeaus weiter, passieren ein Backsteinhaus und biegen kurz danach nach rechts in die **Glashüttenstraße** ein. Nach der Bushaltestelle wechseln wir an der Fußgängerampel auf die andere Straßenseite und gehen die Glashüttenstraße entlang. Bevor sie eine Rechtskurve macht, biegen wir nach links in die **Höherhofstraße** ab und stehen kurz danach wieder an der S-Bahn-Station Gerresheim, dem Endpunkt unserer Tour.

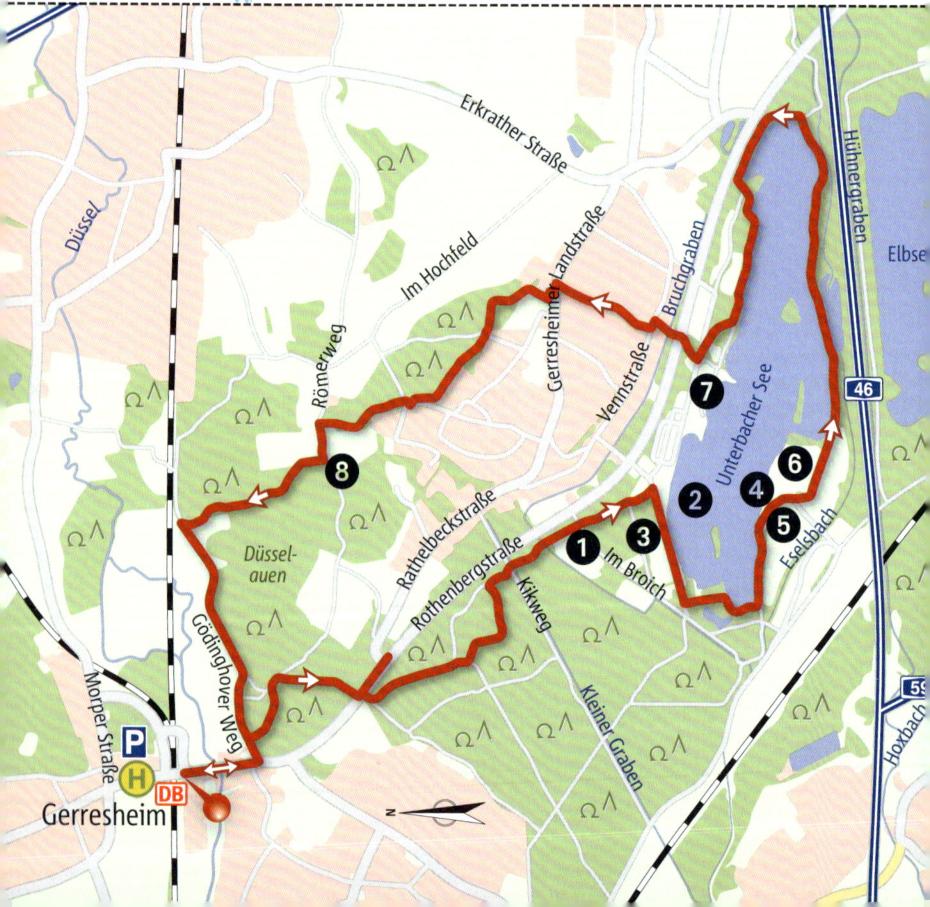

Alles auf einen Blick

WIE & WANN:

Wald- und Wirtschaftswege, zum Teil sehr schmale Fußpfade, aber auch asphaltierte Abschnitte; ganzjährig möglich, besonders schön zwischen Mai und Oktober

HIN & WEG:

Auto: Parkplätze am Alten Bahnhof Gerresheim, Heyestraße 194, 40625 Düsseldorf (GPS 51.22060355218274, 6.8649032796417115)
ÖPNV: S8, S28, U73 bis Gerresheim

ESSEN & ENTSPANNEN:

Restaurant Strandperle ❸ Kleiner Torfbruch 37, 40627 Düsseldorf, Tel. (02 11) 20 13 91, www.sehrestaurant.de
Strandcafé Ponton ❹ Am Kleinforst 280, 40627 Düsseldorf, Tel. (02 11) 15 78 87 92

ENTDECKEN & ERLEBEN:

Sieben-Brücken-Weg ❶
Unterbacher See ❷
Hochseilgarten Düsseldorf ❺ Am Kleinforst 260, 40627 Düsseldorf, Tel. (02 11) 47 47 67 80, www.hochseilgarten-duesseldorf.de
Strandbad Süd ❻ Am Kleinforst 300, 40627 Düsseldorf, Tel. (02 11) 8 99 20 76, www.unterbachersee.de/baden/suedstrand
Strandbad Nord ❼ Großer Torfbruch 18, 40627 Düsseldorf, Tel. (02 11) 8 99 20 39, www.unterbachersee.de/baden/nordstrand
Aussicht ❽

Entspannung ★★★★☆
Genuss ★★★★★
Romantik ★★★★☆

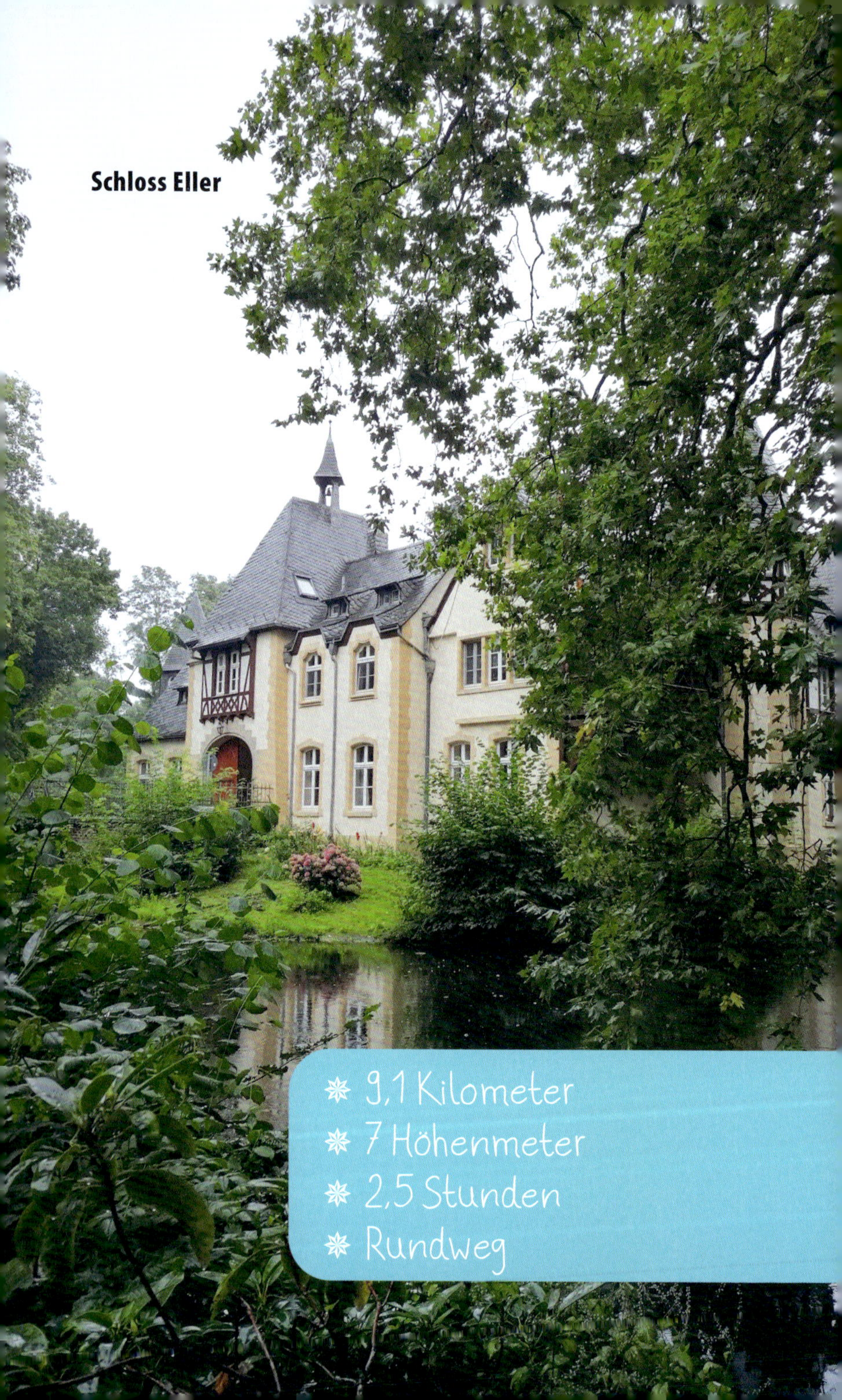

Schloss Eller

- 9,1 Kilometer
- 7 Höhenmeter
- 2,5 Stunden
- Rundweg

An der S-Bahn-Station Eller-Süd verlassen wir aus Richtung Düsseldorf kommend den Bahnsteig, gehen die Treppe hinunter und unten nach links durch die Unterführung auf den Haustertshofweg. Dort laufen wir wieder nach links und folgen dem Fahrradwegschild Richtung Benrath Holthausen. Von der Straße wechseln wir geradeaus auf einen schmalen Fußgängerweg, kommen zur querenden Karlsruher Straße, die wir an der Fußgängerampel überqueren. Auf der anderen Seite setzen wir die Tour auf dem Fußgängerweg geradeaus fort. Links von uns liegen die S-Bahn-Gleise. Auf einer kleinen Holzbrücke überqueren wir die südliche Düssel, dann macht der Weg eine Rechtskurve. Kurz danach gehen wir an einer Wegkreuzung nach links und folgen dabei der Markierung (leeres) Dreieck. Der Weg führt durch eine Schranke und eine Rechtskurve hindurch an Kleingärten vorbei. Nach der nächsten Schranke laufen wir nach links und unter den Bahngleisen hindurch und folgen danach dem mit dem Dreieck markierten Weg nach rechts. Die Asphaltstraße führt in einem weiten Bogen durch Wiesen hindurch, rechts sehen wir schon den Schlosshof Eller liegen, einen landwirtschaftlichen Betrieb. Wir passieren ein Kruzifix und gehen nach dem Parkplatz auf dem mit dem Dreieck markierten Weg nach rechts. Kurz danach führt ein Abzweig nach links zum Wasserspielplatz Eller, wir gehen hier jedoch geradeaus weiter auf das Schloss Eller (1) zu. Um in den Schlosshof hineinzugelangen, überqueren wir den Wasser-

Wasserfarben

Schloss Eller und Unterbacher See

Im Mittelalter gab es am Niederrhein viele Wasserburgen. Auch das Schloss Eller entstand aus einer solchen, was man an der heutigen Lage noch erkennt: Es liegt in einem Inselpark. Das Anwesen besteht aus einem klassizistischen Herrenhaus und etlichen Wirtschaftsgebäuden, die Anfang des 20. Jahrhunderts in gotisierendem Stil neu erbaut wurden.

graben der ehemaligen Wasserburg auf einer Brücke – und stehen sofort in einer anderen Welt. Die Äste der riesigen Platane im Schlosshof bieten dem vor 120 Jahren neu errichteten Gebäude des Wirtschaftshofs und seinen Bewohnern Schutz und Schirm, das klassizistische Herrenhaus steht etwas erhöht daneben. Das gesamte Ensemble strahlt Ruhe, Frieden und Schönheit aus.

Wir verlassen den Schlosshof wieder und gehen dann mit dem Dreieck nach links (bzw. nach rechts, wenn wir den Schlosshof ausgelassen haben). Wir passieren die alten Torpfosten, laufen an dem Wassergraben entlang, der das Schloss umgibt, und an der nächsten Kreuzung mit dem Dreieck nach links. An der nächsten Weggabelung halten wir uns ebenfalls nach links und sehen gleich danach auf unserer linken Seite das **Bootshaus von Schloss Eller 2**. In seinem „Untergeschoss“ können Boote geschützt ankern. Sobald wir

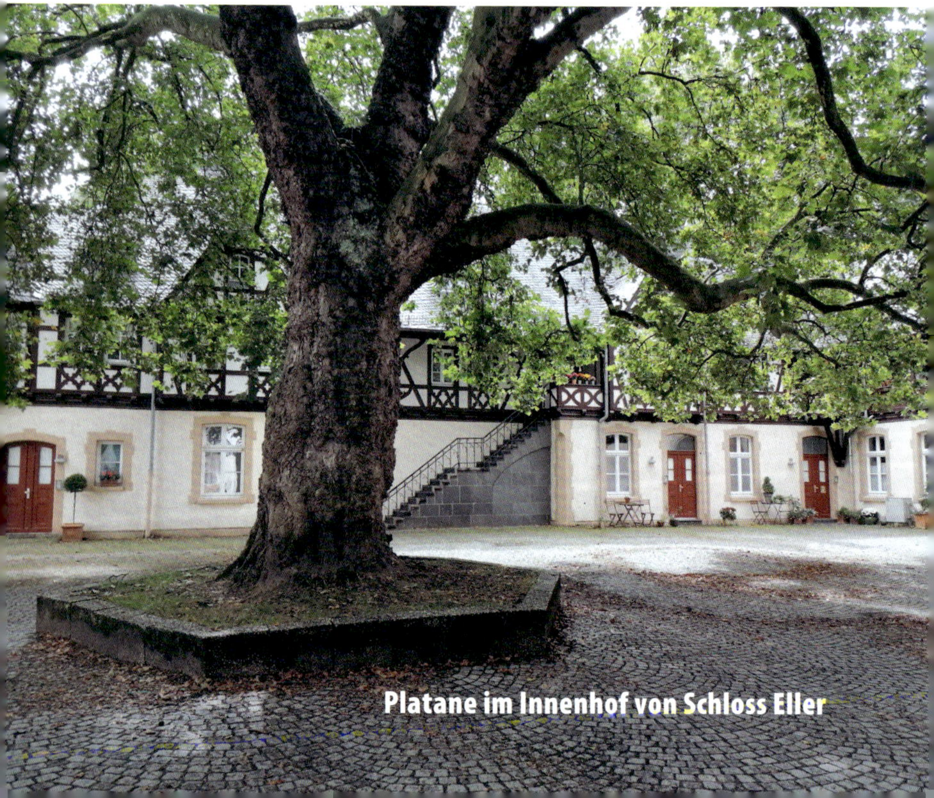

Platane im Innenhof von Schloss Eller

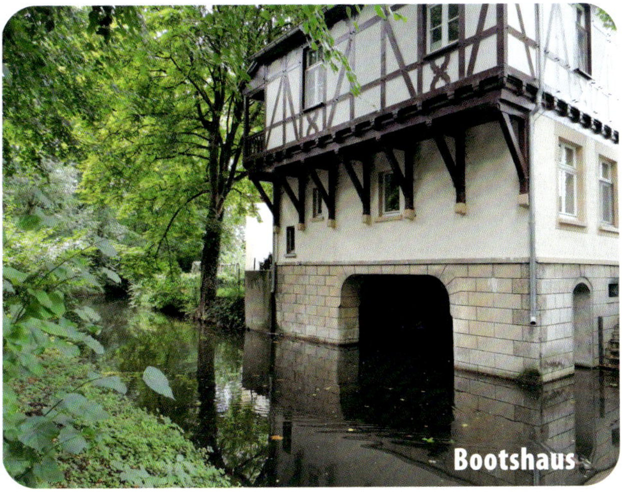

weitergehen, erkennen wir links die Rückseite des klassizistischen Herrenhauses und auch die Insellage des Schlosses. Kurz danach, ebenfalls links von uns, führt eine Brücke auf eine zweite Insel, die **Schlossinsel,** die wir umrunden können. Unser Weg führt hier jedoch zuerst nach rechts und dann gleich wieder nach links (Dreieck). An der nächsten Gabelung folgen wir nicht mehr dem Dreieck, sondern dem an einem Baum angebrachten Rechteck, das kurz danach nach links führt. An den Infotafeln zu Schloss Eller verlassen wir den Park nach rechts, stoßen auf die stark befahrene **Deutzer Straße,** überqueren sie an den beiden Fußgängerampeln und gehen auf der anderen Straßenseite nach rechts (mit der Markierung Rechteck) und für rund 130 Meter die Straße entlang. Nach der

Für die Seele

Wasser ist Lebenselixier für Menschen, Tiere, Pflanzen. Es kann uns aber auch gefährlich werden. Wir erkennen die Polarität allen Seins.

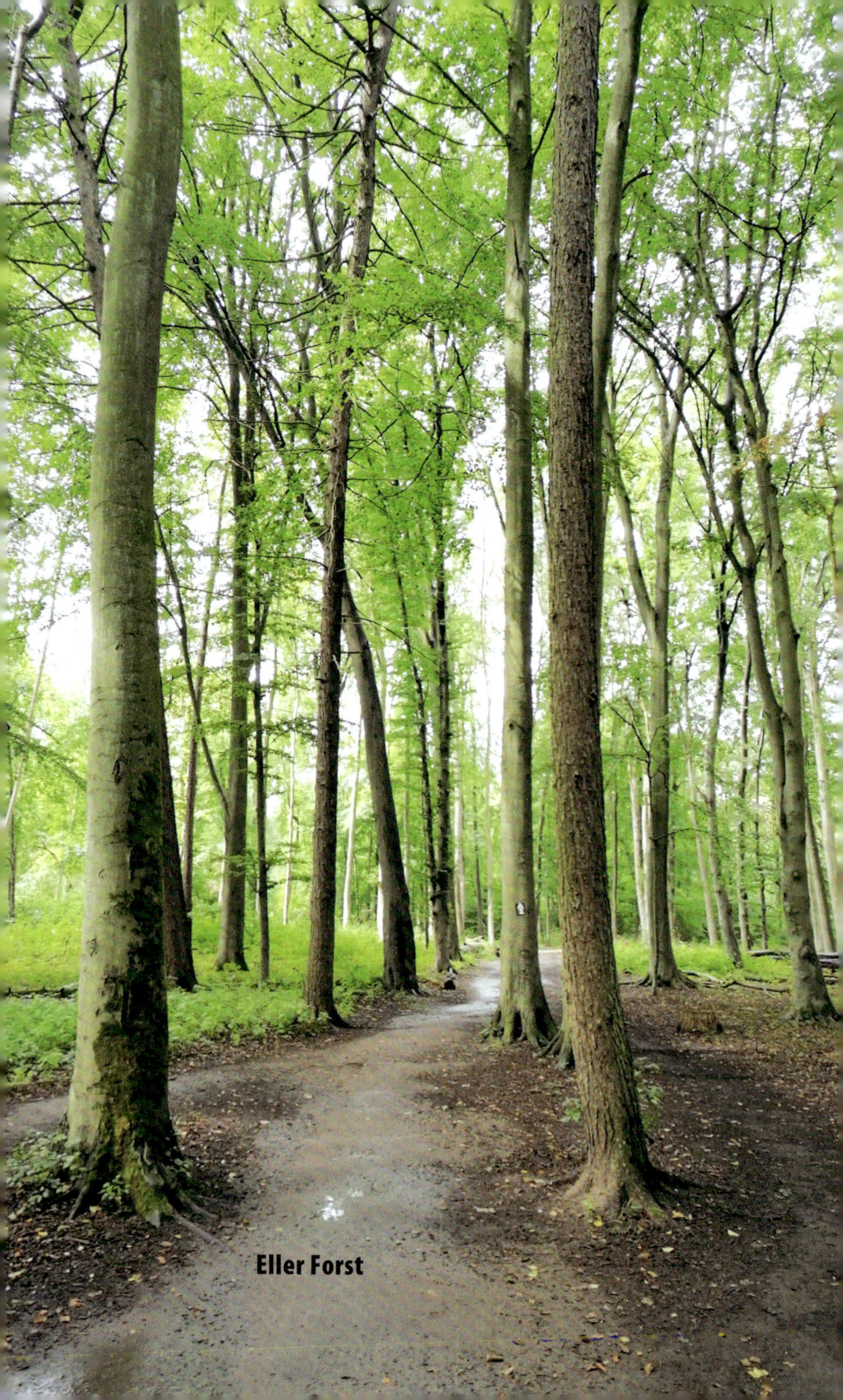
Eller Forst

Brücke über den **Eselsbach** biegen wir auf einem kleinen Fußweg nach links ab und folgen nun dem baumbestandenen Eselsbach, der links von uns plätschert. Sofort umgibt uns wieder deutlich mehr Stille. Wir kommen an eine Brücke, die nach links über den Eselsbach führt, überqueren sie und folgen danach dem Weg in eine Linkskurve (Rechteck). Erst nach der nächsten Brücke und vor dem Eingang zu einer Kleingartensiedlung laufen wir nach rechts. Der Weg führt uns nach kurzer Zeit eine Treppe hinauf auf eine **Überführung** über die Bahngleise. Auf der anderen Seite überqueren wir die Straße und gehen in den Wald hinein (Rechteck, A 1) und kommen ein paar Schritte danach an eine Kreuzung, an der wir nach rechts abbiegen. Wir sind nun im **Eller Forst** (3) und genießen die Präsenz der hohen Bäume um uns herum. Unsere Gedanken kommen zur Ruhe, entspannt und gelassen wandern wir unter den Bäumen dahin.

Wir gehen immer geradeaus, auch an der Stelle mit Picknickbank, wo ein Weg von links hereinschwenkt – dort folgen wir kurz danach der großen Rechtskurve. An einer größeren Weggabelung folgen wir dem Fahrradwegschild „Benrath/Strandbad Süd“. Der Weg verläuft danach in einer langen Linkskurve, rechts von uns fließt der Eselsbach. An der nächsten Wegkreuzung gehen wir nach links, aber gleich wie-

An der Stelle des Eller Forstes befand sich bis etwa 1820 noch ein viel größeres Feuchtgebiet – der Unterbacher Bruch. 1935 erklärte die Regierung zu Düsseldorf die Vogelfreistätte Ellerforst-Unterbacher Benden zum Naturschutzgebiet – das erste offizielle Schutzgebiet der Stadt.

Der Unterbacher See entstand ab den 1920er-Jahren durch Kiesgewinnung in den Unterbacher Benden – einem ehemaligen Altrheinarm und ihn umgebenden Feuchtgebiet. Zunächst hieß der See deshalb auch Bendensee. Erst 1954 wurde er zum Badesee erklärt und in Unterbacher See umbenannt.

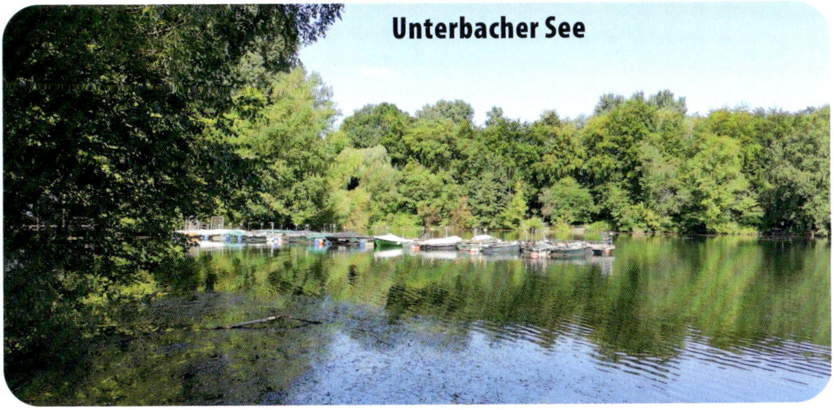

Unterbacher See

der nach rechts und erreichen an der nächsten Weggabelung den **Unterbacher See** ④.

Hier laufen wir nach links, am **Haus Ur-Rhein** vorbei. (Wer einen Abstecher zum **Strandcafé Ponton** ⑤ machen möchte, läuft hier geradeaus.) Der Weg macht eine Rechts- und an der nächsten Gabelung eine deutliche Linkskurve, der wir folgen (hier steht ein Schwimmen-verboten-Schild) – hier wählen wir nicht den geradeaus verlaufenden Weg. An der nächsten Kreuzung, wo der Schotterweg in Asphalt übergeht, biegen wir nach links ab. (Nach rechts geht hier, wer einen Abstecher zum Rastplatz am See bzw. dem **Restaurant Strandperle** ⑥ machen möchte.) Nach der Kreuzung sehen wir rechts eine Holzbrücke sowie die Markierung A 2/A 3, überqueren diese Brücke und folgen dem schönen Waldweg zwischen den hohen Buchen hindurch (A 2). Wo von links ein Weg hereinschwenkt, bleiben wir auf unserem Weg und setzen ihn geradeaus fort, er ist jetzt mit A 1 und A 2 markiert. Dem A 1

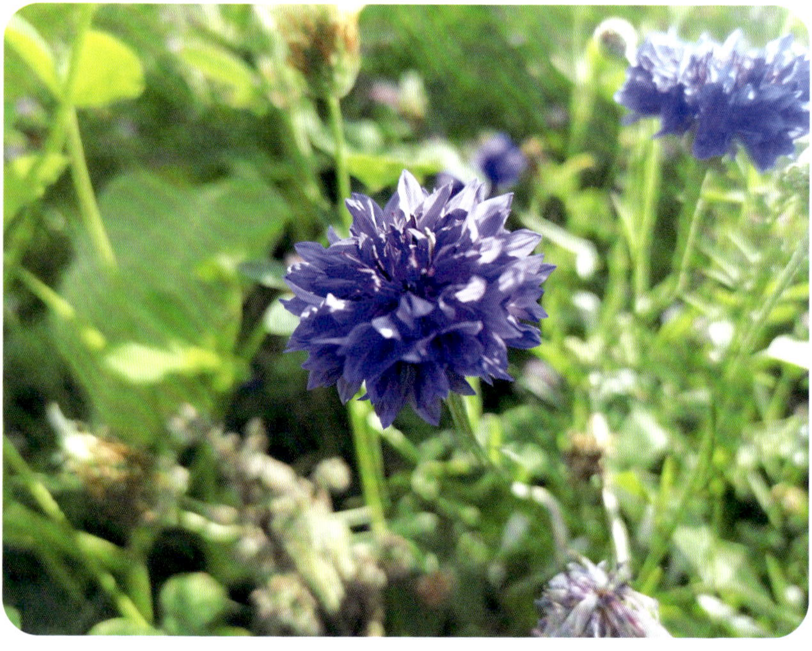

folgen wir auch über die nächsten beiden Kreuzungen (eine mit Bank, hier gehen wir rechts, eine mit Schutzhütte, hier laufen wir links) hinweg. Wir kommen an die Kreuzung, an der wir vorhin den Eller Forst betreten haben, und laufen nun auf demselben Weg in den Schlosspark Eller zurück: Wir überqueren die Straße und die Bahngleise, gehen entlang der Kleingärten, an der Kreuzung nach links (Markierung Rechteck), über eine kleine Brücke, folgen dann der Straße durch eine Rechtskurve über eine weitere Brücke und laufen gleich danach nach rechts (Rechteck). Wir sind jetzt wieder auf dem idyllischen Wegstück am Eselsbach, der nun rechts von uns fließt. An der Deutzer Straße angekommen, laufen wir nach links bis zur Bushaltestelle, gleich danach an der Fußgängerampel über die Deutzer Straße, dann kurz nach rechts und gleich nach links in den Schlosspark Eller. An der Infotafel gehen wir nach links, und an der nächsten Weggabelung halten wir uns mit der Dreiecksmarkierung ebenfalls nach links. Über eine Brücke gelangen wir an einen **Spielplatz.** Wir folgen weiter dem Dreieck und umrunden den Spielplatz (er liegt immer rechts von uns). Auch über die nächste Kreuzung hinweg orientieren wir uns an dem Dreieck. Wir sind hier im erweiterten Teil des Eller Schlossparks, unser Weg folgt dem großen Rechtsbogen einer weiten Wiesenfläche, umgeben von hohen Bäumen. Wir halten uns so lange an das Dreieck, bis es mit dem Fahrradwegweiser Bilk, Wersten nach links abbiegt – hier gehen wir geradeaus weiter (Fahrradwegweiser Schloss Eller). Wir laufen jetzt so lange geradeaus und ignorieren alle Abzweigungen, bis wir über eine Brücke kommen. Links von uns

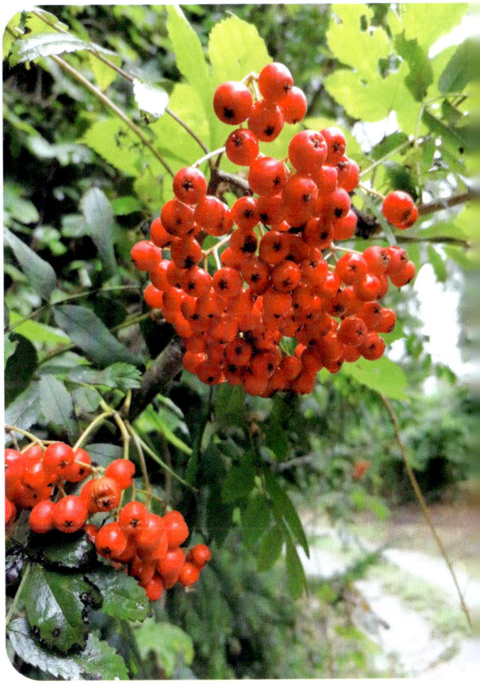

liegt nun der **Vogelschutzweiher** des Schlossparks Eller. Wir gehen über die nächste Brücke und zwischen zwei alten Torpfosten hindurch, rechts liegt nun wieder das Schloss. Wir biegen nach links ab, laufen durch die kleine Baumallee und am Ende des Parkplatzes nach links. Nun folgen wir dem Verlauf der Straße, und kurz bevor sie uns unter den Bahngleisen durchführen würde, biegen wir nach rechts auf einen geschotterten Fußgängerweg ab – dies ist der **Monckartzhofweg.** Er führt uns über eine kleine Brücke und trifft auf die **Karlsruher Straße,** die wir überqueren. Wir laufen dann geradeaus in die **Flottenstraße** hinein. An der nächsten Kreuzung gehen wir nach links und stehen vor dem Eingang zur S-Bahn-Station Eller-Süd – dem Endpunkt unserer Tour.

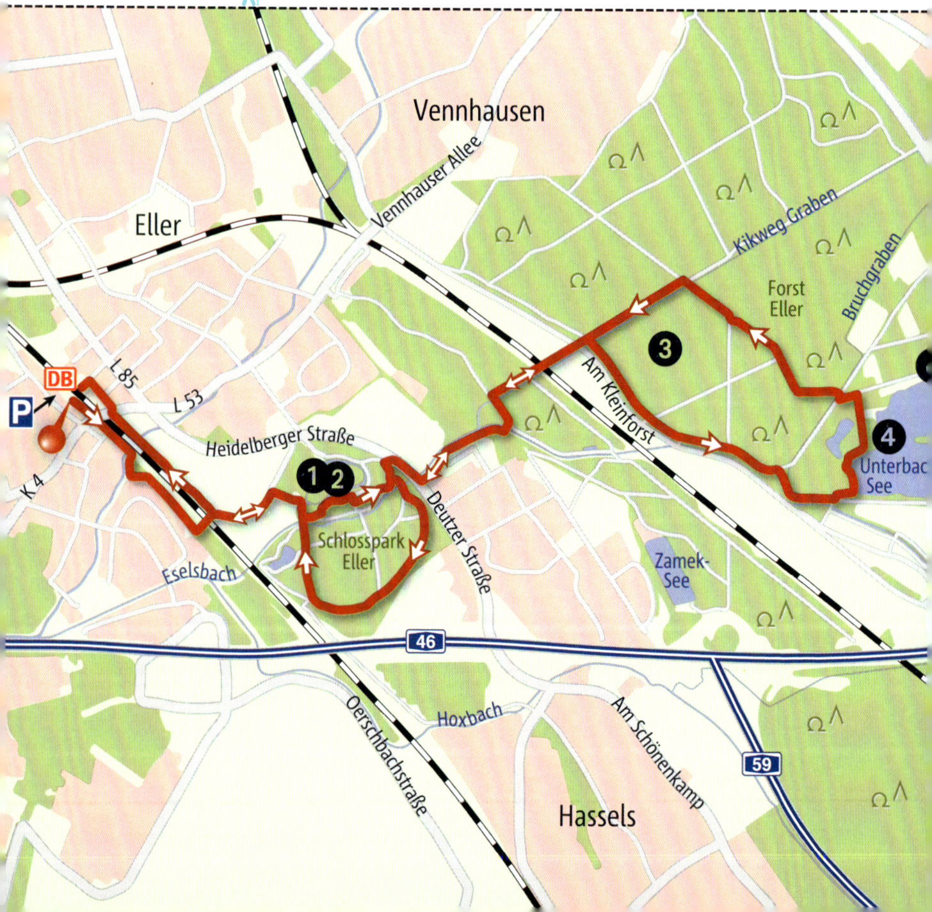

Alles auf einen Blick

WIE & WANN:
Knapp zwei Drittel der Tour verlaufen auf Pfaden und Naturwegen; ganzjährig möglich, schönste Zeit zwischen März und Oktober

HIN & WEG:
Auto: P+R Düsseldorf Eller-Süd, Sturmstraße 80, 40229 Düsseldorf
(GPS 51.19791939781514, 6.836089769179976)
ÖPNV: S6, S11, S68 bis Eller Süd

ESSEN & ENTSPANNEN:
Strandcafé Ponton ❺ Am Kleinforst 280, 40627 Düsseldorf, Tel. (02 11) 15 78 87 92
Restaurant Strandperle ❻ Kleiner Torfbruch 37, 40627 Düsseldorf,
Tel. (02 11) 20 13 91, www.sehrestaurant.de

ENTDECKEN & ERLEBEN:
Schloss Eller ❶ Heidelberger Straße 42, 40229 Düsseldorf
Bootshaus von Schloss Eller ❷
Eller Forst ❸
Unterbacher See ❹

Entspannung ✱✱✱✱✱
Genuss ✱✱✱✱✱
Romantik ✱✱✱✱✱

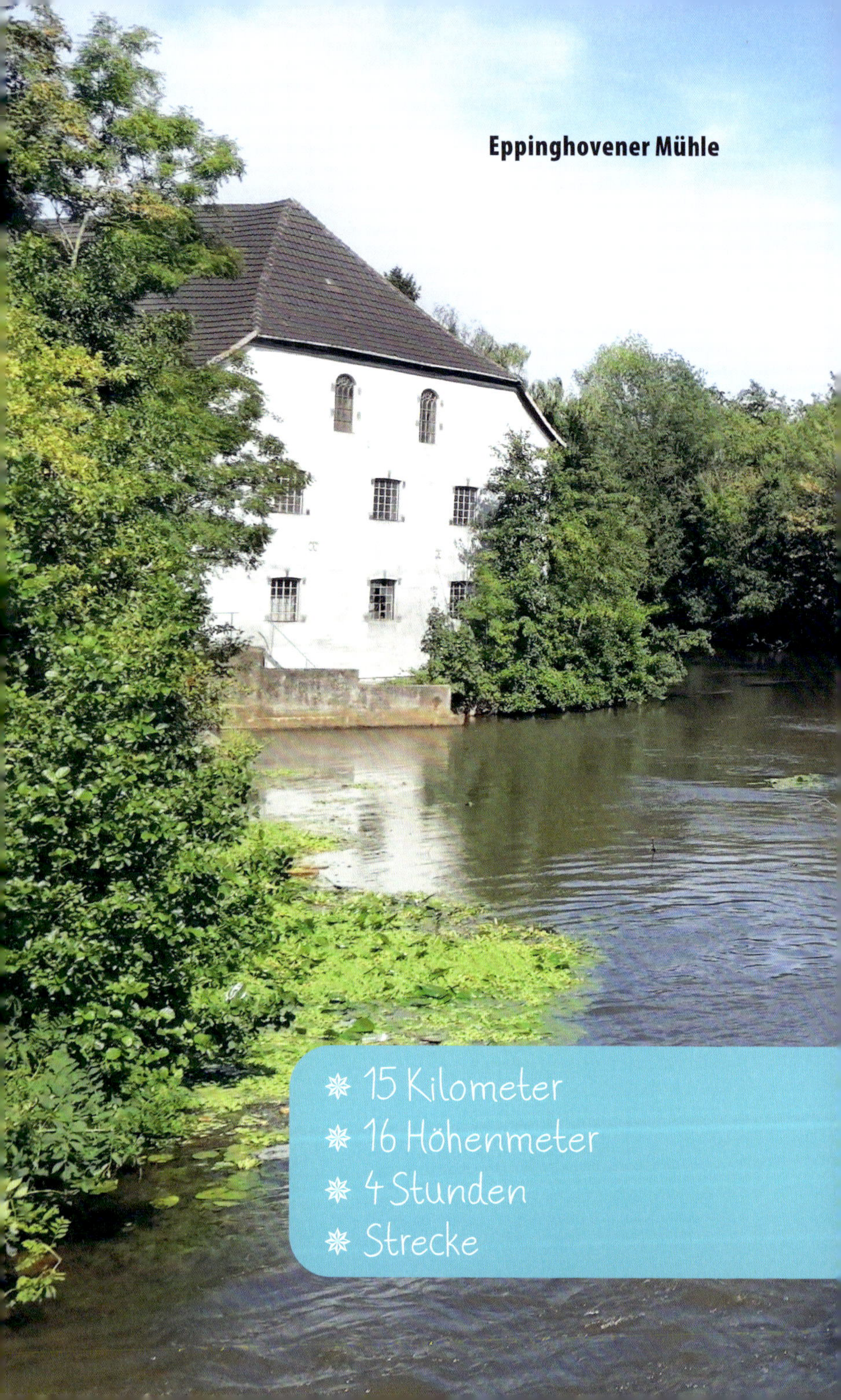

Eppinghovener Mühle

- 15 Kilometer
- 16 Höhenmeter
- 4 Stunden
- Strecke

Mit der Straßenbahn aus Richtung Düsseldorf-Innenstadt kommend, gehen wir an der **Straßenbahnhaltestelle Südfriedhof** nach dem Aussteigen den Bahnsteig in Fahrtrichtung zurück, überqueren an dessen Ende nach rechts über beide Fußgängerampeln den Südring und laufen dann weiter, den **Südring** hinter uns lassend, halb rechts in Richtung auf das Hauptportal des **Südfriedhofs** 1 zu. Vor dem Portal des zweitgrößten und viertältesten Düsseldorfer Friedhofs (s. Tour 16) biegen wir nach rechts ab, gehen an der ersten Möglichkeit nach links und dann immer geradeaus an der Friedhofsmauer entlang, die links von uns liegt. Rechts sehen wir die Anbauflächen eines Gärtnereibetriebs, danach Kleingärten. Wir wandern immer weiter geradeaus, auch dort, wo ein rot-weißer Pfahl den Beginn eines Schotterwegs markiert. Der Schotterweg geht in einen gepflasterten Weg über, macht eine Rechtskurve. Kurz danach treffen wir auf den querlaufenden **Aderdamm,** hier wenden wir uns nach rechts und folgen dem asphaltierten Wirtschaftsweg auf der Deichkrone zwischen den weitläufigen landwirtschaftlich genutzten Flächen hindurch. Rechts am Horizont sehen wir den Rheinturm. Der Aderdamm wirkt ein bisschen wie aus einer anderen Zeit – was an der ländlichen Umgebung liegt, aber auch an den Holzmasten, die die Stromleitungen tragen. Untypisch für Düsseldorf, sind hier nur wenige Menschen unterwegs. Am Ende des Aderdamms kommen wir an eine Kreuzung, überqueren sie und wählen von

Im Fluss

Rhein, Erft und die Museumsinsel

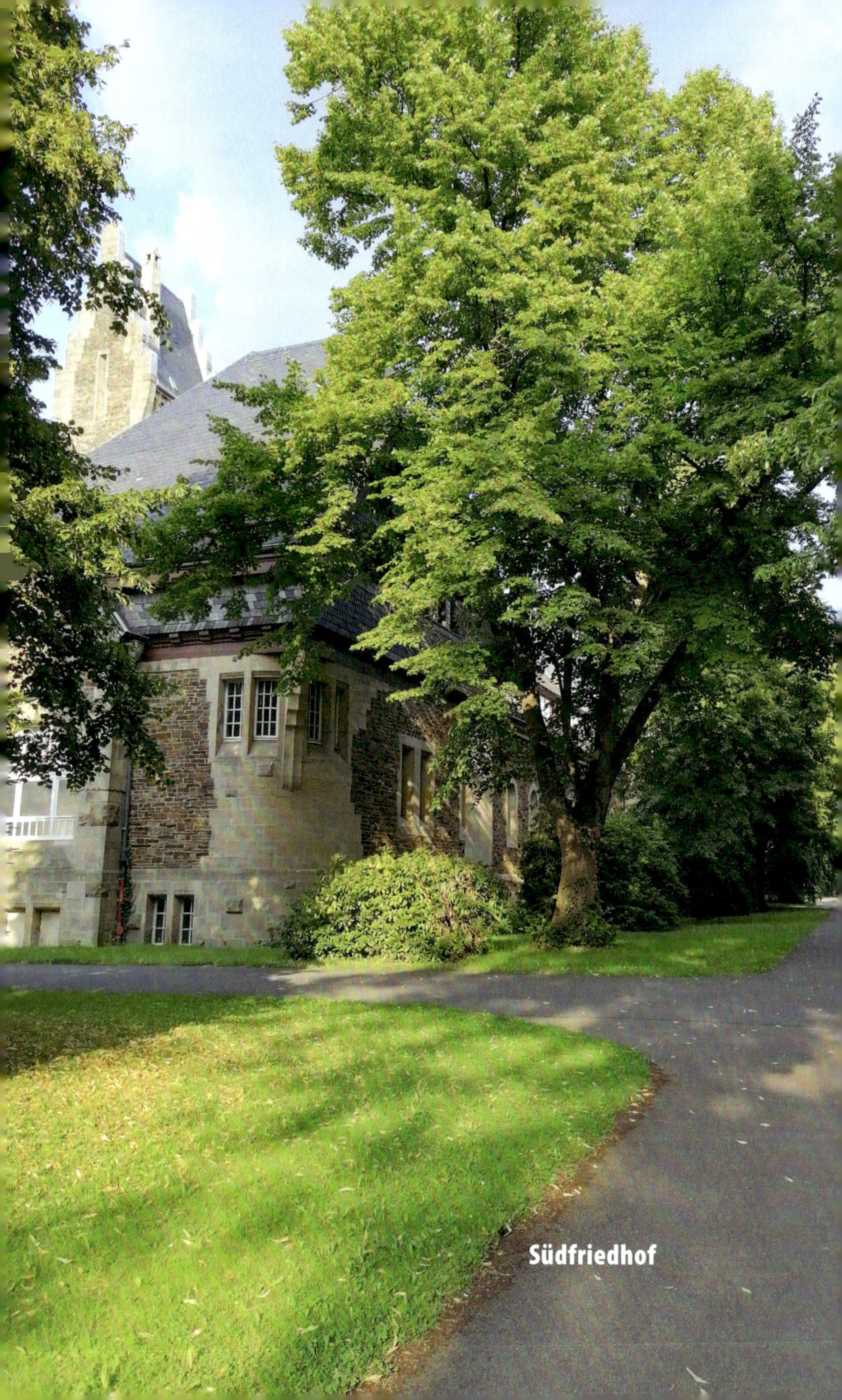

Südfriedhof

den beiden sich gabelnden Straßen die linke – dies ist der **Batterieweg.** Er trägt ein Schild „Landwirtschaftlicher Verkehr frei" und ist für Motorräder und Autos gesperrt. Nach 350 Metern kommen wir an den **Hammer Deich** und genießen den Blick über den Rhein, bevor wir uns nach rechts wenden. Die **Josef-Kardinal-Frings-Brücke** – die auch Südbrücke genannt wird – liegt direkt vor uns. Wir nehmen gleich rechts den Aufgang zur Brücke, folgen der Haarnadelkurve des Aufgangs und überqueren auf der Brücke den Rhein. Unser Blick schweift rheinauf- und abwärts, wir sehen rechts von uns die Hammer Eisenbahnbrücke mit den beiden alten Brückenköpfen und dahinter die Skyline von Düsseldorf. Am Ende der Brücke nehmen wir den ersten kleinen Fußgängerweg, der nach links unten die Brücke verlässt. Unten angekommen, stoßen wir auf die **Rheinallee** und halten uns rechts, gehen jedoch nicht auf der Asphaltstraße, sondern wählen den geschotterten Dammweg durch die wunderschöne Allee aus Kastanien und Linden. Dieser folgen wir für ungefähr 1,3 Kilometer – und unter den großen Bäumen gehen wir mit einem tiefen Gefühl von Schutz und Orientierung entlang.

Den Verkehrslärm auf der Brücke können wir hier schnell hinter uns lassen. Links von uns fließt der Rhein, rechts liegen zunächst noch einzelne Häuser, dann folgen Pferdekoppeln und Wiesen. Nach einer lang gezogenen Kurve in Richtung links öffnet sich eine weite Wiesenfläche rechts, sie gehört schon zum Rheinpark Neuss. Hier zweigt an einem blau-weißen

Für die Seele

Wasser begleitet uns, mal als breiter Strom, mal als kleines Bächlein – wir vertrauen uns seinem Lauf und seiner Kraft an und wissen: Nichts kann uns aufhalten.

Fußgängerschild ein Fußweg nach rechts ab, kurz nachdem wir zwischen zwei Alleenbäumen einen kniehohen Markierungsstein entdeckt haben, auf dem C 6 steht. Der Abzweig selbst ist an dem Fußgängerschildpfosten mit „Salvatorweg" markiert. Hier verlassen wir den Rheindamm und gehen geradeaus über den geschotterten Weg. Wo wir wieder an einen Waldsaum kommen, laufen wir nach rechts und folgen der Asphaltstraße in einer Linkskurve. Links unten sehen wir durch die Bäume schon das Becken des **Sporthafens Neuss.** Auf der Asphaltstraße umrunden wir das Becken in einer weiteren Linkskurve. Wir gehen am Hafenbecken entlang, bis wir zu einem Parkplatz unter Bäumen kommen. Hier biegen wir nach links ab, kommen am **Restaurant Am Rhein** 2 auf dem Gelände des Neusser Rudervereins vorbei. Der Weg führt uns in einem U auch wieder kurz am Wasser entlang – hier

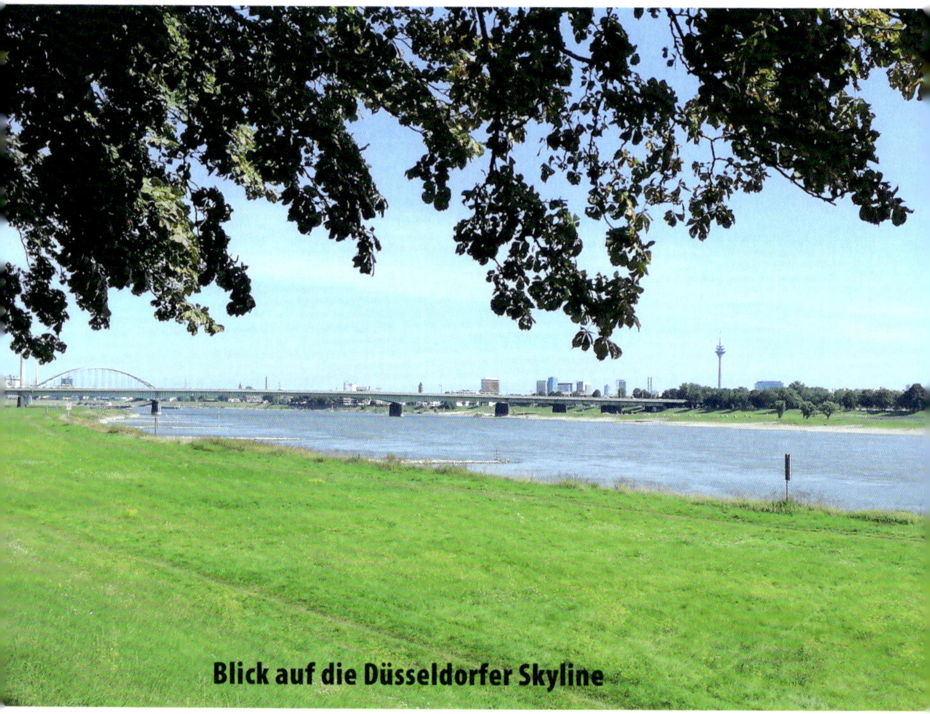

Blick auf die Düsseldorfer Skyline

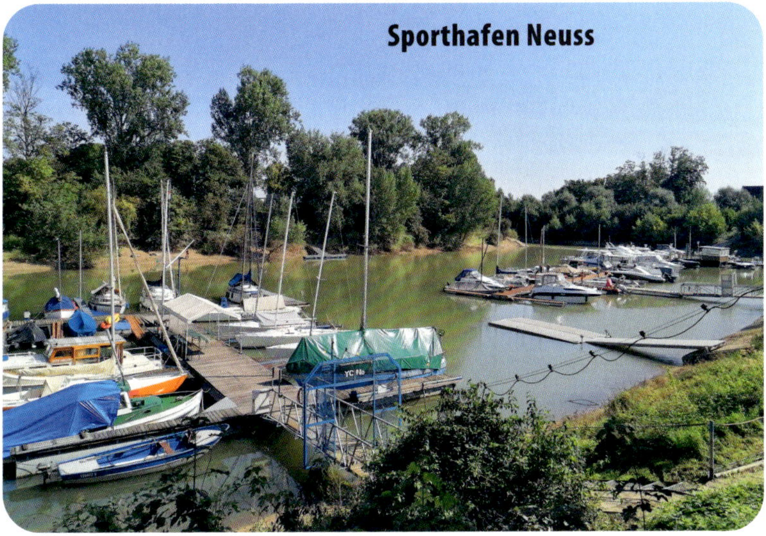

sehen wir die Terrasse des Restaurants, die einen schönen Blick über den Rhein bis zur Fleher Brücke bietet. Kurz danach treffen wir auf die Mündung der Erft in den Rhein. Hier steht der Abguss eines **Eckbekrönungssteins** einer römischen Brunnenstube bei Nettersheim. Wo der Weg auf eine Asphaltstraße trifft, laufen wir nach links und überqueren auf einer Brücke erstmals die Erft. Unweit von hier stand einstmals eine römische Steinbrücke.

Wenn wir auf der Brücke nach links schauen, sehen wir den Düsseldorfer Rheinturm und die Mündung der Erft. Kurz nach der Brücke zweigt ein Fußpfad nach rechts ab, er ist mit A 7, A 8 und Salvatorweg markiert. Diesem Weg folgen wir auf einer kleinen Deichkrone, die Erft fließt jetzt rechts von uns. Sie wird uns bis zum Ende der Tour begleiten. Wir kreuzen die Bonner Straße und setzen auf der anderen Seite unseren Weg auf der Deichkrone fort. Wir gehen hier durch den Wolfsbruch zwischen **Grimlinghausen und Derikum,** immer wieder tauchen wir in die Stille des Auenwaldes ein und folgen dabei weiter der Markierung A 7, A 8 und A 11. Wir gelangen dann an die

Ungefähr dort, wo heute die Straße Am Römerlager die Erft Richtung Neuss-Grimlinghausen überquert, stand zur Römerzeit eine große Brücke aus Trachyt und Tuffstein: 85 Meter lang, 4 Meter breit, errichtet von Soldaten eines nahe gelegenen römischen Kastells im 1. Jahrhundert n. Chr. Vermutlich befand sich der Hafen des Kastells im Bereich des heutigen Sporthafens von Neuss.

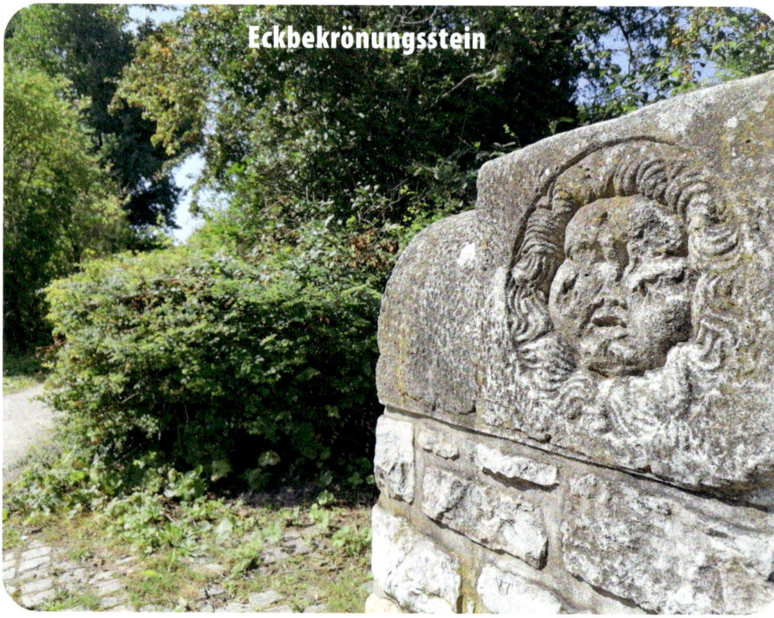

L 380 **(Berghäuschenweg),** überqueren sie und laufen gleich nach rechts entlang des Parkplatzes. Hier lohnt sich ein kleiner Umweg über den hier gelegenen Neusser **Barfußpfad** ③ – das Gehen über Gras, Sand, glatte Kiesel oder Rindenmulch schenkt uns Wellness für die Füße und einprägsame Sinneserfahrungen! Am Ende des Parkplatzes laufen wir nach links auf einem Weg direkt an der Erft entlang. Er führt über eine kleine Brücke, danach gehen wir nach links. Der Weg zieht sich nun in Kurven durch die Flussaue und unter der Autobahn hindurch. Rechts von uns liegt dann die Kanustrecke in der Erft: orangefarbene Tore, die nummeriert sind. Kanuten können hier Slalom trainieren. An der Brücke überqueren wir den **Nixhütter Weg** und setzen schräg links unseren Weg fort (A 7, A 8). Er zieht sich an der Erft entlang und unter einer Straßenbrücke hindurch, wir laufen immer geradeaus, ignorieren Abzweigungen nach links. Auch an der Stelle, wo eine kleine weiße Brücke über die Erft führt, bleiben wir auf unserer Seite vom Ufer. Wir stoßen auf die Weckhovener Straße, gehen hier mit der Markierung A 8 und A 6 nach rechts über die Brücke und passieren kurz danach das Schloss Reuschenberg. Unmittelbar davor sehen wir die Skulptur „Der Philosoph" von Karl Bobek. Gleich danach liegt links ein Rast- und Spielplatz. Wir gehen an einer Schafweide entlang, die schon zum Kinderbauernhof Neuss 4 gehört, und erreichen kurz danach die Corneliuskapelle und das Gut Selikum. Mit A 6 und A 8 laufen wir weiter auf der Straße über die Brücke und danach nach links. (Wer einen Abstecher zum Kinderbauernhof machen möchte, geht hier weiter geradeaus bis zu einem Parkplatz, dort dann rechts bis zum Haupteingang und Hofcafé 5.) An der Stelle, wo wir nach links abbiegen, gehen wir durch ein Tor, es ist jedoch nur bis 17 Uhr geöffnet. Wir wandern entlang des Geheges für die Toggenburger Ziegen, der Wasserlauf links neben uns ist der Reuschenberger Flutgraben. Rechts liegen die Weiden von Schafen, Pferden und Eseln. Wir kommen wieder durch ein Tor, gehen nach links, markiert mit einem weißen X, A 10 und der gelben Muschel des

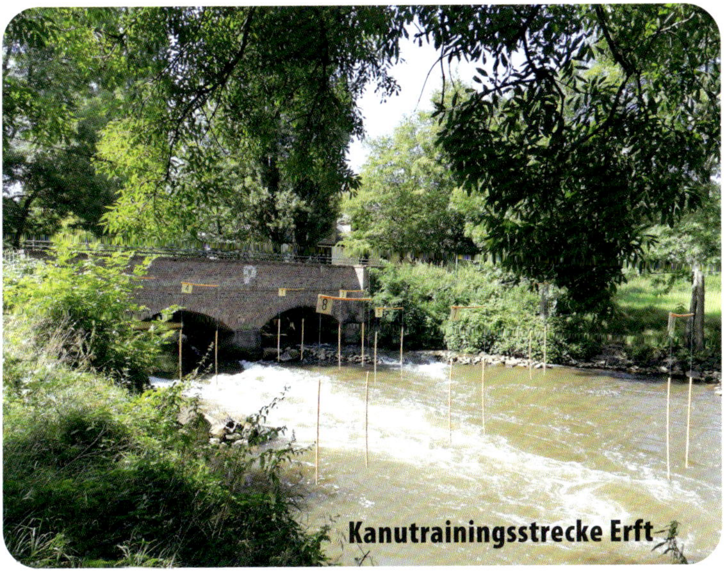

Kanutrainingsstrecke Erft

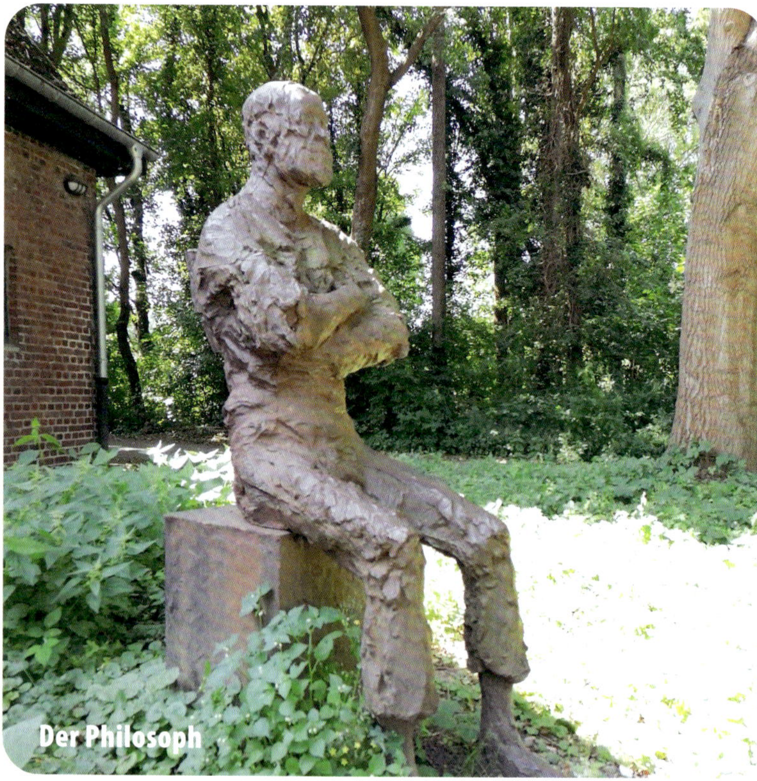

Der Philosoph

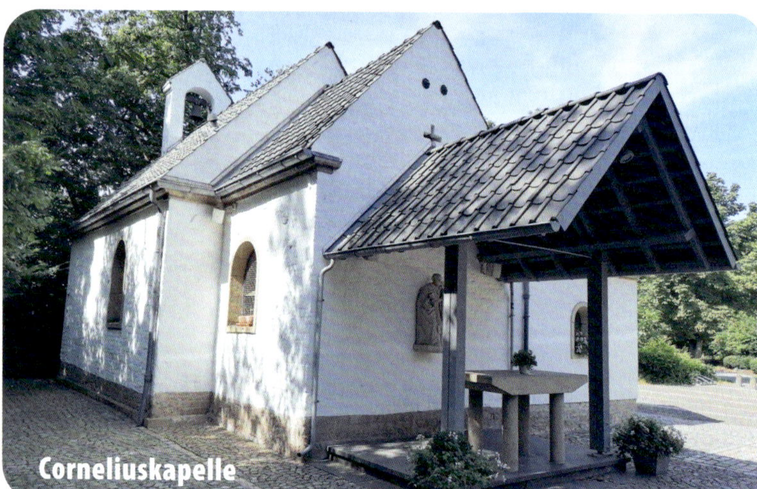

Corneliuskapelle

Jakobspilgerwegs. Ungefähr 250 Meter danach überqueren wir auf einer Brücke den Reuschenberger Flutgraben mit der Schleuse, Markierung A 7, A 10, A 6 und Jakobspilgerweg. An dieser Stelle zweigt die Obererft ab, und wir sehen ein altes Wasserwehr. Unter hohen Buchen laufen wir weiter, folgen der Linkskurve des Wegs – auch hier ist die Landschaft immer wieder von einer überraschenden Wildheit. Kaum zu glauben, dass wir uns in einem dicht besiedelten Gebiet befinden. Der Weg macht kurz danach eine scharfe Rechtskurve, der wir folgen und auf einer Brücke die Obererft überqueren (A 6, A 7, A 10). Wir sind nun auf dem Gelände des **Selikumer Parks,** kommen an einem **Wildgehege** vorbei, die Obererft liegt links von uns. An einer Weggabelung mit einer Bank halten wir uns links, direkt danach, an der nächsten Weggabelung, halten wir uns rechts (A 6, A 7, Jakobspilgerweg). Diesen Markierungen folgen wir auch an den nächsten Kreuzungen und Weggabelungen. In dem lichten Auenwald wachsen Auenbäume, Pappeln, Ahorn, Ilex und Holunder. Wo wir auf die befahrene **K 7** stoßen, überqueren wir die Straße, biegen nach links, folgen dem Zeichen X und gehen auf einer Brücke über die Erft nach Weckhoven. Nach den ersten Häusern biegen wir mit dem X und dem Zeichen für den Jakobspilgerweg nach rechts in den **Burgweg**

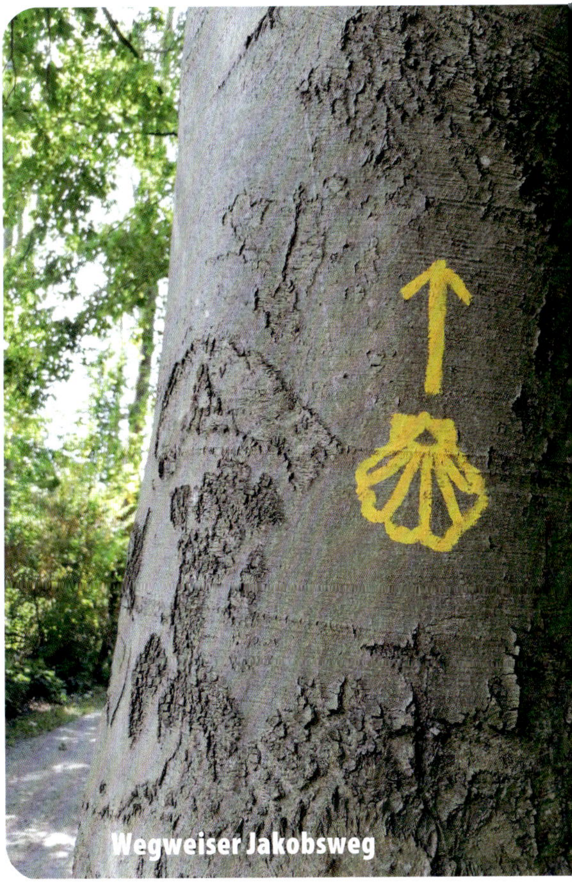
Wegweiser Jakobsweg

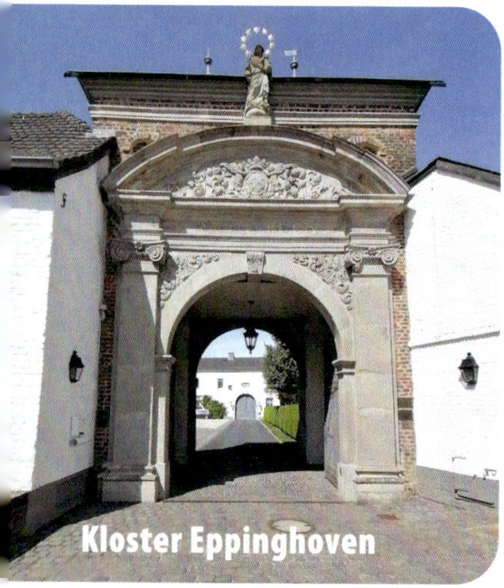
Kloster Eppinghoven

ein. Wir kommen über eine Brücke und gelangen auf das Gelände der Firma Bratha. Unmittelbar vor dem Werkstor biegen wir nach links. Die Erft fließt jetzt rechts von uns. Wir folgen dem kleinen Fußpfad an der Erft entlang. An einer kleinen Holzbrücke führt er uns über die Erft, danach nach links, immer noch mit X und Jakobspilgerzeichen markiert. Kurz danach erreichen wir die **Bergheimer Straße,** überqueren sie, gehen danach geradeaus weiter und erreichen das ehemalige **Kloster Eppinghoven** 6.

Danach gehen wir nach links, weiter unseren Zeichen folgend (X, Jakobspilgerweg). Direkt nach der Kreuzung führen zwei

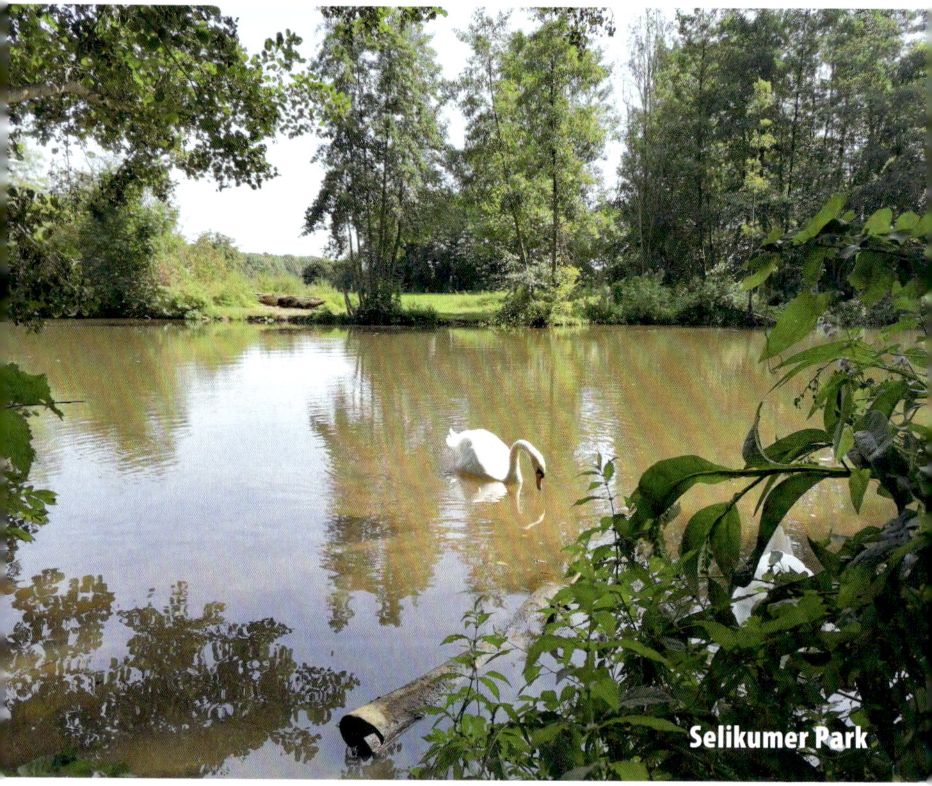
Selikumer Park

Brücken über eine kleine Insel in der Erft, die hier recht breit fließt. Bevor der asphaltierte Wirtschaftsweg auf die B 477 trifft, biegen wir nach rechts ab und folgen dem X und einem Fahrradwegschild, das zur Museumsinsel Hombroich weist. Wir laufen zwischen Feldern hindurch, rechts sehen wir in einiger Entfernung den Auenwaldsaum, der den Lauf der Erft markiert. Wo wir nach Helpenstein hineinkommen, laufen wir weiter geradeaus, schwenken dann nach rechts, dem X und Jakobspilgerweg folgend. An der nächsten Kreuzung biegen wir abermals nach rechts, markiert mit dem Fahrradwegschild nach Hombroich. Wir gehen geradeaus über eine Brücke, überqueren auf ihr die Erft und biegen danach nach links ab. An der nächsten Gabelung halten wir uns erneut

Im Kloster Eppinghoven, direkt an der Erft, befand sich von 1231 bis 1475 ein Zisterzienserinnenkloster und von 1650 bis 1802 ein Stift für adlige Damen. Heute werden die früheren Wirtschaftsgebäude des Klosters landwirtschaftlich genutzt, das Hauptgebäude ist im Privatbesitz. Von außen zu bewundern ist die prächtige barocke Toranlage.

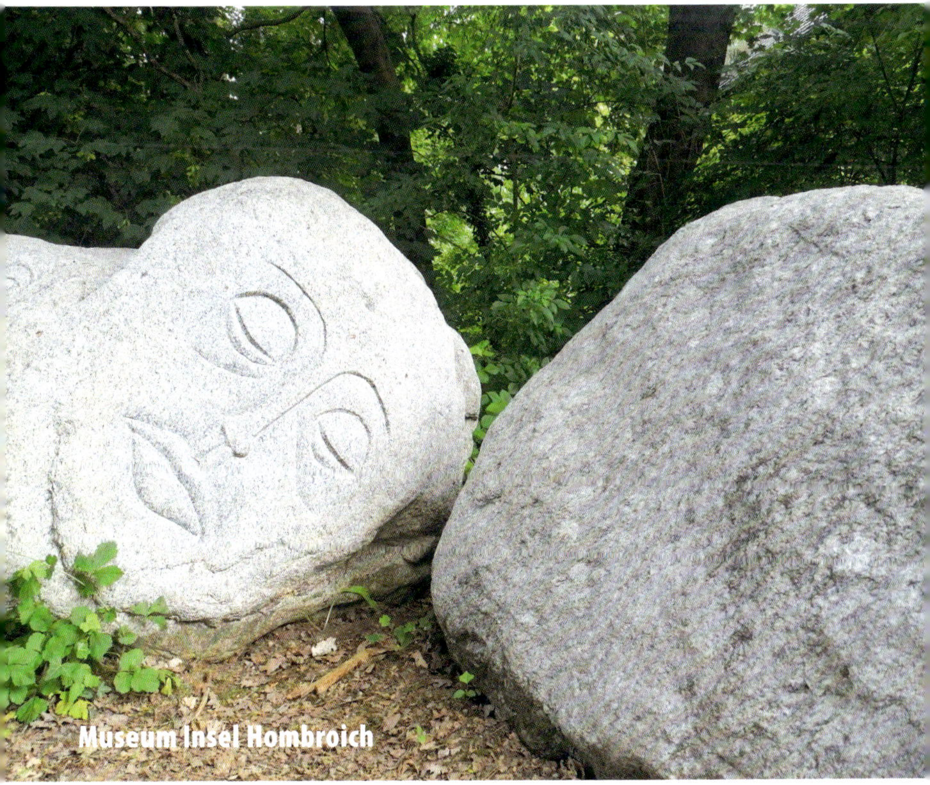

Museum Insel Hombroich

In der renaturierten Park- und Auenlandschaft des Museums Insel Hombroich sind in Ausstellungspavillons, restaurierten Gebäuden und unter freiem Himmel unterschiedliche Werke international hochrangiger Künstler ausgestellt und treten in einen intensiven Dialog mit der Natur.

links und bleiben am Erftufer. An der nächsten Brücke laufen wir nach rechts. Der Weg führt kurz danach aus dem Wald hinaus und entlang der Häuser von Minkel, einer winzigen, zu Neuss-Holzheim gehörenden Siedlung. Am Ende der Siedlung liegen zuerst rechts und dann auch links die Parkplätze des **Museums Insel Hombroich** (7). Hinter den linken Parkplätzen befindet sich auch der Eingang zum Museum.

Um die Tour zu beenden, gehen wir hier allerdings noch ein kurzes Stück geradeaus, treffen auf die querende L 201, wenden uns nach rechts und stehen kurz danach schon an der Bushaltestelle – dem Endpunkt unserer Tour. Hier fährt der Bus zum Stadttheater Neuss ab, von dort die Straßenbahn bis zum Südfriedhof.

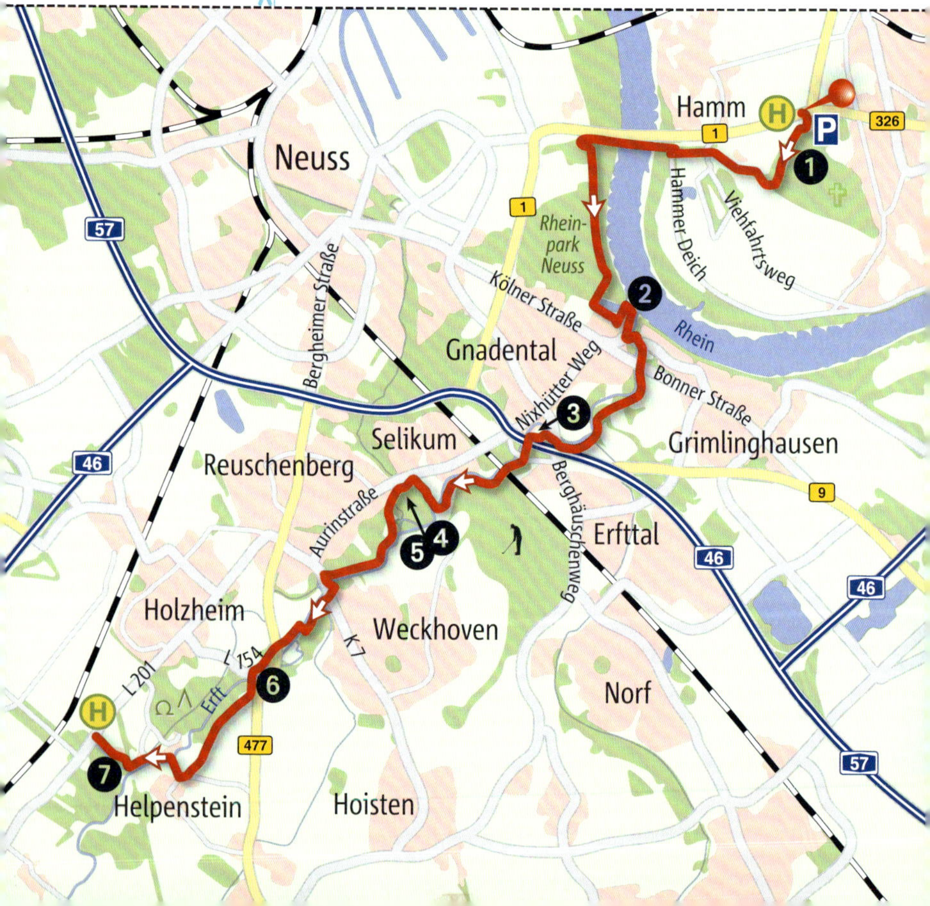